公民教育文库

GONGMIN CHANGSHI JIAOYU YANJIU BAOGAO · CHUZHONGJUAN

公民常识教育研究报告·初中卷

公民教育实践研究项目组 **编著**

郑州大学出版社
郑州

图书在版编目(CIP)数据

公民常识教育研究报告·初中卷/公民教育实践研究项目组编著.—郑州:郑州大学出版社,2013.12(2014.11 重印)
(公民教育文库)
ISBN 978-7-5645-1424-2

Ⅰ.①公… Ⅱ.①公… Ⅲ.①初中生-公民教育-研究报告-中国 Ⅳ.①G631.7

中国版本图书馆 CIP 数据核字(2013)第 080694 号

郑州大学出版社出版发行
郑州市大学路 40 号　　邮政编码:450052
出版人:王　锋　　发行部电话:0371-66966070
全国新华书店经销
郑州中方印刷有限公司印制
开本:710mm×1 010mm　1/16
印张:14
字数:266 千字
版次:2013 年 12 月第 1 版　　印次:2014 年 11 月第 2 次印刷

书号:ISBN 978-7-5645-1424-2　　定价:29.00 元

编委会名单

作者名单

策　　划：王继军
本书主编：秦树理　严加生
本书副主编：陈思坤　王　晶　包红梅
参编人员：陈思坤　曹天梅　唐琼梓
许绍静　熊永建　汪　涛
王俊飞　闫爱红　王　晶
郑　慧　高　银　张明俊
杨素云　云中坤　李　花
杨　丽　包红梅　李心记

前　言

党的十七大报告提出"加强公民意识教育，树立社会主义民主法治、自由平等、公平正义的理念"，表明公民意识教育问题已成为国家教育事业发展的重要议题。《国家中长期教育改革和发展规划纲要（2010—2020)》要求，加强公民意识教育，树立社会主义民主法治、自由平等、公平正义理念，培养社会主义合格公民。

公民教育近年来已成为各界关注的重要问题，初中生的公民教育更是一个具有时代意义的重要课题。初中生是社会主义现代化事业的接班人，对这一群体开展公民教育，对于他们自身全面发展及整个社会的和谐进步都具有重要意义。

从2009年开始，教育部人文社科重点研究基地郑州大学公民教育研究中心与河南省信阳市平桥区委、区政府共同合作进行公民教育的试点研究，在平桥区开展了一系列中小学公民教育活动，例如：开展前期调研，组织人员编写《公民常识读本（小学版)》和《公民常识读本（初中版)》的实验本教材，以部分学校为试点进行公民教育活动，教学试点教学效果的调查分析等。平桥区中小学生公民教育实践活动至今已历时三年，成效显著，社会反映良好。

本书即在平桥区进行了为期一年的公民教育试点之后，对辖区内初中学生的公民意识状况展开的调查，调查涉及集镇、农村不同地域共3266人，开设公民教育课的有1996人，未开课的有1270人。调查采用问卷形式，调查内容涉及公民认知、公民权利、公民义务、公民行为等方面，分别从性别、年龄、居住地、是否开设公民常识课等四个方面系统地开展了调查，并对调查结果做了数据分析与整理，撰写成文，以期能给读者带来有益的思考和启发，共同推动公民教育的发展。

公民教育实践研究项目组

2013年8月

目录

目录

目录

目录

目录

目录

绪　论

在推进改革开放和现代化建设事业的伟大进程中,党中央对加强公民道德建设始终高度重视,将其作为关系全局、关系长远的战略任务,摆上重要的位置。胡锦涛同志指出:“全面实施素质教育,核心是要解决好培养什么人、怎样培养人的重大问题,这应该成为教育工作的主题。要坚持育人为本、德育为先,把立德树人作为教育的根本任务,努力培养德智体美全面发展的社会主义建设者和接班人。”①党的十七大报告提出“加强公民意识教育,树立社会主义民主法治、自由平等、公平正义理念”,明确了公民意识教育的基本内涵,从而使我国的公民教育进入了一个新的历史发展阶段。2010 年在《国家中长期教育改革和发展规划纲要(2010—2020)》中,第一次正式提出了“加强公民意识教育”“培养社会主义合格公民”的战略任务。2011 年 9 月李长春在全国道德模范座谈会暨第八届中国公民道德论坛上的

① 胡锦涛.中共中央政治局第三十四次集体学习讲话[N].人民日报,2006-8-29(1).

讲话中指出:"坚持把培养有理想、有道德、有文化、有纪律的公民作为青少年思想道德建设的根本目标,把树立正确的世界观、人生观、价值观作为根本任务,大力开展爱国主义、集体主义、社会主义教育,引导广大青少年努力成为德智体美全面发展的社会主义公民。"①这为新时期加强青少年公民意识教育指明了方向。

为积极探索在中小学开展公民教育、培养社会主义合格公民的路径,把社会主义核心价值体系体现到课堂教学中,推进中小学公民意识教育任务、内容和目标的具体化、全面化和科学化,郑州大学公民教育研究中心和河南省信阳市平桥区委、区政府合作,组织编写了《公民常识读本(初中版)》和《公民常识读本(小学版)》,并从 2010 年 2 月起,在河南省信阳市平桥区 11 个乡镇 1 万名初一、初二学生中开设了公民常识教学实验。该课程列入校本课程类型,各实验班教学时数为周 2 学时(课堂教学 1 学时、课外训练教学 1 学时),以教师课堂讲解与课外教学活动相结合的方式进行。

在初中生中开展公民常识教学实验的目标是培养社会主义的合格公民。具体来说,公民意识教育就是"以培养具有高度的主体性和创造性精神,具有国家意识、主人意识和现代文明意识的热爱祖国、遵守法律、行使权利、履行义务的合格公民为宗旨"②。我们将合格公民的基本要求确定为热爱祖国、遵守法律、行使权利、履行义务四个必备条件。而合格公民的具体要求则是对四个必备条件的拓展,诸如,热爱祖国的基本要求包含着热爱人民、维护民族团结、促进世界和谐等具体要求;遵守法律的基本要求包含着崇尚自由、追求平等、维护公平、伸张正义等具体要求;行使权利的基本要求包含着当家做主、参与管理、民主监督、承担责任、尊重他人权利等具体要求;履行义务的基本要求包含着爱护公共财产、遵守劳动纪律、遵守公共秩序、尊重社会公德、讲求言行文明、依法纳税、保护生态环境等具体要求。

在具体内容设计上,初中生《公民常识读本》所划分的公民、公民权利、公民义务、公民意识、公民行为五个单元,可以简称为"一个基础""两个对子"的逻辑结构,贯穿全书的中心就是"培养合格公民"。所谓"一个基础"即第一单元"什么是公民",是公民读本的最基础知识,旨在帮助学生了解公民的基本内涵,实现公民的身份认同以及公民对国家的认同。现代公民教育,从根本上说是关于公民身份的教育,它表达的是一个社会共同体中平等的成员资格。公

① 李长春. 在全国道德模范座谈会暨第八届中国公民道德论坛上的讲话[N]. 人民日报,2011-9-23(1).

② 王东娓. 把握公民意识教育的主要内涵[N]. 人民日报,2009-6-10(6).

民身份认同是成为合格公民并承担相应责任和权利的必要条件。作为法律意义的公民，是指在法律上享有权利和承担义务的主体，受国家宪法和法律管辖与保护的人；作为政治意义的公民，是指行使一定政治权利的人；作为道德意义的公民，是指具有符合公民权利和义务所要求的个人行为态度和品质的人。“两个对子”即是第二单元“公民权利”与第三单元“公民义务”的对应关系，和第四单元“公民意识”与第五单元“公民行为”的对应关系。

第二单元围绕公民权利的认知教育，旨在帮助小公民掌握我国公民享有哪些权利的问题，要求学生从树立公民意识的新视角上把握公民的基本权利和儿童的权利（包括生存权、发展权、受保护权、参与权）等知识。第三单元围绕公民义务、责任认知教育，旨在引导学生掌握小公民应承担的义务、责任问题（包括社会责任、学校责任、家庭责任、个人责任等知识），使其懂得义务和责任是在处理各种关系中体现出来的，从小就学会在处理不同的关系中应尽的不同责任，努力做一个尽职尽责的责任公民。第四单元围绕公民意识教育，旨在帮助学生了解做合格公民应树立的基本理念（包括民主意识、法治意识、自由意识、平等意识、公平意识、正义意识和规则意识、道德意识、公共意识、生态意识等），努力在学校生活、家庭生活、社会公共生活中以这些基本理念指导自己的行为。第五单元围绕公民行为的养成教育，旨在帮助学生了解如何做合格小公民的问题，通过与中小学生生活紧密相关的家庭、学校、社会公共生活等领域，以具体活动为载体，训练学生在不同环境下的公民角色承担，为将来成长为真正的合格公民做准备。

2011 年秋季起，为了更好地使用人民出版社正式出版的《公民常识读本（初中版）》，进行新一轮的教学试验和推广，我们于 2011 年 3 月开展了公民常识教学效果调查问卷，以实验班和非实验班为对象进行教育效果比较研究，通过实地调研、问卷调查、民意测验、座谈访谈等形式考核评价教学工作成效，对当地初中生分别从性别、年龄、居住地、是否开设公民常识课等四个方面，有针对性地开展了初中生公民教育现状调查，并对调查结果进行了数据分析与整理，以期总结经验，发现存在的问题，进一步明确教学重点，推进教学改革和课程完善，使初中生公民教育更加贴近实际、贴近学生、贴近生活，不断提高教育教学效果和质量。

一、本课题调研所使用的方法

（一）问卷调查法

本调查组自行设计《中小学公民教育现状调查》问卷，主要以河南省信阳市平桥区 1 万名初中生为调查对象，采取随机抽样的调查方法，选取了

3266名对象，其中有1996名开设过公民常识课的初中生，和1270名未曾开设过该课的初中生。通过问卷的设计和对调查结果的数据分析，直观反映出当地初中生的公民意识现状，为研究初中生公民常识教育课程的实施效果积累第一手资料，并以此为根据提出更好地实施公民常识教育课的对策。

（二）访谈法

通过对河南省信阳市平桥区各学校的初中生、思想品德课教师、班主任、学校德育部门领导及学生家长等进行个别访谈，比较深入地了解学校领导、教师、学生家长对初中生公民意识状况的看法以及学生自我对所具有的公民意识的评价，从而帮助本调查组比较全面地看待初中生的公民意识现状，并思考一些切实有效的对策，加强和改进初中生公民常识教育课程。

（三）观察法

通过对所选中学初中生公民常识课的课堂实施观察，真实呈现出初中生公民常识教育的实施情况，发现初中生公民常识教育实施过程中值得肯定的方面与存在的不足，找出问题，并从课程实施角度分析其产生的原因，如课程实施是否达到了课程标准的要求、教师讲解教学内容是否透彻与全面、实施手段与教材是否相结合、实施效果如何等方面，结合对原因的分析提出改进初中生公民常识教育课程的建议和措施。

（四）比较分析法

本调查组在对开设过公民常识课程的初中生进行公民意识调查的基础上，与未曾开设过该课程的初中生进行比较，为初中生公民常识教育的实践提供有益的横向借鉴。此外，通过对开设公民常识课程前初中生的公民意识现状的调查，与开设该课后初中生的公民意识进行纵向比较，为当今开展初中生公民常识教育找到更好的途径和方法。

二、加强和改进初中生公民教育的重要性

（一）促进学生全面发展需要强化公民意识培养

公民常识教育对初中生具有思想导向作用，可加速初中生心理成熟的过程。公民常识教育中所要求的国家意识、责任意识、主体意识等，可以帮助初中生摒弃错误的思想观念和行为方式，有助于初中生形成关心社会、关心他人、团结协作的精神，提高其主人翁意识和对国家、对社会、对家庭的责任感，从而树立正确的世界观、人生观和价值观，形成健康心理和健全人格。

公民常识教育为促进初中生个性的形成和发展提供了可能。公民常识教育中蕴含着人类对自由、民主、平等的追求，讲求平等对话、实践体验、情感生成，为学生的个性发展构建可供选择的平台。它强调学生在教学活动中的主

体地位,提倡学生在学习过程中应发挥自身的积极性、主动性和创造性,允许多元个性的存在和发展,并以提升学生的主体性、促其全面发展为归宿。

(二)改革德育课程体系需要开设公民教育课

公民常识教育为学校德育转型提供了方向。新中国成立后,学校德育以培养共产主义接班人和"四有"新人为目标,强调服从和奉献,但缺乏循序渐进的层次性,始终未能把握好"实然道德"与"应然道德"之间的跨度,德育实效性差。随着中国现代化进程的推进,初中生对学校、社会的认知需求与参与欲望日渐高涨,民主、平等意识不断提高,个人权利诉求意识开始萌发。由此,以倡导民主、平等、权利和义务为核心的公民常识教育将会成为学校德育改革的方向。

公民常识教育适应并推动新课程改革。为了使基础教育适应21世纪经济社会发展的需要,教育部启动了新一轮基础教育课程改革。这次课程改革的培养目标是:要使学生具有爱国主义、集体主义精神,热爱社会主义,继承和发扬中华民族的优秀传统和革命传统;具有社会主义民主法制意识,遵守国家法律和社会公德;逐步形成正确的世界观、人生观、价值观;具有社会责任感,努力为人民服务;具有初步的创新精神、实践能力、科学和人文素质以及环境意识;具有适应终身学习的基础知识、基本技能和方法;具有健壮的体魄和良好的心理素质,养成健康的审美情趣和生活方式,成为有理想、有道德、有文化、有纪律的一代新人。这些培养目标与初中阶段公民常识教育的培养目标是相吻合的,二者相互呼应。总之,新课程改革为公民常识教育提供了机遇,同时公民常识教育积极呼应并推动了新课程改革。

(三)推进教育国际化需要加强公民常识教育

一个国家的民主政治发展进程不只是制度建设的问题,更是有关社会成员民主观念和民主意识不断塑造的过程。实现这一过程,最基本的建设就是培养合格公民,使每一个社会成员都具有维持政治制度意愿、政治参与意识以及相应的民主知识和参与能力,能够成为自觉认同、承担责任、积极参与社会主义民主政治建设的公民。近年来,公民教育在世界范围内越来越受到重视,已经成为世界各国教育的重要组成部分,美国、英国、加拿大、俄罗斯、日本、韩国和新加坡都积极开展对公民教育的研究,尤其是对青少年公民意识的培养问题,已成为各国教育共同关注的话题。2002年2月,中宣部、全国妇联、共青团中央等6个部委共同做出决定:对全国3~18岁公民实施中国"小公民"道德建设计划。因此,为了符合当今世界青少年公民教育潮流,针对学校教育这一领域,我国更要加大力度对青少年公民教育匮乏、公民意识淡薄等现状进行积极变革,通过开展公民常识教育提高全体社会成员特别是青少年的公民意

识,从而适应时代和历史的发展,与国际紧密接轨。

三、公民常识课程教学试点取得显著成效

《公民常识读本(初中版)》主要设计了公民概念、公民权利、公民义务、公民意识、公民行为训练几个学习单元。通过调研发现,学生通过学习了解了中华人民共和国的性质,明确公民角色,理解公民的权利和义务,提高公民维护权利的能力,能自觉参与公民生活,并在参与中增长知识、积累经验、健康成长。

(一)对公民概念有了更加明晰的认识

公民是指一个人在公共生活中的角色归属,公民概念实际上也就是对在公共领域中涉及的"我是谁""我应当做什么"等问题的回答。通过梳理公民概念在中国历史上的演变,比较公民与人民、国民、臣民等的区别,可以加深对公民概念的理解。我们通过对公民的定义、公民与臣民和国民的区别、公民的基本内涵等几个方面认识的调查来分析初中生对公民概念的掌握情况。

本调查组针对初中生就"正确理解公民"这一概念进行了专项调查,4.1%的学生认为"没有行为能力的人不是公民",4.8%的学生认为"公民就是臣民",91.1%的被调查者认为"公民是指具有国籍的人"。开设过公民常识教育课程的学生选择正确选项的比率比未开设过公民常识教育课程的学生高出了3.1个百分点。在对初中生"一国国民只有到18岁才能获得公民身份"的专项调查中,从总百分比来看,26.9%的学生认为这一说法是正确的,58.7%的学生认为这一说法不正确,14.4%的学生不清楚。从是否开设公民常识教育课程来看,开设过公民常识教育课程的学生中,65.6%的学生能够选择正确的选项,没有开设过公民常识教育课程的学生中,只有47.8%的学生能够选择正确的选项,前后相差了17.8个百分点。这表明要加强学生对公民概念的理解,必须注重公民教育课程的开设。

本调查组通过对"公民与国家关系的核心"认识的调查数据进行分析,来观察初中生对国家认同的现状。从选项的情况来看,选A(社会福利)的占10.3%;选B(公民的法律身份)的占29.7%;选C(公民的政治地位)的占11.0%;选D(权利义务关系)的占49.0%,接近一半。A、B、C三项相加占总人数的51.0%,即初中生对国家认同持否定态度的超过1/2,调查结果出人意料。从是否开设公民常识教育课程分析,就正确选项D项(权利义务关系)来看,开设公民常识教育课程的学生选择率为52.9%,未开设公民常识教育课程的学生选择率为42.8%,后者比前者低了10.1个百分点。这表明初中开设公民教育课程的效果明显,有必要继续坚持下去。

考察初中生对于“公民身份认同内涵”的理解，本调查组设计的题目为“公民身份认同主要是指公民认识到自己是国家的一员”，回答“正确”的学生占51.4%。受过公民常识教育的学生选择正确率为51.7%，未受过公民常识教育的学生选择正确率为51.0%。通过数据比较并分析，我们发现：受过公民常识教育的学生对公民身份的认知效果好于未受过教育的学生，表明初中开设公民常识课是必要的，并且还取得了较好的效果。

（二）对公民权利认知有了进一步的了解

1. 公民权利认知

公民权利是国家通过法律所保障的，公民实现某种愿望或获得某种利益的资格。权利认知是公民对法律赋予的权利及其价值，以及如何有效行使与捍卫这些权利的方式的认识。正确认知公民权利，是初中生行使法律赋予权利的前提，也是初中生成为合格公民的必备素质。

从公民权利教学成效的调查情况来看，受过教育的初中生对权利的认知普遍比较明晰，大都能够正确理解公民权利及未成年人权利，也具有较好的权利认知和判断能力，能对一些权利问题给予正确评价。

例如公民的平等权，所设计的调查问题是：“富人和穷人，在公民基本权利的享有上平等吗?”可供选择的答案是“A. 平等；B. 不平等；C. 说不清”，标准答案是“A. 平等”。调查了3266名对象，其中有1996名学过公民常识课的初中生，1270名未曾学过此课的初中生。调查显示，学过公民常识课的初中生选择“A. 平等”的比率高出未曾学过此课的初中生8.4个百分点，而前者选择“C. 说不清”的比率也比后者低。

再如未成年人的隐私权，所设计的调查问题是：“孩子在家长面前不应该有隐私权。”可供选择的答案是“A. 正确；B. 不正确；C. 不清楚”，标准答案是“B. 不正确”。调查显示，学过公民常识课的初中生有104人选择“A. 正确”，错误率为5.2%；1845人选择“B. 不正确”，正确率为92.4%；而未曾学过公民常识课的初中生有106人选择“A. 正确”，错误率为8.3%，1141人选择“B. 不正确”，正确率为89.8%。

通过调查数据对比，本调查组发现学习过公民常识课的初中生在权利认知上普遍要好于未曾学习过此课程的初中生。例如，在对人权的认知方面，学过此课的初中生要比未学过此课的初中生正确率高6.2%，而认知模糊的比率下降5.4%；在对男女平等权的认知方面，前者比后者的正确率高6.5%，而认知模糊的比率下降7.5%；对权力与权利的关系认知上，前者比后者的正确率高2.9%，而认知模糊的比率下降3.0%；对民主权利的认知上，前者比后者的正确率高5.1%，而认知模糊的比率下降5.4%；对财产与

权利的关系认知上,前者比后者的正确率高8.4%,而不正确率低6.9%。

由于公民权利是公民常识课的重要内容,由上可知,比起未受过公民权利教育的初中生,受过公民权利教育的初中生对公民权利及未成年人权利的理解更准确,而认知的模糊率和错误率更低,因此,公民常识课程是影响初中生对权利认知的重要因素。

2. 人权与公民权的关系

学习人权与公民权,是初中生理解权利、形成权利意识、维护自身权利的基础,对于初中生的健康成长具有重要意义。它有助于初中生理解权利、维护权利,促进自身健康成长。

从初中生对人权与公民权的掌握情况来看,学过公民常识课的初中生对人权和公民权的认知比未学过公民常识课的初中生要好,基本上可以理解人权与公民权的含义,也能对人权和公民权的一些简单问题进行正确判断。在关于人权问题的调查中,前者认知"人人享有一切人权"的模糊率,比后者低约4%;在对"尊重和保障人权是国家的责任"的认知上,前者正确率高出后者7.2%,而模糊率比后者低5.4%;在关于公民权问题的调查中,前者正确认知公民平等权、民主权的比例分别达到92.5%、87.5%,正确认知未成年人隐私权、社会保障权的比例分别达到92.4%、84.8%,均高于后者。

3. 权利平等意识

平等,是人类文明的普遍价值和重要目标,是现代法治文明的基本原则和重要标志。权利平等是公民平等权的根本内容,这就要求公民必须具有权利平等意识。初中生是祖国的未来、民族的希望,处于权利平等意识培养的重要阶段。培养初中生权利平等意识是我国民主法治建设的需要,是实现社会公平的内在要求,是促进初中生健康成长的必然要求。从培养初中生权利平等意识的调查情况来看,受过相应教育的初中生其权利平等意识普遍比未受过相应教育的初中生要强,对权利平等的理解也更加准确。

在"国家主席可以有超越法律的特权"的调查问题中,可供选择的答案是"A. 正确;B. 不正确;C. 不清楚",标准答案是"B. 不正确"。所调查的3266名对象包括1996名学过公民常识课的初中生和1270名未学过此课的初中生。调查显示,开设公民常识课程的学生群体与未开设此课程的学生群体选B的比例分别是92.5%和89.6%,前者高出后者将近3个百分点;开设公民常识课程的学生要比未开设此课程的学生更清楚此题是"正确"还是"不正确",前者不清楚的比率是4.9%,而后者则高达7.9%。

在"市委书记和普通公民在法律面前可以区别对待"的调查问题中,可供选择的答案是"A. 正确;B. 不正确;C. 不清楚",标准答案是"B. 不正

确”。调查显示，学过公民常识课的初中生有 87 人选择“A. 正确”，错误率为 4.4%；1811 人选择“B. 不正确”，正确率为 90.8%；97 人选择“C. 不清楚”，模糊率为 4.9%。而未学过公民常识课的初中生有 78 人选择“A. 正确”，错误率为 6.1%；1120 人选择“B. 不正确”，正确率为 88.2%；72 人选择“C. 不清楚”，模糊率为 5.7%。

在“富人和穷人，在公民基本权利的享有上平等吗”的调查问题中，可供选择的答案是“A. 平等；B. 不平等；C. 说不清”，标准答案是“A. 平等”。调查显示，学过公民常识课的初中生有 1769 人选择“A. 平等”，正确率为 88.6%；153 人选择“B. 不平等”，错误率为 7.7%；74 人选择“C. 说不清”，模糊率为 3.7%。而未学过公民常识课的初中生有 1018 人选择“A. 平等”，正确率为 80.2%；185 人选择“B. 不平等”，错误率为 14.6%；67 人选择“C. 说不清”，模糊率为 5.3%。

可见，培养初中生权利平等意识是有一定教学成效的：接受权利平等意识培养的初中生对权利平等的正确理解率较高，错误率和模糊率较低；相反，未接受权利平等意识培养的初中生对权利平等的正确理解率较低，错误率和模糊率相对较高一些。

4. 男女平等观

中学生的人际交往开始变得更为复杂、广泛，更具独立性、社会性。具有健康的男女平等观，是他们心理正常发展、个性保持健康和自身具有安全感、归属感、幸福感的必然要求，是初中生成为合格公民的必备素质。然而，由于受社会环境的影响，并不是每个初中生都具有健康的男女平等观。在不健康的男女平等观的影响下，有相当数量的初中生会产生各种问题，影响着他们今后健康人际关系的建立。

为准确把握初中生男女平等观的现状，消除初中生不健康的男女平等观，针对男女平等权，调查组设计的问题是第 8 题“可以通过胎儿性别鉴定决定是否生育”，可供选择的答案是“A. 正确；B. 不正确；C. 不清楚”，标准答案是“B. 不正确”。在调查的 3266 名对象中，有 1996 名学过公民常识课的初中生，1270 名未学过此课的初中生。调查显示，学过公民常识课的初中生选择“B. 不正确”的比率高出未学过此课的初中生 6.5%，而前者选择“C. 说不清”的比率也比后者低了 7.5%。从公民常识课教学成效的调查情况来看，比起未受过公民常识课教育的初中生，受过此课教育的初中生对男女平等的理解更准确，认知普遍比较明晰，也具有较好的针对男女平等问题的认知和判断能力，能对一些男女平等问题给予正确评价，男女平等意识明显提升。

5. 人身自由权认知

人身自由权属于公民权利的范畴,如何引导初中生正确理解人身自由权并运用所学的公民权利来捍卫自己的人身自由,是初中生行使法律赋予权利的前提,也是初中生成为合格公民的必备素质。人身自由权的主要内容有:人身自由、人格尊严、住宅不受侵犯、通信自由和通信秘密。在人格尊严中包含肖像权、名誉权、荣誉权和姓名权。初中生虽对人身自由权有了一定的了解和理解,但理解的准确度仍有偏失,部分初中生对人身自由权的理解还比较模糊。

调查显示,受过公民常识课教育的初中生在权利认知上普遍要高于未受过此课教育的初中生。例如,在对人身自由的认知方面,受过公民常识课教育的初中生要比未受过该课程教育的初中生正确率高 6.2%,而认知模糊的比率下降 5.4%;对人身自由权的理解(第 11 题和第 26 题),开设公民课程的初中生比未开设公民课程的初中生正确率分别高 2.6% 和 0.5%,差距虽然不大,但前者分析问题的能力比后者要强很多。可见,是否开设公民常识课程是影响初中生对人身自由理解的重要因素。

(三)对公民义务的认同感明显增强

"初中生公民义务观"根据教育认知规律与初中生身心发展规律,可划分为对自己的义务、对家庭的义务、对公共事务的义务、对国家的义务以及劳动义务五个部分。对于初中生这一群体而言,首先应该履行好对自己的义务,对自己负责;其次要履行对家庭的义务,做到对父母、对家庭负责。同时,履行对公共事务的义务、勇于承担报效祖国的重任、热爱劳动并自觉劳动也是每一位初中生义不容辞的责任。

围绕对自己的义务、对家庭的义务、对公共事务的义务、对国家的义务以及劳动义务的认知,"初中生公民义务观"调查共设计 11 个题目。调查结果显示,通过开展公民常识教育,初中生公民义务观状况初见成效,有了较为明显的提高和改善。公民常识课的开设对于提升初中生的自我义务观、家庭义务观、公共事务义务观、国家义务观以及劳动义务观效果显著。尤其对提高他们的公共及国家事务观而言,初中生对有关义务问题的认知更为清晰、明确,强化了对公共事务及国家的义务感,并逐渐树立和培养了正确的义务观。

1. 自我义务观

初中生自我义务观涉及两方面的内容:一方面是应对自己的生命负责,另一方面是应对自己的生活和学习负责。调查组针对初中生"自我保护""接受教育的义务"以及"对自己的言行负责"三个角度,设计了第 21 题、第 9 题和第 16 题。

从是否开设公民常识课维度看,在第 21 题中,初中生之间差异不明显,这说明自我保护意识已较好地扎根于初中生的头脑之中,成为一种常识性的思维和判断;在第 9 题中,对义务教育的认识,57.9% 与 31.9% 的数据对比非常清晰地表明初中生公民常识课开设的必要性非常明显;在第 16 题中,对“遵守学生行为规范”的认知,未接受公民常识课教育的学生选择正确率的比例(92.4%)反而高于接受公民常识教育课的学生(90.0%),这说明学生对这一问题的认知主要沿用固有的知识结构和思维结构,对他们而言,这可能仅仅是一个常识性的问题,认知基本上是明确而清晰的。

2. 家庭义务观

家庭是我们成长的摇篮,每个人都必须义不容辞地担负起对家庭的义务。初中生对家庭的义务主要表现在:孝敬父母、尊重父母,多和父母沟通学习、生活、思想情况;学会理解、体贴父母,在家做一些力所能及的家务,自己的事情尽量自己做,减轻父母的劳动负担,在家庭出现困难时,能主动为父母分忧;参与家庭民主生活,体验对家庭尽责带来的愉悦与成就感等。

本调查组针对初中生对“中小学生也应该做一些力所能及的家务”的认知进行了专项调查。从性别维度来看,女生(98.9%)略高于男生(97.4%)。就年龄维度来看,≤9、13~15、≥16、10~12 不同的群体,认知度呈现由强到弱的趋势,分别是 100%、98.3%、97.9%、96.8%,但差异甚微。从居住地维度来看,城市学生的认知度(98.7%)略微高于集镇学生(98.2%)和农村学生(98.2%),但差异甚微,在此,集镇学生的认知度与农村学生的认知度上无差异。就是否开设公民常识课维度,未接受公民常识课教育的学生认知度(98.4%)反而高于接受公民常识教育课的学生(98.1%)。

3. 公共事务义务观

公共事务是公民生活的重要组成部分,对公共事务的参与程度直接反映了公民意识的强弱。对初中生进行公共事务义务观教育,涉及强化他们对公共事务的认知,激发他们的参与热情,提高他们的参与能力,最终使他们能够理性、有序地参与公共事务。与初中生公共事务义务观相关的共 5 个题目,分别是从对公共事务的认知、参与公共事务的意愿以及行为三个方面进行考查的。内容如下:

15. 在公共生活中,遵守规则是公民的义务。(　　)

A. 正确　　B. 不正确　　C. 不清楚

17. 提供优良的公共产品和服务主要是政府的义务。(　　)

A. 正确　　B. 不正确　　C. 不清楚

18. 政府用于公共服务的支出主要来自(　　)。

A. 发行货币　B. 公民奉献　C. 企业资助　D. 税收

33. 你想过参与和自己生活相关的公共决策吗?(　　)

A. 想过　B. 没想过

35. 您试图影响过学校关于学生管理的决策吗?(　　)

A. 曾经　B. 从来没有　C. 没想过这个问题

就是否开设公民常识课维度看,第 15 题考查的是初中生公共规则意识的强弱。已开课的学生认知度略微高于未开课学生,二者比率分别为 96.8% 和 96.5%,仅差 0.3%,说明初中生对这一问题的认识已成为常规性的判断。第 17 题考查学生对“提供优良的公共产品和服务主要是政府的义务”的判断和认识,此题应选“A. 正确”,35.3% 与 32.0% 的对比很好地说明开课的效果是明显的。第 18 题的正确答案应为“D. 税收”,已开课的学生与未开课学生的正确选择率分别为 65.6% 与 51.4%,数据对比表明开课的必要性显而易见。第 33 题和第 35 题反映的是学生对参与公共事务的兴趣及意愿,接受过公民常识课教育的学生要比未接受过公民常识课教育的学生比率高出 6.5 个百分点;开课之前选择“想过”的仅为 51.4%,接受公民常识课教育之后选择“想过”的提升到 75.9%。这说明开设公民常识课程能明显调动和提高学生参与公共事务的热情与兴趣。

4. 国家义务观

初中生是祖国未来的建设者和接班人。他们现在的思想道德状况、责任感、国家义务观,直接关系到中华民族的整体素质,关系到国家前途和民族命运。一个人只有把自己的命运和祖国联系在一起,为祖国的强大、民族的振兴不懈地奋斗,才能成就伟大的事业。初中生承担对国家的义务应做到:维护国家统一和全国各民族团结;遵守宪法和法律,保守国家秘密;维护国家安全、荣誉和利益,同损害国家利益的行为做斗争,树立民族自豪观、自尊心和自信心;保卫祖国、抵抗侵略。针对初中生国家义务观现状,本调查组设计了以下两道问题:

25. 中华人民共和国刑法(以下简称刑法)是国家的根本法,具有最高法律效力。(　　)

A. 正确　B. 不正确　C. 不清楚

39. 您经常与他人谈论政治问题或政府工作吗?(　　)

A. 经常谈　B. 偶尔谈　C. 从来不谈

从第25题和第39题的调查结果看，受过公民常识教育的初中生，能正确认知中华人民共和国宪法（以下简称宪法）是国家的根本大法，具有最高的法律效力，遵守宪法和维护宪法尊严是每一个公民的义务，高出未受过公民常识教育的初中生3.6个百分点，并且对国家事务的关注度高。

5. 劳动义务观

劳动是公民的义务，是促进青少年健康成长、提高初中生思想道德素质和政治素质的需要。通过劳动，可使初中生加深对知识的理解，把知识变为智慧；增强劳动观念，消除好逸懒惰、贪图享乐的毛病，养成自觉劳动的好习惯；增长自身本领，全面提升其独立生活能力、动手能力、交往能力、创造能力以及为集体、社会尽义务的能力，更好地发挥自己的聪明才智和创造精神。

本调查组针对初中生就“中小学生应该做一些力所能及的家务”这一问题展开调查。根据调查数据结果，从总体上来说，初中生都认为应该做一些力所能及的家务劳动，为父母分忧，减轻家庭负担，为家庭做出自己的贡献。就是否开设公民常识课这一维度来看，接受公民常识课教育的学生认知度反而低于未接受公民常识课教育的学生认知度，比率分别为98.1%和98.4%，造成此现象的原因是值得我们深入探究的。

（四）中学生的民主意识和规则意识有所提升

公民意识是公民依据《宪法》规定的基本权利和义务，对自己在国家政治生活和社会生活中的主体地位和主人身份的认识，对相应的责、权、利的认知和价值取向。社会主义民主法治、自由平等、公平正义理念是我国公民意识中的核心理念，正是这些核心理念决定了初中生公民意识教育的主要内涵。

1. 民主意识

民主意识是公民依法管理国家事务和社会公共事务的愿望和要求。作为国家的合法公民，在参与国家事务和社会公共事务时，要本着对国家和社会负责的态度，认真对待参与决策的机会和权利，正确表达自己的意见和建议。公民民主意识的形成和发展是一个相当长的过程，而中学阶段则是一个人民主意识形成的关键时期。

本调查组针对初中生民主意识现状进行问卷调查，针对“从您参与选举的经历看，您认为自己参加的选举能选出真正为自己利益着想的代表吗”这一问题，在开设公民常识课的群体中选择自己参加的选举能选出真正为自己利益着想的代表的占45.7%；在未开设该课程的群体中，这一比例只占32.3%。

针对“为达到政治目的，有时候不必考虑少数人的意见”这一问题，开设公民常识课程的学生中有1746人选择“不正确”，占调查人数的87.5%；选择“不知道”的有110名学生，占调查人数的5.5%，而未开设公民常识课程的学生中仅有1046名学生选择了正确答案，占参加人数的82.4%。

针对“你想过参与和自己生活相关的公共决策吗”这一问题，开设公民常识课程的学生中表示自己想过参与和自己相关的公共决策的占调查人数的75.9%；而未开设此课程的学生中仅有653名学生选择了这个答案，占参加人数的51.4%，明显低于开设此课程的学生比例。

在开设公民常识课程的学生中，有43.2%的学生认为自己对学校学生管理制度有影响力；而在未开设此课程的学生中，仅有33.2%的学生持有相同观点，相差10个百分点。在未开设公民常识课程的学生中，“没有”或者“不清楚”自己对学校学生管理制度是否有影响力的学生所占比例是66.8%；而在开设该课程的学生中，这个比例仅为56.8%。

在“你与他人谈论政府工作或政治问题吗”这一问题上，开设公民常识课的学生中有13.6%经常淡，有67.8%偶尔谈；而未开设该课程的学生中仅有5.3%经常谈，有62.1%偶尔谈。

综上所述，开设公民常识课程的学生的民主意识比未开设该课程的学生的民主意识强，参与意识和参与能力高，民主实践也更丰富。所以，开设公民常识课程是十分必要的，也是非常重要的。

2. 规则意识

规则意识是指发自内心的、以规则为自己行动准绳的意识，如遵守法律意识、遵守校规校纪意识等。规则意识可以分解为以法律规范行为的意识和以规章制度规范言行的意识。青少年是祖国的未来和民族的希望，培养具有规则意识的社会主义合格建设者和可靠接班人是公民教育的重要任务之一。

本调查组对初中生知法、懂法、用法的调查集中在“当你的合法、正当的权益受到侵害时，你会怎么做”“刑法是国家的根本法，具有最高法律效力”“国家主席可以有超越法律的特权”，在“市委书记和普通公民在法律面前可以区别对待”“在车站，警察可以根据需要限制公民的人身自由”等问题上；对初中生以规章制度规范言行的意识调查集中在“公共生活中，遵守规则是公民的责任”和“遵守学生行为规范是中小学生的责任”两个问题上。参与调查问卷的人数为1503人。

调查数据显示，开设公民常识课程的初中生的规则意识明显优于未开设该课程的学生。通过公民常识课程学习，初中生了解到宪法的基本内容，明白为什么宪法是国家的根本大法和公民为什么要依据宪法行使权利、承担义务；明白任何人在法律面前都不享有特权，只要违法都要受到法律的追

究和制裁，当自己的合法权益受到侵害时要依法维权，而不是靠暴力解决问题；懂得与初中生联系最紧密的规章制度就是《中小学生守则》和《中学生行为规范》，要时刻自觉地以这两个规章制度作为自己日常的行为规范，不在纪律面前找借口，要按规矩办事，要做规则和流程的执行者。

四、初中生公民意识存在的问题

本调查组通过对河南省信阳市平桥区 1 万名初中生所开展的中小学公民教育现状调查中发现，初中生公民意识较为淡薄，急需加大对初中生的公民教育力度。具体表现在以下几个方面。

(一)民族认同感有待提升

民族认同是公民对其民族身份知悉和接纳的态度。就我国而言，民族认同的内涵为：认同中国公民是中华民族的一员，排除狭隘民族主义，反对和抵制民族分裂主义，增强对中华民族的自信心、自豪感和归属感。本调查组分析结果显示，从居住地维度来看，城市初中生的中华民族认同感显著低于农村和城镇初中生，而农村初中生和城镇初中生之间的差异均不显著；从年龄维度来看，初一学生的中国民族认同意识最强，随着年龄的增加，民族认同感呈现下降趋势。

此外，初中生对中华民族存在主观认知障碍。多数初中生尚不能正确理解公民民族认同的含义。具体来说，多数初中生认为公民民族认同是对自己所属民族比如汉族、回族等的认同，即使有些学生认识到了中华民族认同，但却不能正确理解中华民族认同的含义；初中生对中华民族的认同还处于较低的层次。一般来说，人们对某种事物的认识要经历一个从被动认知到主动接受的过程，公民民族认同也是如此，分为被动认同与主动认同两个层次。研究表明，初中生对中华民族的认同主要处于被动的层次。

(二)法律意识亟待培养

初中生法律意识存在知法但认知不全，“权大于法”思想随年龄增长有所抬头，集镇、农村法律意识比城市薄弱等问题。在“刑法是国家的根本法，具有最高法律效力”这一问题中，可供选择的答案有“A. 正确；B. 不正确；C. 不清楚”。所参与问卷调查的初中生中，选 A 的占 44.2%，选 B 的占 31.9%，选 C 的占 23.9%，混淆了刑法与宪法的概念，绝大多数学生不了解这两部重要法律的基本内容，对其他法律，如《义务教育法》《未成年人保护法》《民法》和《刑法》等也分辨不清。

在“国家主席可以有超越法律的特权”这一问题中，调查数据诡异之处在于，从年龄角度分析，随着年龄的增长，对该问题持正确观点的百分比反

而呈现出下降趋势:10～12岁,98.4%;13～15岁,92.0%;≥16岁,88.6%。持错误观点的百分比呈现出上升趋势:10～12岁,0%;13～15岁,2.5%;≥16岁,3.1%。持不清楚观点的百分比呈上升趋势:10～12岁,1.6%;13～15岁,5.6%;≥16岁,8.2%。此现象可归因为中国法制化进程中的负面新闻及出现的不良现状经媒体报道,对心智尚未成熟的初中生产生了不良影响,而公民教育的落后未能帮助初中生抵御不良影响和错误思想的侵蚀。

(三)感恩意识较为淡薄

在初中生主体意识、权利意识增强的过程中,初中生对公民义务的认识和履行却没有得到相应的提高。学生在学校不知道怎样承担自己的责任,在家里不知道怎样尊敬父母,与人交往更不知道如何去感恩。本调查组为了更清楚地了解初中生感恩意识现状,设计以下5个问题:

5. 你在家是否经常做家务?(　　)

A. 经常　　B. 偶尔　　C. 从来没有

9. 你是否知道父母的生日?(　　)

A. 知道确切日期　　B. 知道月份　　C. 仅知道生肖　　D. 不知道

12. 你是否知道父母爱吃的菜和水果?(　　)

A. 知道　　B. 不知道

13. 你是否知道父母的爱好?(　　)

A. 知道　　B. 不知道

21. 你如何看待父母对自己的关爱?________

调查数据显示,有35%的学生经常做家务,50%的学生偶尔做家务,15%的学生从不做家务;38%的学生清楚地知道父母的生日,20%的学生知道父母生日的月份,11%的学生仅知道父母生肖,31%的学生什么都不知道;48%的学生知道父母爱吃的菜和水果;50%的学生知道父母的爱好;近一半的学生认为父母关爱自己理所应当,没有意识到父母养育自己所付出的辛苦,并由此产生感恩意识。对这些数据观察可知,初中生家庭感恩意识还相对较为薄弱。

(四)义务意识教育需要加强

通过调查问卷,发现初中生的义务意识呈现几个特点:从性别维度看,女生的自我保护意识较强,做家务的主动性更强,公共规则意识较高,具备一定的参与意愿,但对公共事务的认知与参与度较低。从居住地维度看,城市初中生对义务教育的认知较高,但对遵守学生规范的认知较低。从义务对象维度看,对家庭、对朋友的义务感意识强一些,对自己的义务意识模糊;

在朋友圈子里义务意识强一些，在朋友圈子外，对陌生人的义务意识较少一些；对班集体的义务意识强一些，对国家、对社会的义务意识淡化。从义务认知、情感和能力维度看，义务认知强过责任行为，不少初中生可以做出负责与不负责的是非判断，但不能把正确选择付诸行动。义务情感强过义务能力，初中生中不少人对一些事情，有心尽责，而无力尽责。

在对初中生公民意识调查问卷分析以及与相关教师、家长访谈的过程中，本调查组发现，无论是对自己、对他人、对集体和家庭，还是对世界、国家和社会，学生的责任意识欠缺，在某些方面还比较严重。具体来讲，学习主动性不强，学习态度消极，克制不良习惯的能力较弱，缺乏生活目标，对未来没有追求，对人生的态度消极；部分中学生在对待他人、家庭和集体方面，多以自我为中心而缺乏对他人的关爱，集体概念、集体荣誉感淡薄，不体谅家长，也不能友好主动地与家长沟通；在对国家、社会方面，不少初中生的国家责任意识和情感比较淡漠，对于一些与自己关系不密切的社会公共事务、国家大事抱以“事不关己、高高挂起”的态度；缺乏对世界的责任意识，不能把世界看成人类生存的大家庭，对地球环境、世界和平等问题漠不关心，甚至认为构建和谐世界只是口号，并对其持否定观点。

五、当前影响初中生公民教育的主要因素

(一)学校公民常识教育薄弱

我国目前的公民教育被视作思想品德课的组成部分，公民教育的内容分散在初中七、八、九年级，没有系统性和科学性。在公民教育目标体系上，我国现阶段的公民教育目标体系是以德育目标体系为参照的。但自新中国成立以来，我国在制定和表述中小学的德育目标上就一直存在着理性化和政治化的倾向，超越了社会发展阶段和青少年的身心发展水平，未能贴近学生实际和社会生活。在初中生公民教育过程中，许多教师对公民教育的知识掌握不全面，具体知识内容讲解不透彻、不清楚；沿袭了应试教育的教学方法，注重系统的理论灌输，传授给学生既定的价值观和信仰较多，缺少学生独立思考和亲身实践的机会；教学手段简单，缺乏对学生的吸引力，常使学生产生逆反心理；教学过程缺乏参与性，没有让学生在与人交往中自觉意识到“公民”的身份与角色，也没有让学生在学校生活中体验到公民权利，更没有让学生在克服困难中磨炼意志、在社会生活中履行公民职责。这些都是与公民教育的要求不相符的。

(二)实践训练的缺乏

公民教育的模式应该分为认知模式、情感模式和经验模式。认知模式

是指通过课堂教学使学生掌握公民的理论知识;情感模式是指培养公民对国家和民族的忠诚感和公民之间的相互责任感;经验模式是指注重学生的实践经历,通过实践训练使其具备公民行为的能力。三个模式的有机结合,才能使初中生的公民教育真正落到实处,取得良好效果。而作为三个模式中最为关键的经验模式恰恰是初中生公民教育过程中非常缺失的。由于受教育模式的限制,学校很少注重学生的实践环节。然而只有在实践活动中,学生才能积极思考和探究矛盾冲突的根源,才会对公民教育有深层次的情感体验,自觉地将公民教育观念与自身生活相结合,从"消极被动"的体验变为"积极主动"的体验。

(三)缺失初中生公民常识教育的氛围

学校、家庭和社会在初中生公民常识教育的实施上扮演着各自的角色,而这三个不同的角色必须紧密结合,当且仅当把三者的合力发挥到最大时才能使初中生的公民教育得到最佳的效果。学校是有目的、有计划、有组织地向学生传授社会规范、价值标准和知识技能的机构,在实施公民教育的过程中起着基础性作用。家庭是青少年的第一课堂,父母是孩子的第一任老师,其教育影响是潜移默化、根深蒂固的。父母不仅教会儿童进入社会所需掌握的一些基本知识和技能,而且还传递给儿童自身的道德观、权利义务观以及民主法制观等。因此,家庭教育也是公民教育的一个重要途径。人是环境的产物,是社会中的人,任何人无法离开社会而生存,社会对人产生的巨大影响是不可估量的。初中生作为社会成员的一份子,要使他们形成良好的公民意识、具备良好的公民行为,离不开良好社会环境的促进作用。社会为初中生公民教育的顺利开展提供了有力保障。本调查组在问卷调查中发现,现阶段我国初中生公民教育对家庭教育和社会教育重视不够,学校教育、家庭教育和社会教育之间还存在一些相互脱节的现象,未能形成学校——家庭——社会三位一体的良好教育氛围,在一定程度上削弱了学校对初中生进行公民教育的教学效果,甚至产生了负面效应。

六、加强和改进初中生公民教育的对策

(一)发挥公民常识课堂教学的主渠道作用

《公民常识读本(初中版)》是在《中华人民共和国宪法》《中华人民共和国未成年人保护法》等法律法规规定以及遵循中小学学生成长发展规律的基础上,由郑州大学公民教育研究中心和河南省信阳市平桥区人民政府共同组织力量搜集资料、调查研究、确立教学大纲而编写完成的。《公民常识读本(初中版)》培养目标的设定贴近学生的生活实际,根据社会要求和个人

成长需求，阐述学生能够理解的公民常识。开展以公民常识为主要内容的初中生公民教育课程是符合科学、适应社会发展阶段和青少年的身心发展水平的，有利于培养初中生的公民意识，促进公民行为的养成。

1. 强化师资队伍建设

初中生公民意识状况如何，很大程度上取决于思想品德课教师的公民素质和公民教育水平。公民教育学是一门专业知识，学校要给教师提供培训机会，使其能通过培训抓紧熟悉公民教育学知识，完善自身的知识结构，提高知识水平。具体来说，一要培养教师先进科学的公民教育思想。学校要引导教师从中外优秀的公民教育思想中吸取精华、获取营养，用适用于我国初中生的公民教育思想指导教育教学工作。二要提高教师传授公民教育的教学技能。教师要认真钻研、细心挖掘公民常识教育课程的教材内容，深入浅出、全面透彻地讲解知识点、难点与重点，充分利用教辅教材和工具。三要提高教师的科学文化素质。公民教育的理论与其他学科的知识是相通的，教师应具备扎实雄厚的学科知识和文化修养，具有丰富的实践经验和一定的创造能力。此外，还要提高其他学科教师的公民素养。思想品德课教学中的公民意识教育是显性的，而其他学科对学生的公民意识教育则是隐性的。所以，应把公民教育渗透到各学科的教学中，使各学科与思想品德课形成合力，对学生进行全方面的、系统的公民意识教育，进而促进初中生公民意识的提高。

2. 改善教育方式方法

教师在对初中生进行公民教育的过程中更应体现其主体精神，营造民主、平等的学习氛围。在教育观念上，要形成民主、平等的师生关系，终止“一言堂”式的教学关系，重视学生的情感和主体需要，指导和培养学生的思想道德选择和鉴别能力；要研究目前初中生公民教育的特点和规律，注重内化，提升非智力因素的开发，提倡价值澄清法、道德认知发展法、情景教学法、榜样示范法和启发与灌输相结合等方法，克服简单生硬的管束以及说教等形式主义方法；引导学生改善学习方法，倡导自主学习、合作学习和探究学习，使其在学习过程中培养公民精神，从而提高初中生公民教育的科学性和有效性。

3. 进行良好的课堂设计

初中生公民常识课堂教学中要进行良好的课堂设计，教学设计要理论联系实际。由于初中生正处于成长期，认知和理解能力有一定的限度，所以必须把理论和实际密切结合，使初中生学到的不是空洞不适用的理论，而是具有实践意义能用的理论。此外，课堂教学中一定要避免造成初中生公民理论滚瓜烂熟，实际应用却一无所知、不知所措的局面，要根据学生的具体情况采取具体的教学方法。总之，适合学生并能使学生全面掌握公民常识

知识、养成公民品质、具备公民践行能力的教学设计就是好的设计。

4. 开发利用教育资源

开发利用教育资源，一方面是开发公民常识教育资源。要注重吸收传统文化的优秀成果，把传统教育的精华与社会发展的客观要求相结合，同时注重西方公民教育理论与当代中国实际相结合，大力开发公民常识教育资源，打造公民常识教育资源平台。另一方面是合理配置公民常识教育资源。要以城乡一体化建设为导向，根据学校实际和学生实际确定公民常识教育资源的配置，即城市初中要在人力、物力、财力上给予公民常识教育大力支持，确保公民常识教育资源充足，并能够得到充分利用；集镇或农村初中要重视公民常识教育，在学习借鉴城市公民常识教育经验的基础上，组织有相关学科知识背景的教师认真研究公民常识教育，发现和利用好当地的公民常识教育资源，不断减少与城市初中在公民常识教育资源上的差别。

（二）注重初中生公民教育的实践锻炼

进一步完善社会实践和劳动训练的制度，建立健全学校的劳动社会基地，鼓励和创造条件让初中生以公民的身份和角色积极参与校内外社会实践活动。校内活动形式多样，例如升国旗仪式，对于培养初中生的爱国意识和民族自豪感是十分有益和必需的；时事评议，有利于增强初中生的政治敏锐性、社会责任感和明辨是非的能力；护校活动，其主要有清扫活动和护校执勤活动两种常规形式。清扫活动，即将校园划分为若干卫生区，由各班级轮流负责，这既培养了初中生良好的劳动习惯，又增强了初中生对学校的责任意识；护校执勤活动，每班抽取部分学生组成风纪队，负责检查其他学生的仪表仪容和违纪情况，对于培养学生的权利意识、责任意识是非常有效的。校外活动包括参观、访问、调查各种类型的志愿者服务活动等。这些活动的目的是让初中生了解社会、了解道德要求的合理性、正确性，培养初中生的协调意识、参与意识、互助精神等。总之，只有让初中生走进生活、走进社会，才能使其切身体验到公民的权利和义务，才能升华自身的公民意识。

（三）创设有利于公民教育的校园文化环境

校园文化环境主要包括校风、制度和校园文化等。其中校园文化是重要的公民教育隐性教育资源，它既包括整洁、有序的学习生活环境，又包括勤奋敬业、尊师爱生、民主而有纪律的班风和校风，还包括教师的人格、心理、人际关系。校园文化环境是学校长期办学理念和教育思想的凝结与积淀、提炼与升华后的结晶，它会直接或间接地感染和影响着所有师生的思维方式和行为习惯，造就相应的价值观念和意识形态。因此，学校要充分认识到初中生的公民教育不仅是德育部门或思想品德课老师的职责，也是学校

领导、全体教师、学校各职能部门的职责,要积极倡导和支持初中生公民教育,建设良好的校风,健全或完善学校的管理制度,从而为培养初中生的公民素养营造良好的校园文化环境。

(四)充分发挥初中生社团的积极作用

学生社团是学校第二课堂不可或缺的组成部分,是学生培养兴趣爱好、扩大求知领域、陶冶思想情操、展示才华智慧的广阔舞台。学生社团是校园文化的重要组成部分,由于其内容丰富、形式多样,蕴含着丰富的教育资源,是对中学生实施公民教育的有效渠道。从整合社团资源,优化社团管理模式、对社团骨干进行公民教育课程的培训,发挥示范带头作用、鼓励有益于初中生学习生活的社团组建和完善这三个方面出发,加强对初中生社团的研究和管理,使其真正成为全面提升初中生公民素质的重要工具和平台;真正发挥初中生社团教育功能,积极引导初中生参加健康向上的社团活动。这对于促进初中生健康发展,成长为社会所需要的合格公民具有巨大的推动作用。

(五)构建初中生班级民主管理模式

班级民主管理是指班级成员在服从班集体的正确决定和承担责任的前提下,参与班级管理的一种管理方式。它所提倡的是学生做班级的管理者,而班主任则是班级的指导者和协调者。班级民主管理实质上是发挥每一个学生的主人翁精神,使其成为班级的主人。顺利实施民主和谐的班级管理可使初中生在自我管理、自我教育、自我约束这一过程中实现自身综合素质的提高,并逐步显现出自身的主体意识、公共意识、民主意识、参与意识等,有利于初中生公民意识的养成。所以,班主任要与学生建立良好的沟通机制,及时交流指导,鼓励初中生踊跃、有序、有效地参与班级管理,从而通过正确践行班级民主管理制来培养初中生的公民意识。

(六)重视家庭和社区对学生品质的影响

随着社会的转型,家庭生活相比以往发生了巨大的变化,这对初中生公民品质的养成既有积极促进的因素,也有消极阻碍的因素。社会的民主进步、家庭教育的知识化、家庭文化的现代化,促使现在的大多数初中生主体意识、参与意识和民主意识增强;传统的家长制和封建思想的禁锢导致部分中学生主体意识、参与意识和民主意识欠缺;独生子女增多,家长过度溺爱,使部分独生子女注重享受,以自我为中心,缺乏家庭责任感,未能履行家庭生活的义务;父母重视学习成绩轻视道德品质的错误教育理念,致使初中生在履行家庭义务和责任方面不尽如人意。家庭生活是初中生公民品质养成的重要场所,也是初中生养成优良公民品质的重要载体,因此,要通过举办家长培训学校,帮助家长树立正确的教育理念和创造良好的家庭环境,帮助

初中生提升自己的公民品质,使初中生的公民品质在家庭生活中得到良好的培养,顺利成为社会主义合格公民。

同时,注重社区公民文化建设。对于初中生而言,公民教育中的社区资源,是指在其学校和家庭所处的地区内,能影响其学习、生活和成长,并能引起其公民意识、公民行为形成的若干区域因素。初中生公民品格的形成在客观上一方面受到社会一般性文化的影响,另一方面又受到所驻社区独特文化的影响。开发、整合并利用社区中的公民教育资源,对于提高初中生的公民意识以及公民行为能力,具有重要的理论意义和现实意义。所以,要在社区中加强宣传教育,普及公民文化知识,引导初中生认知社区中的公民文化,并结合当地社区的历史传统和风俗习惯开展丰富多样的课外活动,从而提高公民教育的社会效果,提升初中生的公民素养。

综上所述,中小学开展公民常识教学实验的经验告诉我们,中国公民意识教育必须坚持"四个一体化"的原则,深入持久、循序渐进地开展:一是公民教育内容"中国化"。作为舶来品的公民教育必须中国化,不能全盘照搬西方模式,必须用社会主义核心价值体系引领公民意识教育,以中国的民族文化底蕴为支撑,大力开展爱国主义、集体主义、社会主义教育,引导广大青少年努力成为德智体美全面发展的社会主义公民。二是公民教育对象"大众化"。只有贴近群众、贴近生活、贴近实际,为大众所接受的教育,才能实现真正意义上公民意识的普遍提升,要紧紧抓住实践养成这一关键环节,大力开展包括青少年在内的公民教育实践活动。三是公民教育体系科学化。只有把公民意识教育发展成为一门学科,形成一门目标明确、内容完善、课程单列、具有中国特色的公民教育学科体系,并融入国民教育中,才能培养出一大批从事公民意识教育的专门人才,逐步实现公民意识教育科学化。四是公民教育机制社会化。公民意识教育离不开社会舆论氛围和良好社会风尚的营造,离不开学校教育、家庭教育、社会教育之间的相互配合。如果没有公民意识教育的社会化、实践化的积淀,就谈不上公民意识教育的价值所在。所以,公民意识教育必须中国化、大众化、学科化、社会化,才能彰显其独特的教育魅力。这既是中国公民意识教育实践发展的必然趋势,也是中国特色社会主义建设事业的内在要求。

(执笔:陈思坤　曹天梅)

第一单元

正确理解公民概念是加强公民教育的基础

摘要:对初中生掌握公民概念现状进行的实证调查表明,初中生对公民概念的掌握总体上还是比较乐观的,但是在初中生对公民基本内涵的掌握,尤其是农村学生对公民概念的认知、初中生对自身公民身份的掌握等具体方面,以及初中生对公民概念的全面掌握等方面还存在问题。这和教师的角色扮演不到位和学生自身经历、阅历有限有着直接的关系,因此我们要在课堂教学上、初中生的知识理解上以及日常生活中培养他们对公民概念的掌握和理解。

关键词:初中生公民　公民概念　公民教育　基础

正确理解公民概念是开展公民教育的开端和基础,一旦公民概念被混淆,就会引起公民教育认识上的偏差,进而导致公民教育实践上的错误。为了给公民教育打下牢固的基础,我们必

须教育学生正确理解公民概念。为此，我们在调查、分析、总结、对比的基础上，结合教师教学方法和学生理解的实践，探寻正确理解公民概念的方法、途径，为正确理解公民概念提供有益的借鉴和思考。

一、公民概念及其在中国的演变

公民是指一个人在公共生活中的角色归属，公民概念实际上也就是对在公共领域中涉及的“我是谁”“我应当做什么”等问题的回答。通过梳理公民概念在中国历史上的演变，比较公民与人民、国民、臣民等的区别，可以加深对公民概念的理解。

（一）公民的概念

公民，是具有一国国籍，根据该国法律规定享有权利和承担义务的人。根据这一定义，我们在教材中设定了公民的基本内涵，包括具有一国国籍、享有公民权利和履行公民义务三个方面的内容。

1. 具有一国国籍

成为一名公民的第一个条件就是具备一国国籍。我们在教材中给国籍界定为：“国籍，是一个人属于某一国家的法律身份，体现公民的身份归属。公民拥有一国国籍，享有该国法律规定的权利，受法律保护。”为了进一步深入了解国籍，我们在教材中设置了国籍是怎么获得的、国籍的证件是什么以及如何丧失国籍，要求学生掌握国籍是一个公民的身份象征。《中华人民共和国宪法》规定，中国国籍是中国公民身份的象征，这就说明，在中国不论其年龄、身份、地位、财富，只要具有中国国籍就是中国公民。

2. 享有公民权利

具有中华人民共和国国籍就是中国公民，公民归属于国家，具有资格和能力享有国家法律规定的权利，因此，我们在教材中把“公民享有权利”设置为公民基本内涵之一。这一内涵要求初中生掌握法律赋予公民享有的权利，宪法规定了公民的基本权利，包括生存权、发展权、自由权等。当合法权益受到侵害时，公民可以运用法律手段维护自己的合法权益。国家法律确认和保护公民权利的目的是实现公民权利，但公民权利的实现要求国家和公民的共同努力。

3. 履行公民义务

权利与义务对等，不存在任何只享有权利而不履行义务的特权。公民的权利和义务教育要求学生理解公民在享有权利的同时必须履行相应的义务，因此，我们在教材中把“公民负有义务”作为公民基本内涵的其中一个。法律确认和保护公民的权利，公民就要履行法律规定的保卫国家领土完整、

维护国家统一、遵守国家法律、依法纳税、实现自身权利不侵害国家和他人的权利等义务。

(二)公民概念在中国的历史演变

中国公民是神圣的称号,不是自古以来就有的,而是文明进步的产物。所以从古至今,在中国历史上出现的臣民、国民、人民与公民在性质、范围和概念上都是不同的。通过了解公民概念在中国历史上的演变来准确区分它们之间的关系,从而正确掌握中国公民的概念。

1. 近代以前:“公民”概念的缺失

自从秦始皇以来的两千多年间,古代中国一直实行的是封建专制统治。封建专制制度强调森严的等级,把人分为奴婢、奴才、臣子、臣民等,每一级都有严格的等级界限。所以,在中国传统的文化中,缺乏公民概念产生的土壤。

2. 近代中国:经历了从臣民、国民到公民的发展

“国民”这一概念最早出现在1898年康有为的一个名为《请开学校折》的奏折里,但是直到1899年,梁启超在《论近世国民竞争之大势及中国前途》一文中才给“国民”以本质和内涵的解释。康、梁的“国民”内涵已经具有现代“公民”思想的萌芽,对当时的中国起着极其重要的思想启蒙和舆论先导的作用。但是“国民”的权利并不明晰,依然带有对国家的依附性,与“公民”概念还存有很大的差别。

3. 新中国:“人民”与“公民”

新中国最早使用“公民”的规范性文件被公认为是1953年公布的《中华人民共和国全国人民代表大会及地方各级人民代表大会选举法》,其第4条规定:“凡年满18周岁之中华人民共和国公民,不分民族、性别、职业、社会出身、宗教信仰、教育程度、财产状况和居住期限,均有选举权和被选举权。”中华人民共和国成立之后,我们国家开始采用“公民”这一概念。1954年9月20日,第一届全国人民代表大会第一次会议通过并颁布了《中华人民共和国宪法》。这是中国的第一部社会主义宪法。从此,中国公民的基本权利和义务有了宪法依据。

二、对初中生公民概念理解调查分析

我们通过对公民的定义、公民与臣民和国民的区别、公民的基本内涵等几个方面认知的调查来分析初中生对公民概念的掌握情况。以下是我们调查得出的结论。

第一,90%的学生能够正确理解公民概念,但仍有部分学生把“公民”错误理解为“臣民”。

调研组针对初中生对“正确理解公民这一概念”进行了专项调查,4.1%的学生认为“没有行为能力的人不是公民”,4.8%的学生认为“公民就是臣民”,91.1%的被调查者认为“公民是指具有国籍的人”(见表1.1)。

表1.1 以下对“公民”的解释正确的是

选项	A. 没有行为能力的人不是公民	B. 公民就是臣民	C. 公民是指具有国籍的人
总比例	4.1%	4.8%	91.1%
开过公民教育课程	3.4%	3.6%	93.0%
未开过公民教育课程	5.2%	6.8%	88.0%

从以上统计数据一方面可以看出,选择正确选项“C. 公民是指具有国籍的人”所占的比例为91.1%,说明初中生大部分能够正确理解“公民”这一概念,这对初中生继续进行公民教育打下了良好的基础。但是,仍有8.9%的学生分别选择了错误选项A、B,这说明这部分学生还没有正确掌握公民的概念。从另一方面来看,仍有4.8%的学生认为“公民就是臣民”,这说明在教育过程中,不能忽视部分学生把“公民”理解为“臣民”的错误心理。

第二,初中生对公民基本内涵的掌握欠缺。

针对初中生对“公民基本内涵”的掌握情况进行的调查显示,28.4%的学生认为公民的基本内涵不包括“具有一国国籍”,5.4%和5.2%的学生分别认为公民的基本内涵不包括“享有公民权利”和“履行公民义务”,而60.9%的学生认为公民的基本内涵不包括“创造幸福生活”(见表1.2)。

表1.2 公民概念的基本内涵不包括

选项	A. 具有一国国籍	B. 享有公民权利	C. 履行公民义务	D. 创造幸福生活
所占百分比	28.4%	5.4%	5.2%	60.9%

由以上数据一方面可知,只有60.9%的学生认为公民概念的基本内涵不包括创造幸福生活,而余下的39.1%的学生都做出了错误的选择。这说

明初中生对公民基本内涵的掌握并不理想。从另一方面来看,公民的基本内涵包括具有一国国籍、享有权利和履行义务,但是仍有近1/3的学生选择错误选项A,这说明国籍教育仍然是公民教育的不足。

第三,大部分学生能正确区分公民与国民,但需提高农村学生对二者关系的认识。

从调查结果看出,17.1%的学生认为公民与国民是相同的,62.5%的学生认为公民和国民是不相同的,20.5%的学生对公民与国民的关系不清楚。从正确选项B来看,62.5%的学生能够正确区分公民与国民,这说明初中生基本上都能正确区分二者的关系;约40%的学生选择错误选项A、C,这说明这部分学生没有掌握公民与国民两个概念,这个数据是值得深思的。

从居住地来看,城市学生选择正确选项B的占78.2%,集镇学生选择正确选项B的占67.2%,农村学生选择正确选项B的只有59.2%。就这些数据得出,城市、集镇、农村的正确选择率成下降趋势,这也符合我们预先的推测。城市学生选择正确选项的比率比农村学生高出了19个百分点,这提醒我们需要从农村学生身上寻找原因,注重对这些学生的教育(见表1.3)。

第四,部分学生意识不到自己是公民。

表1.3　公民与国民两个概念是否相同

选项	A. 相同	B. 不相同	C. 不清楚
总百分比	17.1%	62.5%	20.5%
城市	13.2%	78.2%	8.6%
集镇	16.2%	67.2%	16.6%
农村	17.8%	59.2%	22.9%

调研组针对初中生对"一国国民只有到18岁才能获得公民身份"进行了专项调查。从总百分比来看,26.9%的学生认为这一说法是正确的,58.7%的学生认为这一说法不正确,14.4%的学生不清楚。58.7%的学生选择正确选项B,这也是比较乐观的;26.9%的学生选择错误选项A,这说明学生对公民身份的获得仍未知,不知道自己已经是公民,也暴露了学生对公民这一概念的掌握不佳(见表1.4)。

表 1.4　一国国民只有到 18 岁才能获得公民身份

选项	A. 正确	B. 不正确	C. 不清楚
总百分比	26.9%	58.7%	14.4%
开过公民教育课程	23.5%	65.6%	10.8%
未开过公民教育课程	32.3%	47.8%	19.9%

从是否开设公民教育课程来看，开过公民教育课程的学生中，65.6% 的学生能够选择正确的选项，没有开过公民教育课程的学生中，只有 47.8% 的学生能够选择正确的选项，前后相差了 17.8 个百分点。这表明要加强学生对公民概念的理解，必须注重公民教育课程的开设。

三、初中生公民概念认知状况的分析

从初中生公民概念理解调查数据来看，影响初中生正确理解的因素既有教师本身的原因，也有学生自身的原因。

（一）教师讲解不确切

1. 教师对公民概念的知识掌握不全面

关于“公民概念的基本内涵不包括”这道题中，近 40.0% 的学生选择了错误选项，这说明学生对公民内涵的掌握欠缺，40.0% 的学生中有 28.4% 的学生选择了错误选项 A“具有一国国籍”，而只有 5.4% 的学生选择了错误选项 B“享有公民权利”和 5.2% 的学生选择了错误选项 C“履行公民义务”。三个选项同为公民的基本内涵，前后数据差距竟超过了 20%，这说明教师在讲授的过程中没有全面讲授公民的基本内涵。

2. 教师对公民概念的讲解不透彻

经过数据分析，我们可以看出，91.1% 以上的学生一致认为公民的内涵是具有一国国籍，这一数据是比较乐观的。但是，在“一国国民只有到 18 岁才能获得公民身份”一题中，只有 58.7% 的学生认为这一说法不正确，41.3% 的学生都认为这一说法是正确的或者不清楚是否正确。同为考察公民定义的两道题，数据相差了 30 多个百分点，这说明教师在讲授的过程中对概念的讲解不透彻。

（二）学生自身因素的限制

1. 学生的认识受自身经历的限制

从公民与臣民、国民是否相同的角度来看，在“以下对‘公民’的解释正

确的是”这道题中，只有4.8%的学生认为“公民即是臣民”，这个数据也是比较乐观的。但是，在“公民与国民两个概念是否相同”这道题中，竟有37.6%的学生认为公民与国民是相同的或者不清楚二者的关系。作为考察公民与臣民、国民是否相同的两题，性质是一样的，但结果竟相差甚远。究其原因，应该是臣民称号是封建时代具有的，距离现在的时间比较久，学生听见这一称号自觉地意识到它与公民不同；而国民称号在中国近代还有，他们可以从爷爷奶奶、爸爸妈妈那听说过很多关于国民的话语，还可以从电视剧、电影或者网上看到此种说法，所以他们认为公民应该和国民一样或者分不清区别。总之，从根本上说，原因出自他们自身经历的限制。

2. 农村学生自身的阅历有限

在“公民与国民两个概念是否相同”这道题中，城市学生选择正确选项B“不相同”的占78.2%，农村学生选择正确选项B“不相同”的只有59.2%，城市学生选择正确选项的比率比农村学生高出了19个百分点。这说明初中生的阅历有限，农村根深蒂固的传统文化使他们无法正确区分公民与国民是否相同。

四、对初中生正确理解公民概念的建议

在当前公民教育教学中，公民概念教育仍然是薄弱环节。如何在教师教学环节和学生理解环节加强学生对公民概念的认知，对公民教育的顺利开展起着基础性的作用。

（一）教师要讲好公民概念

教师要讲好公民概念要努力做到以下几点。首先，教师自身必须对公民概念有一个全面的认识，不能只知其一，不知其二。如果不能全面理解公民概念，教师在讲授的过程中对知识点的把握就会模棱两可。对于接受方的学生来说，也就会听得迷迷糊糊、不知所云。比如对公民概念的理解，教师不能只知道具有中国国籍这一内涵，还要知道公民的权利和公民的义务这两个内涵；对于是否是中国公民，不能只知道国籍这一标准是正确的，还要知道这一标准意味着不论地位、财富、年龄、身份，只要具有中国国籍，就是中国公民。教师只有全面理解掌握了公民概念，才能在讲授的过程中有条不紊、如鱼得水。其次，教师要结合公民教育课程的特点，探索合适的教育方法，对于公民概念的讲授，要理论和实际相结合，注重让学生结合自身的公民身份进行理解，而不能只是知识的灌输。

（二）学生要正确理解公民角色

在公民教育中，受知识和社会经验的限制，学生对公民概念不理解甚至误解是正常的。那么，如何让学生正确理解公民概念呢？首先，学生要能够

准确识记教师所讲授的知识点,对自己理解错误的地方进行纠正,形成对公民概念的正确认知。其次,对于不理解的公民概念知识点要敢于质疑,从而在解决疑问的过程中加深对公民概念的理解。

(三)在日常生活中培养对公民概念的理解

学生应积极参加日常生活实践,在实践中提高对公民概念的理解。各种实践活动是学生对公民概念理解的有益补充,是促进学生公民概念认知形成的最直接、最有效的途径。例如,在日常买饭、候车时自觉排队,遵守一定的秩序,培养学生履行公民义务的意识;在班干部的评选中,积极参与竞选,培养学生的公民权利意识;在平时的活动中,大家积极献策,培养学生的主人翁意识。通过日常生活中的这些实践活动,才能够进一步加强学生对公民概念的理解。

(执笔:许绍静)

初中生公民国家认同的形成分析

摘要:通过对初中生公民国家认同的实证调查表明,初中生公民的国家认同总体上教学效果较好,开设公民教育课程的学生国家认同程度明显高于未开设的学生。但是从性别差异上看,女性的国家认同程度高于男性;从年龄上看,随着年龄的增大对国家认同的程度降低;从居住地来看,城市学生的国家认同最低等方面还存在一定的问题。这和教师在讲授的过程中没有将重点讲清楚、初中生学生的经历和阅历不足、社会法治教育环境等因素有着直接的关系,因此,我们要在课堂教学中将通过爱国主义教育、法治教育、权利义务教育以及实践教学,提高初中生的国家认同程度。

关键词:初中生　国家认同　形成分析

公民的国家认同对维系国家的凝聚力至关重要,公民国家认同状况直接影响国力消长和国家稳定。初中生是祖国的未来,因此,我们研究初中生公民国家认同是如何形成的,从中学开始注重培养初中生的国家认同。

我们运用调查、分析、总结、对比等方法,通过分析公民与国家的关系并结合课堂教学和实践活动来探索初中生公民国家认同的途径,为开展初中生公民国家认同教育提供根据。

一、初中生公民的国家认同

国家认同,是指一个国家的公民对自己祖国的主权、领土、军队、文化、制度、法律等的认同和忠诚。国家认同的主体是公民,客体是国家,这里说的国家既包括抽象的“想象中的政治共同体”,也包括国家的主权、制度、法律等具体的事物。

基于对国家认同的理解,我们在教材中把公民的国家认同理解为“集中表现为公民对国家的归属感,认为自己是国家的一员,享有国家法律规定的权利,并愿意履行国家法律规定的义务”。由此可以看出,公民国家认同集中体现了公民与国家的关系。公民是国家的一员,国家要保护公民的权利,同时,要履行公民的义务,因此,权利与义务关系就是公民与国家关系的核心。初中生作为国家的小公民,国家给予其生存权、受教育权、发展权等权利,为他们健康成长保驾护航。初中生在享有国家的权利的同时,要肩负国家赋予的责任和义务。

基于以上对公民国家认同的理解,我们在教材中设置了初中生公民国家的基本内涵,包括“初中生要拥护社会主义制度”“初中生要认同中华人民共和国的文化标识”和“初中生要维护中华人民共和国宪法的权威”。初中生对国家的制度、文化、宪法产生认同感后,在行动上自然会忠诚于他们的认同。一个人如果认为自己是中国公民,那他就会愿意为祖国的生存和发展贡献自身力量。公民只有确认了自己的公民身份,了解自己与国家存在的密切联系,将自我归属于国家,才会关心国家利益,在国家利益受到侵害时能够挺身而出。

(一)初中生要拥护社会主义制度

公民对国家的认同首先表现为对国家制度的认同。中华人民共和国实行社会主义制度,所以,作为国家的小主人,初中生要坚决拥护社会主义制度,为把我国建设成为富强、民主、文明、和谐的社会主义现代化国家而奋斗。

(二)初中生要认同中华人民共和国的文化标识

民族文化是中华儿女创造出来的物质财富和精神财富的总和,是中华民族伟大、文明、进步的象征。初中生公民有责任认识文化标识,传承民族文化,因此,我们在教材中设置了“初中生要认同中华人民共和国的文化标识”,比如中国的国名、国旗、国徽、国歌、国庆日等中华人民共和国的象征和标识。这一内涵要求初中生认识文化标识、尊重文化标识,如果有不法分子诋毁或破坏它们,应与不法分子做坚决斗争。

(三)初中生要维护中华人民共和国宪法的权威

中华人民共和国宪法是中国的根本大法,规定了公民的基本权利和义务,具有最高的法律效力,是中国公民的根本行为准则。它作为国家的重要构成部分,在国家和社会的管理过程中,具有至高无上的地位,发挥着无可替代的作用,因此,我们在教材中设置了“初中生要维护中华人民共和国宪法的权威”,要求初中生要发自内心地承认它、信任它,尊重并维护它的权威性,将宪法的价值和精神融进自己的血液里,形成对中华人民共和国宪法的信仰。

二、初中生关于公民国家认同的现状调查

我们通过对“公民与国家关系的核心”的数据分析,来观察初中生公民国家认同的现状。以下分别从总量、性别、年龄、居住地和是否开设公民教育课程几个方面展开具体分析。

(一)总量分析

从选项的情况来看,选A的占10.3%;选B的占29.7%;选C的占11.0%;选D的占49.0%,接近一半。A、B、C三项相加占总人数的51.0%,即初中生对国家认同持否定态度的超过1/2,调查结果出人意料(见表1.5)。

表1.5　从总量分析初中生公民国家认同现状

选项	A. 社会福利	B. 公民的法律身份	C. 公民的政治地位	D. 权利义务关系
比例	10.3%	29.7%	11.0%	49.0%

(二)从性别差异分析

从正确选项D的选择情况来看,男性选D者占其总人数的46.2%,女性选D的占其总人数的51.3%,这说明与男性相比,女性对公民与国家关系的核心认识得更深刻些,女性更易于认识到公民与国家的关系。

从选项B的选择情况来看,男性选B的比例明显高于女性,从A、C两个选项来看,男女选A、C项的比例接近,这说明男性对“公民与国家关心的核心”的错误认识区别于女性的地方主要在于B项,即公民的法律身份。更多的男性认为公民与国家关系的核心是公民的法律身份,说明男性公民对公民权利义务认识偏低,也说明公民教育在国家认同教育上要注重公民的权利义务教育(见表1.6)。

表 1.6　从性别差异分析初中生公民国家认同现状

性别比例选项	A. 社会福利	B. 公民的法律身份	C. 公民的政治地位	D. 权利义务关系
男	8.1%	33.1%	12.7%	46.2%
女	12.2%	26.9%	9.6%	51.3%

(三)从年龄差异分析

从正确选项 D 来看,从 10 ~ 12 岁到≥16 岁选 D 的比例依次递减,且 10 ~ 12岁至 13 ~ 15 岁阶段递减比较急剧,为 25.4 个百分点,而从 13 ~ 15 岁至≥16 岁阶段递减不太明显,为 1.7 个百分点。这说明,初中生年龄越小,对公民与国家关系的核心认识越正确。

从选项 A、B、C 三项来看,初中生随着年龄的增长,对“公民与国家关系的核心”的错误认识逐渐增多,尤其是 B 选项“公民的法律身份”的错误选择率比较明显,后两个年龄阶段比第一个年龄阶段高出 15 个百分点左右。这说明,初中生随着年龄的增长和社会阅历的丰富,法律对初中生的影响力高出了权利与义务的影响力,误导了他们对公民与国家关系的认识(见表 1.7)。

表 1.7　从年龄差异分析初中生公民国家认同现状

年龄比例选项	A. 社会福利	B. 公民的法律身份	C. 公民的政治地位	D. 权利义务关系
10 ~ 12 岁	4.8%	14.5%	6.5%	74.2%
13 ~ 15 岁	10.2%	30.3%	10.7%	48.8%
≥16 岁	11.1%	29.1%	12.7%	47.1%

(四)从居住地分析

从正确选项 D 来看,集镇学生选择 D 的百分比为 60.4%,比城市学生选择 D 的比例高出了 14.8 个百分点,比农村学生选择 D 的比例高出了 13 个百分点,这说明集镇学生对公民与国家关系认识得比较正确;农村学生比城市学生高出了 1.8 个百分点,这说明城市学生对公民与国家关系理解得最差,还不如农利学生。按照正常的逻辑思维,正确选择率应该是城市、集镇、农村,这就提醒我们要加强城市学生国家认同教育。

从选项 B 来看,城市学生的选择率为 39.1%,选择的比例比集镇学生高出了 16.6 个百分比,比农村学生高出了 9.5 个百分点。从这一数据可以看出，城市学生在公民与国家关系问题上选择差异主要是在B选项“公民的法律身份”上，这说明城市学生受环境的影响，虽然自身的法律意识在提高，但是他们对国家的认同感却降低了（见表1.8）。

表1.8　从居住地分析初中生公民国家认同现状

居住地 比例选项	A. 社会福利	B. 公民的 法律身份	C. 公民的 政治地位	D. 权利义务 关系
城市	5.7%	39.1%	9.7%	45.6%
集镇	9.0%	22.5%	8.1%	60.4%
农村	11.2%	29.6%	11.8%	47.4%

（五）从是否开设公民教育课程分析

从正确选项D来看，开设公民教育课程的学生的选择率为52.9%，未开设公民教育课程的学生的选择率为42.8%，后者比前者低了10.1个百分点。这表明初中开设公民教育课程的效果明显，有必要继续坚持下去（见表1.9）。

表1.9　从是否开设公民教育课程分析初中生国家认同现状

开否比例选项	A. 社会福利	B. 公民的 法律身份	C. 公民的 政治地位	D. 权利义务关系
开设	7.6%	29.0%	10.5%	52.9%
未开	14.6%	30.9%	11.8%	42.8%

三、初中生公民国家认同现状的原因分析

通过上文的分析，我们得出初中生公民国家认同在性别、年龄、居住地等方面存在问题，这些和教师授课、学生自身的经历和阅历以及社会法制教育的环境有着很大的关系。

（一）教师在讲授的过程中没有将重点讲清楚

公民与国家关系的核心就是权利义务关系，然而几乎一半的学生都不能正确选择，究其原因应该是教师在讲授的过程中没有讲好。从是否开设

公民教育课程来看，开设公民教育课程的学生有52.9%选择正确答案，而没有开设公民教育课程的学生有42.8%选择正确答案，虽然两个数据之间存在近10个百分点的差距，但并没有达到公民教育课程所期待的数据，这也对教师的课堂教学提出了要求。

(二)初中生的经历和阅历不足

在"公民与国家关系的核心"这一问题上，有几乎10.3%的学生选择了"福利关系"，11%的学生选择了"公民的政治地位"。这是因为学生自身没有经历过有关福利关系和政治身份等问题，而又受到社会和家庭环境的影响，所以选择了错误答案。这说明初中生的阅历和经历不足严重影响了他们对公民与国家关系的核心的正确认识。

(三)社会法治环境的影响

在公民与国家关系问题上，不论从整体上还是从年龄、性别、出生地方面来看，学生选择B"公民的法律身份"明显高于其他两个错误选项的比率，这说明国家法律的影响力还是比较大的。但从年龄方面来看，随着年龄的增长，学生选择D"权利义务关系"的比率越低，13～16岁的学生一半以上都选择了错误的选项，其中有近1/3的学生选择了B"公民的法律身份"。这说明初中生随着年龄的增长，社会阅历越来越多，法律的影响力高出了权利与义务，误导了他们对公民与国家关系的正确认识。

四、初中生公民国家认同的形成途径

基于我们的调查分析和原因总结，我们认为初中生公民国家认同的形成途径主要是课堂教学和实践教学。

(一)课堂教学是初中生形成国家认同的主要途径

课堂教学是初中生形成国家认同的主要途径。初中生的课堂教育包括历史课、地理课、法律课、道德课、公民课等多个学科，而每个学科的编制都有其特色和侧重点，因此，我们要在各科教学中渗透公民国家认同教育。

1. 爱国主义教育

爱国主义教育本质上是一种国家认同教育，而现代民族国家既是一个历史文化共同体，也是一个政治共同体。初中生的国家认同不仅要包括基于语言、历史、传统文化等的历史文化认同，也要涵盖基于国家制度的政治认同。首先，为了使初中生热爱我们这个国家，我们要向他们灌输爱国主义精神，并通过历史教育来培养这种感情。我们把历史课程作为核心课程，根据不同的年龄阶段进行历史故事、历史人物、历史事件以及中华民族的文明史、传统文化、山川河流等的讲述，来激发学生的爱国主义精神，加之课堂上

热情洋溢的讨论来抒发自己的爱国之情,以达到增强国家意识、国家认同感的目的。其次,我们要对初中生进行社会主义制度教育。初中生作为国家的小主人,他们热爱祖国就应该热爱社会主义制度。我们要向他们讲述社会主义制度的优越性,激发和培养初中生的优越感和自豪感,以达到对社会主义制度的认同。

2. 法治教育

初中生的国家认同形成必须注重加强法治教育。法律是调节社会行为的基本规范,遍及我们生活的方方面面。所以,我们要教育学生树立法律权威意识,尤其是中华人民共和国宪法的权威意识。我们要教育学生积极学习法律知识,尤其是中华人民共和国宪法知识的学习,包括相关法律概念的学习、法律技能的锻炼和法律信念的树立。除此之外,学校还要寻求多重社会力量多方位对中学生进行法治教育,通过讲授遵守法律的重要性,不断强化学生的遵纪守法意识,树立法律权威意识。

3. 权利义务教育

我国法律规定,公民享有权利,也要履行义务,权利和义务是统一的。法律规定初中生享有生存权、发展权、受教育权等,也规定了初中生要保护祖国领土完整、维护国家统一和遵守法律等义务。我们要利用公民常识课给学生讲学生有参与班级管理、投票等权利,还要讲初中生要参加劳动、守法、关心个人和家庭事务的义务。结合初中生自身来讲授他们享有的权利和要履行的义务,让他们知道权利和义务是相伴随一个人成长的,最终让他们知道公民与国家关系的核心是权利与义务关系。

(二)实践教学是初中生形成国家认同的有效途径

初中生国家认同教育不局限于课堂、局限于课本,还常常延伸至课堂以外的实践教学中。学校可以通过组织各种各样的实践活动来开展国家认同教育。我们可以带领初中生参观爱国主义教育基地,通过具体事件和实物激发学生的国家认同感;通过每天的升国旗仪式,让学生认识并牢记中华人民共和国的国旗、国徽、国歌等标识,时刻牢记自己是中国公民,应该热爱自己的国家;通过游览祖国的大好河山,如长江、黄河、长城、泰山、嵩山等自然风光,培养学生的爱国之情;在进行法治教育时,我们可以让学生参与社区有争议问题的讨论,并学会用法律来思考这些争议性问题,还可以让学生旁听法院的审判,感受法律的权威,也可以举行模拟法庭,进行角色扮演,增强学生对法律的理解和敬畏。

(执笔:许绍静)

初中生公民身份认知的教学实效观察

摘要:初中生认知自身公民身份是其增强参与意识与国家认同感的基础。有目的、有计划地展开教学是强化初中生公民身份认知的重要途径。通过调查,了解观察了初中生公民身份认知的教学实效:开设公民常识课取得了良好的效果,初中生总体上具有较高的公民身份认知水平;然而,也存在诸多问题,比如,尚有多数初中生还不知自己已具备公民身份,初中生寻求国家保护的意识偏弱等。为解决这些问题并强化初中生的公民身份认知,我们对今后的教学活动进行了思考。

关键词:初中生　公民身份认知　教学实效

公民身份是公民与国家或政治共同体之间的各种关系的总和,以及公民对这种关系在心理上的认知和生活中的实践。它的确立和发展有助于确立公民的主体性地位,突出参与性的公民权利,从而推动中国的政治发展进程。公民个人明确自己的公民身份并做出有意义的公民举动,公民身份认知是第一步。初中生是中国未来社会发展的后备军,他们从小就认识到自己的公民身份,可以明确自己的公民角色,树立公民意识,行使公民权利,履行公民义务,从而促使中国政治发展将更加民主,因此,郑州大学公民教育研究中心、河南工程学院公民文化研究中心和河南省信阳市平桥区部分中学进行了合作,展开了一系列教学实践。为了弄清初中生公民身份认知的教学成效以及摸清初中生在学习公民常识课方面存在的问题,使今后开展有针对性的研究和教学,我们通过问卷方式进行了调查。

一、初中生公民身份认知的教学成效

公民身份认知是公民对作为国家或政治共同体成员的认识,主要包括公民对自己在国家或政治共同体中的身份地位的认识、对与国家或政治共同体的权利义务关系的认识等。基于对公民身份含义的理解与初中生的认知水平,初中生的公民身份认知内涵主要包括:初中生认识到"我"是中国公民,"我"受着国家的保护,"我"为是中国公民而自豪以及"我"是国家小主人。为了检验公民常识课的教学效果,我们从公民身份与非公民身份的区别、公民身份的取得条件、公民与国家的关系以及公民身份认同的概念等方面来设计问卷并进行了调查。通过数据整理与分析，我们得出的结果如下。

（一）总体上，初中生具有较高的公民身份认知水平

通过调查分析，总体上，初中生具有较高的公民身份认知水平。具体表现在以下三组数据：①谈及公民身份与非公民身份的区别，我们设计了“相同”“不相同”“不清楚”三个备选项。回答“不相同”的学生占总调查人数的62.5%；②说到公民身份的取得条件时，我们设计的题目是“一国国民只有到18周岁才能获得公民身份”，备选项为“正确”“不正确”“不清楚”，选择“不正确”的学生达58.7%；③我们考察了初中生对于公民身份认同内涵的理解，设计的题目为“公民身份认同主要是指公民认识到自己是国家的一员”，回答“正确”的学生占51.4%。

（二）受过公民常识课教育的学生对公民身份的认知效果明显好于未受过教育的学生

通过数据比较并分析，我们发现，受过公民常识课教育的学生对公民身份的认知效果明显好于未受过教育的学生。这表明初中开设公民常识课是必要的，并且还取得了较好的效果（见表1.10）。

表1.10 初中是否开设公民常识课的效果比较

题目	开设公民常识课	未开公民常识课
公民与国民两个概念是否相同	68.2%	53.4%
一国国民只有到18周岁才能获得公民身份	65.6%	47.8%
公民与国家关系的核心是什么	52.9%	42.8%
公民身份认同主要是指公民认识到自己是国家的一员	51.7%	51.0%

二、初中生公民身份认知的差异及问题

总体上，初中生具有较高的公民身份认知水平。然而，通过对数据进一步分析，我们发现，初中生公民身份认知还是有地区差异的，并且还存在一定的问题。

（一）城市、集镇初中生的公民身份认知水平明显高于农村

我们通过数据比较城市、集镇和农村的初中生公民身份认知水平发现，

城市、集镇初中生的公民身份认知水平明显高于农村。具体体现在两组数据中，按照城市、集镇和农村先后顺序对这四组数据进行逐一排列：第一组，“公民与国民两个概念是否相同?”，选择“不相同”的数据按照城市、集镇和农村先后顺序依次为78.2%、67.2%、44.4%；第二组，“一国国民只有到18周岁才能获得公民身份”，回答“不正确”的学生比例依次为70.1%、68.50%、55.2%。

(二)尚有多数初中生还不知自己已具备公民身份

这个结论主要是从初中生对公民身份取得条件的认识中得出的。我们把“年龄条件”设置其中作为干扰项，让学生们判断中国公民身份的取得是否有年龄条件，结果发现，26.9%的学生选择了“正确”选项，14.4%的学生对公民身份取得条件的认识处于模糊状态，选择了“不清楚”。这表明多数初中生对公民身份的含义认识不清，不知公民身份为何物(见表1.11)。

表1.11　初中生对公民身份取得条件的认识

题目	正确	不正确	不清楚
一国国民只有到18周岁才能获得公民身份	26.9%	58.7%	14.4%

(三)初中生寻求国家保护的意识偏弱

通过调查分析，在认识公民与国家的关系方面，虽然大多数学生都能意识到自己是国家的一员。但还有过半数的学生并不知道公民与国家的关系主要通过权利与义务连接起来，尚不清楚公民是受国家保护的人、是有权利的人(见表1.12)。这表明初中生受国家保护的意识还处于较低水平，需要进一步提高。

表1.12　初中生对公民与国家关系的认识

题目	社会福利	公民的法律身份	公民的政治地位	权利义务关系
公民与国家关系的核心是什么	10.3%	29.7%	11.0%	49.0%

(四)近半数初中生不理解何为公民身份认同

公民身份认同是公民身份认知的深化，主要指公民认识到自己不仅是国家的成员，而且是国家的主人，因此，我们从基本内涵的角度设计调查题

目来考察初中生对公民身份的认知。通过调查分析,我们发现,近半数初中生不理解何为公民身份认同。其中,选择"不正确"的学生达到31.1%,选择"不清楚"的学生占17.5%(见表1.13)。

表1.13 初中生对公民身份认同内涵的认识

题目	正确	不正确	不清楚
公民身份认同主要是指公民认识到自己是国家的一员	51.4%	31.1%	17.5%

三、初中生公民身份认知差异与问题的分析

通过观察与分析,我们发现,初中生公民身份认知的差异与问题存在诸多原因。比如,社会方面,公民社会的大环境尚未形成;家庭方面,许多家长也没有良好的公民身份认知水平,而我们主要从学校中的课堂教学层面分析原因。

(一)较之农村,城市、集镇初中生具有相对优越的生活环境

"公民"一词虽然早已写入中华人民共和国宪法,公民意识在日常生活中也在逐渐加强,然而,农村初中生自身生活环境的局限性造成了农村初中生对新鲜事物的感知没有城市、集镇初中生及时、深刻。这种生活环境的局限性主要包括:文化生活不够丰富,人际关系相对单一,信息接收相对闭塞。而城市、集镇学生在生活环境方面却存在一定的优越性:文化生活相对丰富,人际关系相对多样,信息接收相对开放。这种优越性就促使城市、集镇学生更方便、更广泛地接收公民信息,从而逐渐提升其公民身份认知水平。农村学生生活环境的改善是一个长期的过程,而要在一个相对短的时期内,缩小不同居住地学生公民身份认知水平之间的差异,这就给农村讲授公民常识课的教师提出了较大的挑战:既要补充丰富的公民信息,又要符合学生实际情况,做到恰到好处。

(二)公民身份内涵理解不透彻以及缺乏相应的公民身份认知实践训练导致初中生对公民身份认知不明确

前文中分析到,初中生受国家保护的意识偏弱,尚有多数初中生还不知自己已具备公民身份,近半数初中生不理解何为公民身份认同。出现这些问题主要是因为初中生对公民身份理解不清以及缺乏相应的公民身份认知实践训练。公民身份的内涵是丰富的,它不仅有自己的国籍属性,还有相应的政治地位要求。作为中国公民,初中生不仅要认识到自己是中国的国家

成员，还要认识到自己是国家的小主人，要回报享有的权利。要清楚、透彻地理解公民身份，关键要区分公民身份与非公民身份的区别。另外，初中生公民身份的认知也不是单纯地理解公民身份内涵就能明确的，鉴于初中生认知水平的有限性与认知的发展特点，有针对性的实践训练也是解决问题的不错选择。

四、公民常识课对如何强化初中生公民身份认知的思考

综上所述，公民常识课的开展是必要的，并取得了良好的效果，但为了使其更具有实效性，我们对公民常识课提出几点思考。

（一）农村初中教师在课堂教学中要注重丰富有关公民的知识信息

城市、集镇初中生接收关于公民知识信息的渠道是广泛的，如报纸、电视、网络等，而农村初中生接收信息的渠道相对单一，主要通过教师课堂上的讲解。为了纠正这种现象，教师在课堂教学中补充丰富的相关信息是重要的途径。教师在补充有关的公民知识信息时，要做到信息的选择与初中生的接受能力相符合，信息的选择面要广泛。

（二）教师要注意讲清公民身份与非公民身份的区别

作为一个国家共同体的成员，一个人在不同的社会关系领域所扮演的身份角色是不一样的，而且在不断延续发展的文化历史上，人类潜在的非公民身份角色意识也不可能突然在某个历史阶段消失。了解这些非公民身份，既有助于厘清不同身份对主体不同的引导作用，也有助于强化初中生对公民身份的认知。非公民身份包括国民、市民、百姓、人民等，这些需要教师在公民常识课中讲解透彻。

（三）注重通过实践训练强化学生公民身份认知

初中生对公民身份的认知是一个理论学习与实践训练相结合的过程，因此，在理论学习的基础上，还要通过实践训练加强初中生对公民理论知识的内化，从而强化学生的公民身份认知。初中生公民身份实践训练形式多种多样，如主题班会、模拟训练、参与社会公益活动等。

初中阶段开设公民常识课，在一定程度上提升了初中生的公民身份认知水平，是有效的。然而，由于各方面经验的欠缺，还存在着诸多问题。比如，课堂教学中选择哪些教学方式更有利于教学内容为学生接受，实践教学怎样开展才能更强化公民身份认知，这些都需要我们进一步探索。此外，初中生对公民身份的认知是一项长期的、复杂的系统工程，单靠课堂教学，那只是杯水车薪，还需要家庭、社会等多方面合力共同作用，才能取得更好的效果。

（执笔：唐琼梓）

排除认知障碍，增强民族认同教育的教学效果

摘要：民族认同是公民对其民族身份知悉和接纳的态度。初中生正确理解它的含义，是提升其民族认同水平的基础。公民常识课教学要排除初中生对中华民族的认知障碍，增强民族认同教育的教学效果。

关键词：认知障碍　民族认同　初中生

民族认同是公民对其民族身份知悉和接纳的态度。探讨它，不但对于了解一个民族的凝聚力水平，而且对于考察初中生与民族文化关系密切的行为和心理的发生机制、集体意识和社会责任感的培养，都具有十分重要的意义。民族认同是一个长期的过程，从童年持续到老年，是一个分化融合的过程，即从公民个人无法意识到民族的差别到意识到这种差别，从对民族的不认同到民族的自我认同，从对民族的部分认同到民族认同的最终形成。初中生作为一个重要的公民群体，他们的民族认同总体状况如何？还存在哪些问题？为了了解这些情况以及确定我们今后研究和教学的方向，我们运用问卷与访谈相结合的方法对信阳地区的城市、城镇和农村的三千多名初中生展开了调查。

一、民族认同的含义及教学成效

（一）民族认同的含义

民族认同一直是众多学者关注的话题，基于不同的研究领域，他们对民族认同的理解也各不相同。但大多数学者都认为，民族认同是一种族群认同，即本民族认同。这种说法显然不符合我国的实际情况。我国是一个统一的多民族国家，56个民族组合在一起形成了一个统一的民族实体——中华民族。据此，我国著名学者费孝通用“中华民族多元一体格局”来界定民族认同的内容。他提出中国的民族认同是分层次的，56个民族中的成员对各自民族的认同是较低层次的认同。但是，56个民族在漫长的历史发展中形成了一个相互依存的不能分割的整体，即中华民族。在这个统一的民族实体中，所有的归属成分都已经具有高一个层次的民族认同意识，即共休戚、共存亡、共荣辱、共命运的感情和道义，这就是对中华民族较高层次的认同。对中华民族的高层次认同并不取代或排斥56个民族对各自民族的低层次认同，甚至在不同层次的认同

基础上可以各自发展原有的特点，形成多文化、多语言的整体。那么，本文所指的“民族认同”主要是指中华民族认同，即公民个体对中华民族统一体的认同。理解中华民族认同要考虑以下几个方面。

1. 中国公民是中华民族的一员

这是公民对自身民族身份的确认。中国公民认同自己的中华民族身份的过程，同时也是一个“认异”的过程，表明中国公民认为自己是中华民族大家庭中的成员，而非其他民族的成员。

2. 排除狭隘民族主义

狭隘民族主义是极端的民族主义，主要表现为持有此种主义的人为表示对自身民族的忠心与认同，不惜以各种手段损害其他民族的利益。中国公民作为中华民族的成员，要排除狭隘的民族主义，以合法、正当、有效的手段维护中华民族的利益。

3. 反对和抵制民族分裂主义

民族分裂主义即搞民族分裂，破坏各民族之间的关系，制造各民族之间的隔阂甚至敌对，以达到分裂国家的目的。中国公民要坚决反对和抵制民族分裂主义，确立民族团结、和谐的理念，以实际行动维护各民族之间的团结，促进各民族的共同进步。

（二）民族认同的教学成效

我们选取三个区域即城市、城镇和农村的初中三个年级，进行了调查。分析结果显示，总体上，初中生具有较高的民族认同水平，并且受过教育的学生对中华民族的认同更强。这和社会认同理论是一致的。该理论认为每个人不，又有一个个体的自我，还有一个群体自我，比如种族、民族或国家等自我。为了满足自我和享有社会尊严，个体会以偏好的态度看待自己和自己所属的社会群体。本调查证明，公民个体对自己所属社会群体有积极评价和偏好。

二、初中生民族认同的障碍分析

总体上，初中生的中华民族认同水平较高。然而，由于受主观因素和客观因素的影响，他们对中华民族的认同还存在一些障碍。

（一）初中生对中华民族存在主观认知障碍

通过数据显示，初中生对中华民族存在主观认知障碍，主要表现在两个方面：①多数初中生尚不能正确理解公民民族认同的含义。具体地说，多数初中生认为公民民族认同是对自己所属民族比如汉族、回族等的认同，即使有些学生认识到了中华民族认同，但却不能正确理解中华民族认同的含义。②初中生对中华民族的认同还处于较低的层次。一般来说，人们对某种事

物的认识要经历一个被动认知到主动接受的过程，公民民族认同也是如此，分为被动认同与主动认同两个层次。研究表明，初中生对中华民族的认同主要处于被动的层次。

（二）初中生民族认同受年龄影响

通过调查结果分析，我们发现，初一学生的中华民族认同意识最强，随着年龄的增加，呈现下降趋势。很多研究民族认同的学者也证明了这一点。秦向荣在《中国11至20岁初中生的民族认同及其发展》中指出："中华民族认同整体的状况，11岁时得分最高，然后明显地下降，到了20岁之后达到最大值。"

（三）城乡初中生在民族认同上存在差异

通过数据分析，我们发现，城乡因素对初中生中华民族认同的影响较大。具体地说，城市初中生的中华民族感显著低于农村和城镇初中生，而农村初中生和城镇初中生之间差异均不显著。有些学者也证明了这一点（见图1.1）。

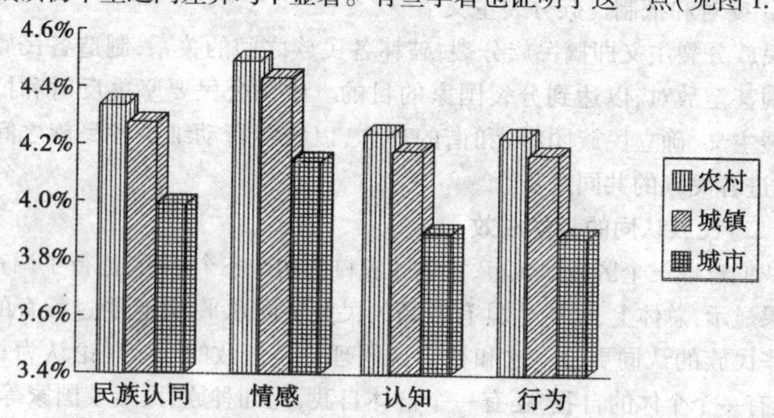

图1.1　城市、城镇和农村初中生公民民族认同的差异①

三、初中生民族认同障碍的原因分析

通过综合分析，初中生民族认同存在障碍，既有教师的原因，也有初中生自身的原因。

（一）教师对中华民族认识不到位、强调不够致使初中生存在主观认知障碍

中华民族认同是较高层次的民族认同，是公民个体对自己中华民族身份的确认以及对于中华民族在情感、评价、认知和行为等方面的投入和表

① 李春.青少年的民族认同及其与个体主义/集体主义倾向的关系[D].济南：山东师范大学硕士论文.2006.

现。在现实生活中，一方面，一些教师认为民族认同是公民对自身所属民族的认同，尚未上升到中华民族认同的层面；另一方面，一些教师认为公民对中华民族的认识是在日常生活中形成的，课堂教育起的作用只是杯水车薪。教师这种低层次、片面的认知将直接影响学生对中华民族认识不到位、民族认同感不够强烈。

（二）初中生自身认知能力的变化使其民族认同存在年龄差异

前文分析，初一学生的中国民族认同意识最强，随着年龄的增加，呈现下降趋势，但到 20 岁后又有回升。用 Cross（1995）曾提出的黑人民族认同模型和 Phinney（1996）的初中生发展模型来看，初中生早期主要是从家庭和社会教育中被动接受自己的民族身份，因而民族认同比较强烈。在初中生中期，随着年龄增加，认知能力不断提高，社会接触增多及其和外民族互动频繁，开始自主地探索自己的民族认同，因而民族认同可能出现分化，有些个体并不认同自己的民族及其文化。但是到了初中生中后期，一直到上大学后，这时候开始承认并真正接纳自己的民族身份和文化，所以 20 岁后，学生的民族认同有回升的趋势。

（三）生活环境的差异造成初中生民族认同不同

前文分析，城市初中生的中华民族认同水平显著低于农村和城镇初中生，而农村初中生和城镇初中生之间差异均不显著。出现这样的结果，社会认同理论给了我们全面、具体的原因分析。社会认同理论认为，群际比较影响到对内群体（即自己所属群体）的社会认同。具体而言，一个很重要的原因可能与农村和城市初中生所接受到的有关内外民族之间比较信息的不对等有关。西方社会对于城市初中生的冲击和影响远远大于农村初中生，他们有更多直接或者间接的机会目睹西方发达民族国家经济的繁荣、环境的优美和生活的富足。对西方文化过于理想化而产生的盲目效仿和追随很容易让城市初中生心目中的民族性随着这种民族之间比较的加深而变得淡化，而对于农村初中生而言，一方面，他们在日常生活中所经常接触到的人通常就是自己的父母、亲友、老师、同学，而这些对他们有所影响的人大都出生在农村，生活经历简单，对外族社会的了解相对甚少；另一方面，他们能够获取外族有关信息的一个主要渠道就是电视媒体和网络。但是由于农村的初中生所就读的学校大都对学生的学习时间控制得比较严格，而使得他们除了学习以外几乎没有多余的时间看电视或者上网，因此，所感受到较少的消极区别使得农村初中生对中华民族的接纳和认同要高于城市初中生。

社会认同理论还表明，在地位较低群体中的成员中，那些认为内群体边界是不可渗透即只能属于内群体而别无选择的成员，与那些认为除了内群

体还有其他相类似的群体可以归属的成员相比，对内群体更认同，因为后者可以采取一种“通过”（获取接受）的个人移动策略而成为更高地位群体的成员，他们会极力在心理上获得对高地位群体的接受。相对于农村或者城镇的初中生，对于大多数城市初中生，如果不喜欢自己民族的文化环境，将来选择到自己更喜欢和认可的一种民族文化下去工作和生活，相对而言是一个可行的理想；而对于大多数农村或者城镇初中生，脱离农村环境成为城市中的一员是他们下一步最大的愿望，而对于选择到条件更优越的民族国家对于他们中的大多数来说则是一种奢望。

农村初中生接触传统习俗、文化或者按照传统方式行为的机会远远大于城市初中生，并且城市和农村的父母对子女是否遵从传统的期待也不同，这也势必会造成城市初中生的民族认同水平低于农村初中生。另外，作为城镇初中生，尽管他们父母的工作场所脱离了农村，经济相对宽余，生活方式有向城市化靠拢的倾向，但是由于他们的居住地距离农村较近，而且祖父母一代大多为农民，有更多的机会和时间与农村保持较密切的联系，因此在民族认同方面呈现出与农村初中生相似的状况。

四、排除认知障碍、增强民族认同教育教学效果的思考

针对初中生的民族认同障碍，我们提出几点关于排除障碍、增强民族认同教育教学效果的想法。

（一）教师要正确理解民族认同的含义，注重知识传授

教师正确理解民族认同的含义是排除学生民族认知障碍的基础。教师正确理解民族认同的含义要注意以下几点：①明确民族认同主要是中华民族认同；②要排除狭隘民族主义，反对和抵制民族分裂主义，确立民族团结、和谐的理念；③中华民族认同和国家认同的区别和联系。由于初中生的认知能力相对有限，教师在讲解这些内容时，要深浅适宜，语言贴切，注重理论与活动实践相结合，以符合初中生的需要。此外，教师还要多传授民族认同的知识，强化学生对中华民族的认识和认同。

（二）初中生形成正确的公民民族认同是一个长期的过程

获得民族认同意味着对民族群体的融入以及对一个民族群体的归属感，并且内化了族群归属对于他们生活的意义。可见，公民民族认同的形成是一个长期的过程，因此，初中生正确的公民民族认同并不是在短期内就能形成的。初中生对中华民族的认同还处于被动的层次，那么，引导学生从被动向主动转化，将是一个长期的过程，教育要循序渐进地进行。

（三）城镇和农村初中生的民族认同教育要各有侧重

前文分析，城市初中生的公民民族认同水平明显低于城镇、农村初中

生，然而，城镇初中生的公民民族认同水平与农村初中生没有明显差异，因此，在引导初中生形成正确的公民民族认同上，我们把三个区域的学生划分为两部分：城市初中生与城镇、农村初中生（城镇、农村初中生合在一起，作为另一个被引导的群体）。每个被引导的群体学习的侧重点不同。据前文分析，城市初中生生存条件优越，接收关于民族的信息呈现多样性，因此，很多初中生在中华民族的认同上出现弱化现象。鉴于此种情况，教师应该对城市初中生如何形成理性的中华民族认同上下功夫，比如，怎样引导城市初中生正确评价中华民族的优势和劣势。

对于城镇、农村初中生，教师则应该做好引导他们从被动公民民族认同向较主动认同转化的准备。由于城镇、农村初中生接受民族信息的贫乏以及交往对象的单一，他们呈现较高的中华民族认同水平，然而，通过分析，这种中华民族认同往往表现出一种被动的状态。随着城镇、农村初中生年龄的增加，认知能力的提高，接收民族信息的广泛，他们对中华民族的认同可能会出现两种结果：中华民族认同水平下降和中华民族认同水平提高。中华民族认同水平下降抑或提高的分界点就在于教师能否及时、准确引导学生对接收到的关于中华民族良莠不齐的信息的评价上。这一点至关重要，并且，学生从被动向主动的转化也是一个长期的过程，因此，教师要时刻洞悉学生这方面的变化，把握时机，做好充分的准备，以做到有的放矢。

（执笔：唐琼梓）

初中开展公民教育的必要性与可行性分析

党的十七大报告中明确提出“加强公民意识教育，树立社会主义民主法治、自由平等、公平正义理念”。这充分体现了新时期党和政府对公民教育的重视，也为我国公民教育的发展指明了方向。由于初中阶段是学生世界观、人生观、价值观初步形成和发展的关键时期，也是学生掌握公民知识、培养独立人格、树立正确的权利和义务观念的最佳阶段。因此，把公民教育渗透于初中思想品德课教学中，既是加强和改进思想品德教育教学改革的有效手段，也是促进青少年健康成长和全面发展的内在要求。

一、初中开展公民教育的必要性

青少年是祖国的未来,民族的希望。初中生正处于长知识、长身体的时期,人生观、世界观尚未定型,中国未来要靠一代代青少年的奋斗!他们的公民意识强弱,关系到个人的健康成长、关系到家庭的幸福、关系到社会的和谐、关系到民族和国家的兴旺发达。

(一)初中开展公民教育是构建社会主义和谐社会的现实需要

当前我国正在全面建成小康社会和构建和谐社会。胡锦涛同志明确指出,社会主义和谐社会"应该是民主法治、公平正义、诚信友爱、充满活力、安定有序、人与自然和谐相处的社会"。构建社会主义和谐社会,既要讲物质利益原则,又要注重提高全民族整体素质。在注意解决各阶层利益矛盾的同时,要注重全民族的整体素质,共同营造遵章守法、诚信友爱、开拓进取的良好社会环境。每一位公民在不同的时间、场所扮演着不同的角色,不同的角色履行着不同的义务,同时也享有不同的权利。只有每一位公民都能正确行使权利和自觉履行义务,构建社会主义和谐社会才有希望。

(二)初中开展公民教育是实施素质教育的客观需要

素质教育是指一种以提高受教育者诸方面素质为目标的教育模式,它重视人的思想道德素质、能力培养、个性发展、身体健康和心理健康教育。关于素质教育的含义,国家教委《关于当前积极推进中小学实施素质教育的若干意见》中做了明确解释:"素质教育是以提高民族素质为宗旨的教育。它是依据《教育法》规定的国家教育方针,着眼于受教育者及社会长远发展的要求,以面向全体学生、全面提高学生的基本素质为根本宗旨,以注重培养受教育者的态度、能力,促进他们在德智体等方面生动、活泼、主动地发展为基本特征的教育。"

在初中开展公民教育在今天具有尤为重大的现实意义。新中国成立以来,特别是改革开放以来,学校的思想教育工作取得了一定的成效,广大青少年学生表现出政治上积极上进,学习上勤奋刻苦,生活上丰富多彩的主流精神风貌。但同时必须清醒地看到,今天青少年成长的外部环境和他们的身心发展特点都发生了很大变化。一方面,冷战结束后,世界政治多极化、经济全球化的发展趋势日益明显,西方社会越来越把意识形态的渗透当作全球战略的重要内容,极力通过多种途径加紧进行思想和文化渗透,宣扬资本主义价值观,同我们争夺思想阵地,争夺青少年一代。另一方面,我国正处于社会主义初级阶段,社会主义市场经济的建立使社会生活发生着深刻变化,目前社会上出现的拜金主义、享乐主义、个人主义等腐朽思想及各种

社会丑恶现象会给青少年学生带来许多消极影响。另外,几千年的封建文化影响也仍然存在,这些都必然影响青少年理想、信念、人生观、价值观、道德观的形成。再加上一些地方和学校的青少年思想政治教育滞后于时代发展的要求,教育工作的指导思想不明确,思想教育工作的目标和要求不落实;体制、机制、队伍和投人政策措施不到位;重智轻德、重课堂轻实践等倾向十分明显;思想教育的内容、方法、手段有的不适应时代的需要和青少年发展的特点;一部分学校忽视思想教育工作,一部分教师不能为人师表,一部分地区的育人环境和舆论氛围有负面影响,造成一部分青少年是非不分、权利和义务意识淡薄,少数青少年甚至走上违法犯罪道路。

(三)初中开展公民教育是初中生健康成长的自身需要

青少年的健康成长离不开家庭保护、社会保护、学校保护和司法保护,更离不开青少年自我保护。外因通过内因起作用,初中生要想健康成长,没有自我保护意识是行不通的。为此,我们要增强初中生的法律意识,加强公民教育,增强他们的权利和责任意识,真正懂得如何去尊重别人的权利和依法维护自己的合法权利不受侵害。发挥好学校主课堂、主渠道、主阵地作用,优化学校教书育人功能,加强社会主义核心价值体系教育,推进素质教育,促进学生全面发展。

二、初中开展公民教育的可行性

(一)国家的“以人为本”的教育理念及相关政策奠定了客观基础

1.“以人为本”是中国教育的基本理念

现代教育强调以人为本,把重视人、理解人、尊重人、爱护人、提升和发展人的精神贯注于教育教学的全过程、全方位,它更关注人的现实需要和未来发展,更注重开发和挖掘人自身的禀赋和潜能,更重视人自身的价值及其实现,并致力于培养人的自尊、自信、自爱、自立、自强意识,不断提升人们的精神文化品位和生活质量,从而不断提高人的生存和发展能力,促进人自身的发展与完善。鉴于此,现代教育已成为开发民族智慧、增强民族凝聚力的重要手段,成为综合国力的基础并日益融入时代的潮流之中,倍受人们的关注。为此,要充分发挥学生个体的主观能动性,引导学生确立正确的行为方向,明白哪些是应该做的,哪些是不应该做的。

2.“四有”新人是国家对公民的基本要求

在我国,1953 年在选举法中开始使用“公民”概念,1954 年制定的第一部宪法确立了公民的法律地位,但在相当长的一段时间里,宪法赋予公民的权利没有完全得到应有的保障,自然更谈不上倡导公民意识了。早在十二届六中全会,我们党就提出培育有理想、有道德、有文化、有纪律的社会主义"四有"公民概念。十四届五中全会和六中全会以及党的十五大报告,进一步强调了新形势下这个根本任务和重要目标。江泽民同志在纪念中国共产党成立八十周年的讲话中再次提出公民概念和公民教育问题,他指出:发展社会主义文化的根本任务,是培养一代又一代有理想、有道德、有文化、有纪律的公民。胡锦涛总书记提出,树立和实践社会主义荣辱观,有利于促进人们形成科学的世界观、人生观、价值观,形成正确的善恶标准,成为有理想、有道德、有文化、有纪律的合格的社会主义公民。在党的十七大报告中强调,加强公民意识教育,树立社会主义民主法治、自由平等、公平正义理念。这标志着我国公民教育体系构建进入了一个新的阶段。

3."三个面向"是中国教育坚持的基本原则

"教育要面向现代化,面向世界,面向未来"是邓小平同志 1983 年 10 月 1 日为北京景山学校的题词,题词发表后,迅速为各大媒体所转载,在全国上下引起了巨大的反响,并有力推动了教育改革。"三个面向"的提出,引出了我们关于教育现状的思考,关于教育发展的改革,关于教育未来的探讨,乃至整个国家民族的前途和命运,其意义远远超出了教育本身。教育从本质上讲是关系未来的事业,是为未来培养人才的。因此,必须从对未来的发展趋势预测出发,确定教育的发展要求。教育作为人类文明继承、传播、发展的知识链,同社会各个领域的变化与发展有着千丝万缕的联系,是一个潜移默化的传递、接续和推进的社会活动过程,是人类社会赖以延续和发展的无可取代的重要手段。封闭自守只能导致落后,为此我们必须在公民教育中坚持"三个面向"的基本原则。

4. 帮助学生学习做负责任的公民、过有意义的生活是初中思想品德课的追求

初中思想品德课和公民教育有着千丝万缕的联系,权利和义务是这两门课共同的主旨。只有明确自己在生活中的责任,才能使自己有所为和有所不为,才能做一个有益于他人、有益于集体、有益于社会的公民,才能使自己的生活变得有意义和充实。所以,我们要帮助学生学习做负责任的公民,提倡做法律保护的事,禁止做法律不允许做的事。

(二)初中生日益增长的认知能力与需要是开展公民教育的主观条件

1. 初中生对身份认知由"单一的自我"向"多样的自我"发展

初中生对于自己身份的认知刚刚处于一个启蒙阶段,由原来的"单一的自我"认知向"多样的自我"认知发展。小学生 90% 的人认为,"我"就是一

个孩子，一个爱玩的孩子，不需要去做些什么，也不应该去为谁做什么。听话是他们做事的理由，得到表扬是他们做事的动力。而到了中学以后，他们通过学习认识到在家扮演孩子的角色、在学校扮演学生的角色、在社会上扮演小公民的角色。不同的场所会扮演不同的角色，不同的角色履行着不同的责任，同时也享有不同的权利。这样的认知能力为初中开展公民教育开创了主观条件。

2. 初中生学习需要日趋增多

随着中学生学习范围的不断扩大，知识量的不断增加，认知能力不断发展，学生的学习需要日趋增多。在不同的情境中他们会在脑海中经常问自己一些问题，如我是谁，我为什么要做这件事，我在为谁而学习，等等。这就需要学生明白一个道理："我是自己、集体、社会的小主人。"这样他们才明白为什么做，怎样做。

三、初中生公民常识教育的实践性环节

信阳市一中被平桥区教体局确定为实施公民教育教学试验学校，学校高度重视，专门成立了公民常识教育教学领导小组，在全校七、八年级学生中普及公民常识课。为使公民教育课努力实现培养具有现代公民意识、维护公民权利、履行公民义务、积极参与公共生活的合格小公民的教育目标，我们坚持以学生为中心，深入探索公民常识课与思想品德课教学的结合点，为提高教学效果，把公民知识教育、公民技能锻炼和公民品性塑造有机统一起来，引导学生接触社会，关注社区的公共事务，发现问题并提出解决问题的方案，使学生在参与公共生活的过程中体验公民责任，培养公民意识。公民教育实践活动取得了较好效果，得到教师、学生和家长的广泛认同与积极支持。

（一）开展公民教育增强了学生的民主意识和法制观念

培养积极参与型的公民是公民教育的重要目的。我们把公民常识课和新课改紧密结合起来，围绕传播知识创设情境，在情境中开展活动，公民知识既是形成公民意识、培育良好公民品性的基础，也是公民有效参与社会生活和公共事务的前提条件；而参与技能的锻炼则有助于学生正确行使自己的权利，把社会主义核心价值观内化为自己日常生活中道德准则和行为习惯。一方面，学生在开展公民教育实践活动时，必须了解我国现有的法律、法规和政策，自己所提出的政策建议不要与国家的宪法与法律相抵触。这能够促使学生学习和理解有关法律和政策，增强法制观念，做到自觉守法。另一方面，学生观察现有公共生活，发现公共政策存在的问题，提出合理化建设并制定行动方案的过程，能够增强其参政议政意识和民主意识。信阳

市一中部分同学自从参与了公民教育实践活动后,参与意识和民主意识明显增强,学生还对学校西北侧的十字路口信号灯的问题向交警部门写信反映情况,并提出安装信号灯和设置“学校区域,注意安全”警示牌的建议,此举得到了相关部门的充分肯定并着手实施。有的学生还对学校校园商店的管理和班级干部的产生制度等问题提出了许多合理化的建议。这表明,此项活动已产生了良好的教育效果。

(二)开展公民教育实践提高了学生的责任意识和诚信品德

初中生大多是独生子女,他们在家庭中备受宠爱,容易养成自私自利、以自我为中心的个性,在对待集体和公共事务的态度上,很多学生集体观念淡漠,过分强调个人权利,而对应尽的义务和应承担的责任重视不够,缺乏参与的热情和社会责任感。因此,培养学生的公共意识、志愿服务精神和诚信道德品格是公民常识课的重要目标。一方面,在公民教育实践活动中,学生将自己置于国家之中,关心自己的生存和发展环境,关注政府的公共政策,这能促使学生将自己与国家联系在一起,热爱国家、关心国家的发展和变化,培养国家意识。公民教育实践活动是以班级为单位开展的,为保证活动的顺利进行,必须将班级成员分解成若干个活动小组。例如,学生在制作展板后,能自觉地将纸屑带走和门窗关好;再如,作为社区的成员应为社区做些什么贡献等,这些能够有效地增强学生的责任意识。另一方面,公民教育实践活动要求学生所发现社区公共政策存在的问题和影响程度,以及对自己所提出解决问题的信息必须是真实的、可信的,来不得任何虚假。这就有效地培养了学生的诚信意识。

(三)开展公民教育实践拓展了学生的综合技能

一方面,提高了学生搜集、筛选和整理信息的技能。在活动过程中,学生通过走访、问卷调查、查阅资料、网上调查等多元化的手段获取相关信息,并对信息进行筛选和整理。学生在获取和处理信息过程中表现出的兴趣和能力,大大超出了人们的想象。

另一方面,培养了学生的团队合作意识和人际交往技能。公民教育实践教学环节需要学生集体的合作与共同思考,要求分享信息资源,确定班级研究的公共政策,整体策划展板,集体和个体接受听证,这就有效地培养了学生合作探究的技能。一些同学在总结活动感受时说:我们本是一群性格内向、较为腼腆的孩子,但经历市民采访和听证答辩,使我们增强了自信,学会了与人交往,改变了我们的个性。

在开展初中生公民教育的实践过程中,我们深感意义重大,势在必行,同时也面临着种种困惑,特别是学生参与社会实践的机会十分有限,社会实

践中学生的个体需求与社会需求的结合不够紧密，学生的主体性尚未充分发挥出来等，这些问题既影响了学生参与社会实践的积极性和参与热情，也影响着公民常识课的教学效果。只有不断拓展和丰富公民教育内容，进一步强化教育实践环节，才能有效提高初中生公民教育的针对性和实效性。

（执笔：熊永建）

初中生公民教育课程教学内容的确定分析

“公民常识读本（初中版）”是教育部人文社科重点研究基地郑州大学公民教育研究中心重点科研项目，由郑州大学公民教育研究中心、河南工程学院公民文化研究中心和河南省信阳市平桥区人民政府共同研究，政府领导、专家学者、中小学教师共同确定方向。根据《中华人民共和国宪法》《中华人民共和国未成年人保护法》等法律法规规定，遵循中小学学生成长发展规律，科研部门组织力量搜集资料，调查研究，确立教学大纲，现对其在实践过程中发挥的作用，做一些调查报告。

一、初中生公民教育课程教学内容确定的原则

中小学设置公民教育课程的目的，是传播公民知识，启发公民思想，强化公民意识，提高公民素质，训练学生良好的公民行为，培养合格公民。

（一）符合教育规律

教育规律同其他规律一样，是不以人的意志为转移的客观事物（教育内部诸因素之间、教育与其他事物之间）内在的必然的本质性联系，以及事物（教育）发展变化的必然趋势，是教育现象同其他社会现象或教育现象内部各构成要素之间的固有矛盾，或彼此间的内在联系。国家的生产力发展水平是与它的教育发展程度成正比的，这就是规律。

公民常识课程的设置完全符合教育规律，教育为人类社会所共有，而在不同的历史阶段上或不同的社会里有不同的性质，这主要是由社会制度决定的，即由经济政治制度决定的，这也是规律。再如，儿童的年龄特征是进行教育和教学的依据，而教育又能促进儿童的身心发展，这也是教育规律，如此等等。唯物主义认为，这些规律是教育本身固有的，是不以人的意志为转移的。唯物主义承认教育活动的容观实在性，也就承认教育规律客观存在的实在性，而教育的目的是教育必须适应并促进人的发展，教育必须适应

并促进社会的发展,因此公民常识课程的设计必须因材施教、循序渐进。

(二)突出实践性

我们选择开展公民教育实验性教学的学校,在为期一年的教学实践后,就第一单元《中国公民》的教学效果做了一个调查问卷。

平桥区中学在开展为期一年的公民教育教学实践后,就第一单元《中国公民》的教学效果做了如下调查。

中小学公民教育现状调查

一、您的基本情况

1. 性别:A. 男　　B. 女

2. 年龄:A. 9 岁及以1;　B. 10 ~ 12 岁　C. 13 ~ 15 岁　D. 16 岁及以上

3. 文化程度:A. 小学 4 ~ 6 年级　　B. 初中 1 ~ 3 年级

4. 户口类别:A. 城市　　B. 集镇　　C. 农村

5. 否开设过公民常识课:A. 开过　　B. 没有开过

二、调查内容

公民认知(1 ~ 5,10,18,25,29 ~ 30)

1. 以下对“公民”的解释正确的是(　　)。

A. 没有行为能力的人不是公民　　B. 公民就是臣民

C. 公民是指具有国籍的人

2. 公民与国家关系的核心是(　　)。

A. 社会福利　　B. 公民的法律身份

C. 公民的政治地位　　D. 权利义务关系

3. 公民概念的基本内涵不包括(　　)。

A. 具有一国国籍　　B. 享有公民权利

C. 履行公民义务　　D. 创造幸福生活

4. 公民与国民两个概念是否相同?(　　)

A. 相同　　B. 不相同

C. 不清楚

5. 一国国民只有到 18 岁才能获得公民身份。(　　)

A. 正确　　B. 不正确

C. 不清楚

10. 公民身份认同主要是指公民认识到自己是国家的一员。(　　)

A. 正确　　B. 不正确

C. 不清楚

18. 政府用于公共服务的支出主要来自（　　）。

A. 发行货币　　B. 公民奉献

C. 企业资助　　D. 税收

25. 刑法是国家的根本法，具有最高法律效力。（　　）

A. 正确　　B. 不正确

C. 不清楚

29. 社会公平主要是指社会发展的成果由人民共享。（　　）

A. 正确　　B. 不正确

C. 不清楚

30. 教育公平是社会公平的重要基础。（　　）

A. 正确　　B. 不正确

C. 不清楚

通过实验，我们发现公民常识课与思想品德课最大的区别是强调实践性，这也是学生喜欢公民常识课的一个原因。基于这种师生的共识，教材在设计教学过程时能够充分安排实践操作。但是，在教学中是否这样做就是突出了实践性强的学科特点，创新精神和实践能力的培养任务就能够顺理成章地完成呢？未必如此。要培养学生的创新精神和实践能力，只突出实践是不够的，还应该进一步对实践进行认识，从而提高实践活动的质量，使实践活动既适合学生创新精神的培养，又适合学生实践能力的发展。

二、初中生公民教育课程教学内容确定的依据

《公民道德建设实施纲要》指出，爱国守法、明礼诚信、团结友善、勤俭自强、敬业奉献是公民基本道德规范。道德教育要直面现实生活，社会现代化的实践要求现代价值观念和伦理精神的支撑，需要与之相应的道德教育理念和运作体系。

（一）来源于生活现实

例如，在"保护环境"部分的教学中，我们要求学生用所学的统计知识统计自己家庭每天、每周、每年丢弃塑料袋的数量，当课堂上出示有学生自己收集的素材数据时，学生觉得十分亲切；我们再让学生统计自己班级每天、每周、每年丢弃塑料袋的数量，并与某个市20多万个家庭一年丢弃的塑料袋的获得量与具体实物的长度、高度、面积进行对比，使学生经历数据收集、处理、分析以及得出结论的过程，深刻体会塑料垃圾对人类可能产生的危害，并针对此社会现象畅谈解决问题的设想。这样的开放探究，激发了学生学习的兴趣，激活了学生的思维，提高了学生灵活运用能力，不仅培养了学生

的创新意识，而且培养了学生分析问题和解决问题的能力。我们教师要培养学生的公民意识，应加强教学与生活的联系，培养学生学会用积极的观点去观察、思考、分析社会现象，会从生活的角度去发现问题、提出问题、解决问题。让学生联系生活，养成习惯，学会自觉思维，从而不断提高参与社会生活的意识。

（二）学生的成长需要

学生的健康成长，需要良好的文化环境：①良好的教室文化环境，能促进学生的健康成才；②学生对教室文化环境的融入，能促进公民意识的提高；③教室文化环境的改变影响学生心理健康状况。

学生的健康成长，需要良好的人文环境：①学生之间的和谐互动；②融洽平等的师生关系有利于学生心理健康；③良好的人际关系对形成良好的班级氛围的重要性。

（三）遵守法律

2006年9月1日起施行的《中华人民共和国义务教育法》，是新中国成立特别是改革开放以来新中国中小学教育经验的全面总结。其中第三十四条规定：教育教学工作应当符合教育规律和学生身心发展特点，面向全体学生，教书育人，将德育、智育、体育、美育等有机统一在教育教学活动中。

三、初中生公民教育课程教学的内容板块

公民常识课程主要设计了公民概念、公民权利、公民义务、公民意识、公民行为训练几个学习单元。通过调查发现，学生通过学习了解了中华人民共和国的性质，明确了公民角色，理解了公民的权利和义务，提高了维护公民权利的能力，能够自觉参与公民生活，并在参与中增长知识、积累经验、健康成长。

（一）公民身份认知

中国共产党第十七次全国代表大会提出了“加强公民意识教育”的战略任务，中华人民共和国教育部、国家民委联合通知《全国中小学民族团结教育工作部署视频会议纪要》（教民厅【2009】5号），要求在中小学进一步完善公民教育体系内容，从小培养公民的身份认同和国家认同，增强民族团结意识。

（二）公民权利

公民权利是为公民所拥有、为政府所保障的合法权利，例如投票权等，它是根据宪法、法律所规定的公民享有参与公共社会生活的权利。现代民主国家公民权利分为四类：①法律权利，指基本人权，大多是自由权，和法律程序性权利；②政治权利，指公民参与政治生活的基本权利；③社会权利，指公民维持其社会存在的基本权利；④参与权利，指公民参与市场和公共生活

的基本权利。

(三)公民义务

公民义务是指权利主体应当做出或者不做出一定行为的约束,如享有一定权利的公民或法人依法应负的责任。公民义务是法律关系的构成要素之一,要依靠国家的强制力(法律的或行政的)来保证履行。任何一项权利必有相应的义务,在法律上以明示(如义务性规范、禁止性规范)或者默示(如授权性规范)的形式予以规定。

(四)公民意识

公民意识是指公民个人对自己在国家中地位的自我认识,也就是公民自觉地以宪法和法律规定的基本权利和义务为核心内容,以自己在国家政治生活和社会生活中的主体地位为思想来源,把国家主人的责任感、使命感和权利义务观融为一体的自我认识。它围绕公民的权利与义务关系反映公民对待个人与国家、个人与社会、个人与他人之间的道德观念、价值取向、行为规范,等等。它强调的是人在社会生活中的责任意识、公德意识、民主意识等基本道德意识。

(五)公民行为

这一章节设计的内容主要是让未成年人以主人翁的心态参与家庭、学校以及社会生活,行使和维护公民权利,履行公民义务,在参与中增长知识、积累经验,提高公民参与公共生活的能力,提升公民素养,做一个合格公民。

四、依据教学内容对展开教学的思考

公民教育是新的教学内容,教师使用时应该转变观念,贴近学生的学习和生活,注重启迪思想,强化实践引导,着眼于能力培养。

(一)教师与学生都要行动起来

我们知道,一个人具有良好的文明行为习惯,才能构建出良好的家庭、生活、学习和工作环境,创造出优良的工作学习成绩,营造出和谐的家庭、学校。所以具有公民意识就是在帮助我们提高自身的素质,同时也完善了自身的道德品质,成为一个身心和谐发展的人。公民意识就是我们素质的重要内涵,拥有公民意识,我们就拥有了世界上最为宝贵的精神财富。众多事例表明,走向事业辉煌、开创成功人生的关键,是具有高尚的情操。让我们播下一个动作,收获一个习惯;播下一个习惯,收获一个品格。每个人的举手投足之间都传递着丰富的文明信息,让我们师生从现在做起,从自己做起,从点点滴滴的小事做起,养成良好的文明习惯。

(二)课堂教学不仅要注重知识的传授,还要激发学生的问题意识

问题意识,是指人们在认知活动中,经常意识到一些令人疑惑难解的实际问题或理论问题,并产生一种怀疑、困惑、焦虑、探索情绪的心理状态。这种心理状态又驱使人们积极思维,不断提出问题和解决问题。思维的这种问题性心理品质,称为问题意识。新课改的一个十分重要的目标,就是要“改变课程实施中过于强调接受学习、死记硬背、机械训练的现状,倡导学生主动参与、乐于探究”。就是要努力实现学生学习方式的转变,改变学生被动的学习状态,把学习的过程变成学生的主体性、能动性、独立性不断生成、发展、张扬、提升的过程;就是要凸显发现、探究等认识活动,使学习过程更多地成为学生发现问题、提出问题、分析问题、解决问题的过程。

(三)实践教学要注重体验与训练相结合

公民教育更注重行为,因为思想决定着行动。教师,要重视体现“以人为本”的教育观,要注重学生在课堂中的感受和体验过程所反映出来的生活态度,对人、对事的看法和价值取向的培养和正确引导。但目前中学课堂教学与学生的生活距离越来越大,学生学习的兴趣和积极性容易受挫,理论价值观的导向和生活环境中的道德价值取向相悖,公民意识教学难以达到比较理想的教学境界。解决这一问题在于:要使公民教育观念与学生生活相结合;要使“消极被动”的体验变为“积极主动”的体验;要开展宣传活动,弘扬社会正气,倡导培养公民素养。

(执笔:汪　涛)

第二单元

初中生对公民权利的认知障碍分析

摘要:公民权利是国家通过法律所保障的,公民实现某种愿望或获得某种利益的资格。正确认知公民权利,是公民行使法律赋予权利的前提,也是一名合格公民的必备素质。要通过公民权利教育,消除初中生对公民权利的认知障碍,引导他们正确认知公民权利。

关键词:公民权利　认知

公民权利是国家通过法律所保障的,公民实现某种愿望或获得某种利益的资格。权利认知是公民对法律赋予的权利及其价值,以及如何有效行使与捍卫这些权利的方式的认识。正确认知公民权利,是初中生行使法律赋予权利的前提,也是初中生成为合格公民的必备素质。

一、公民权利的设定依据及教学成效

(一)公民权利的设定依据

初中生作为成长中的公民,享有广泛的公民权利。在设定公民权利的内容时,主要依据的是国家法律的规定和初中生身心发展的特点。

1. 依据国家的有关法律规定

首先是《中华人民共和国宪法》。宪法是国家的根本大法,它在第一章和第二章中规定了公民享有的基本权利,从逻辑类别上大致可以分为公民的政治权利、人身自由及其他自由权利、社会经济权利和文化教育权利。具体而言,公民享有的政治权利主要包括选举权与被选举权、监督权、政治自由;人身自由及其他自由权利主要包括人身自由、人格尊严不受侵犯、居住自由、通信自由、宗教信仰自由;社会经济权利主要包括财产权、劳动权、休息权和社会保障权;文化教育权利主要包括文化参与权、文化享受权、受教育权。

其次是普通法律,主要是《中华人民共和国未成年人保护法》。它保护未成年人的身心健康,保障未成年人的合法权益,促进未成年人在品德、智力、体质等方面全面发展。在第一章第三条中明确规定未成年人享有生存权、发展权、受保护权、参与权等权利。

2. 依据初中生身心发展的特点

初中生正处于从儿童向成人过渡时期,其身心处在不断发展的过程之中。从身体方面来说,初中生的体形和组织机能正经历一个由不健全到逐步健全的过程,其发展速度是比较迅速的,变化是非常明显的。从心智方面来说,初中生正经历由简单到复杂、由低级向高级发展的过程,其分析、判断问题的能力渐渐形成。为初中生选取公民权利教育的内容,既要着眼于引领他们的成长和发展,又要适合其身心发展特点和接受教育的年龄特征。为此,在公民权利的内容选择上,也是遵循这一规律,把权利内容分为"公民享有的权利"和"未成年人享有的权利"两个部分。

(二)公民权利的教学成效

从公民权利教学成效的调查情况来看,受过教育的初中生对权利的认知普遍比较明晰,大都能够正确理解公民权利及未成年人权利,也具有较好的权利认知和判断能力,能对一些权利问题给予正确评价。

如公民的平等权,所设计的调查问题是"富人和穷人,在公民基本权利的享有上平等吗",可供选择的答案是"A. 平等;B. 不平等;C. 说不清",标准答案是"A. 平等",调查了3266名对象,其中有1996名学过公民常识课的初中生,1270名未学过公民常识课的初中生。调查显示,学过公民常识课的

初中生选择“A. 平等”的比率高出未学过公民常识课的初中生8.4%，而前者选择“C. 说不清”的比率也比后者低。

再如未成年人的隐私权，所设计的调查问题是“孩子在家长面前不应该有隐私权”，可供选择的答案是“A. 正确；B. 不正确；C. 不清楚”，标准答案是“B. 不正确”，调查了3266名对象，其中有1996名学过公民常识课的初中生，1270名未学过公民常识课的初中生。调查显示，学过公民常识课的初中生有104人选择“A. 正确”，错误率为5.2%，1845人选择“B. 不正确”，正确率为92.4%；而未学过公民常识课的初中生有106人选择“A. 正确”，错误率为8.3%，1141人选择“B. 不正确”，正确率为89.8%。

由上可知，比起未受过公民权利教育的初中生，受过公民权利教育的初中生对公民权利及未成年人权利的理解更准确，而认知的模糊率和错误率更低。

二、初中生权利认知的障碍

初中生虽对公民权利有了一定的了解和理解，但认知的准确度仍有偏失，部分初中生对公民权利的认知比较模糊，而且权利认知存在或多或少的不均衡现象，在性别、居住地等方面都表现出不可忽略的差异性。这表明，初中生对公民权利的认知存在一定的障碍。

1. 初中生对权利认知存在主观障碍

不少初中生仅仅把公民权利作为知识加以了解和理解，相对缺乏必要的情感体验，很少将具体的权利融入到自己的内心情感中。在对待公民权利的态度上，存在两种倾向：一是缺少坚定的立场，有一定的从众心理，表现出对权利的认知模糊不清。调查显示，在对“可以通过胎儿性别鉴定决定是否生育”问题的判断中，调查男生1503人，其中认知模糊的有242人，占16.1%；调查女生1763人，其中认知模糊的有246人，占14.0%。二是在权利认知上往往依靠直观感觉去做判断，对权利的理性认识不足，很容易导致对权利的认知错误。据调查，3266名初中生中的1290名学生对“在车站，警察可以根据需要限制公民的人身自由”的问题认知，错误率占39.5%。总之，情感体验不到位、态度和方法不正确是初中生认知公民权利的主观障碍。

2. 初中生权利认知受居住地的限制

调查发现，如果按照居住地把初中生划分为城市初中生、集镇初中生、农村初中生等三个类型，其结果是对权利认知的准确度呈递减状。据调查，在对男女平等权利的认知方面，城市初中生、集镇初中生、农村初中生认知正确的比例分别为87.3%、87.2%、76.4%，而认知模糊的比例分别为7.3%、9.4%、17.1%；在对未成年人的社会保障权利认知方面，城市初中生、集镇初中生、农

村初中生认知正确的比例分别为92.2%、85.2%、80.2%,认知模糊的比例分别为4.9%、9.4%、12.6%。由此可以看出,初中生受居住地的影响很大。

3. 初中生是否学习过公民常识课影响着权利认知

调查显示,学习过公民常识的初中生在权利认知上普遍要好于未学习过公民常识的初中生。据调查,在对人权的认知方面,学过公民常识的初中生要比未学过公民常识的初中生正确率高6.2%,而认知模糊的比率下降5.4%;在对男女平等权的认知方面,前者比后者的正确率高6.5%,而认知模糊的比率下降7.5%;在对权力与权利的关系认知上,前者比后者的正确率高2.9%,而认知模糊的比率下降3.0%;在对民主权利的认知上,前者比后者的正确率高5.1%,而认知模糊的比率下降5.4%;在对财产与权利的关系认知上,前者比后者的正确率高8.4%,而不正确率低6.9%。可见,是否开设公民常识课程是影响初中生对权利认知的重要因素。

三、初中生权利认知障碍的原因分析

1. 教育者对公民权利的理解不准确、重视不够

一方面,一些教育者对公民权利的认识不够清楚,对公民权利内涵的理解不够准确、全面,对初中生的公民权利教育把握不准,无法为初中生讲解清楚公民权利;另一方面,不少教育者受传统教育方式的影响,习惯于对受教育者进行以义务为本位的教导,即明确要求公民做什么、不做什么,如热爱国家、遵纪守法、团结友爱、不搞分裂活动、不歧视少数民族、不逃税漏税等。但却忽视了对公民权利的教育,很少告诉初中生拥有哪些权利,应该如何去实现和维护自己的权利。

2. 环境的差异造成初中生权利认知不同

初中生对公民权利的认知受居住地的限制,生活在城市的初中生学习环境较为优越,主要表现为城市初中的硬件设施、人文环境较好,办学质量与水平较高,引进、培养和留住人才的能力较强,良性循环的条件具备;相反,集镇和农村的初中生学习环境,包括硬件设施、人文环境、办学质量与水平大都不如城市初中,引进、培养和留住人才的能力较弱,容易造成恶性循环。这种差异使得好的师资和学生竞相追逐进入城市享受较好的教育环境,进一步加剧了城乡教育资源的不均衡,造成了不同环境的初中生对公民权利的感受不同、认知有别。

3. 缺乏规范、系统的公民常识教育

公民常识是针对中小学设计的一种公民教育形式,专列了“公民权利”这一个单元,内容既有《中华人民共和国宪法》规定的公民的基本权利,如平等

权、自由权、财产权、劳动权、教育权等，也有《中华人民共和国未成年人保护法》等法律规定的未成年人权利，包括生存权、发展权、受保护权和参与权等。教育的目的就是让初中生了解公民权利，理解未成年人权利，培养实现公民权利的能力。但是，由于我国公民教育起步晚，缺乏具体的要求和实施计划，公民常识尚未作为一门单独的课程列入初中的教学计划，更没有得到大范围的推广和普及，因而大多数初中生没有受到规范、系统的公民常识教育，而且，即使一些初中生受过公民常识教育，也会受大环境的影响，无法达到最佳效果。

四、消除初中生权利认知障碍的途径

（一）强化师资力量

1. 完善教师知识结构

一要培养教师先进科学的教育思想。学校引导教师从中外优秀的教育思想中吸取精华、获取营养，用适用于初中生的教育思想指导教育教学工作。

二要培养教师高尚的职业道德。从事公民教育的教师，不仅要会教学，还要热心公民教育，把公民教育作为自己的事业。

三要提高教师的科学文化素质。公民教育的理论与其他学科的知识是相通的，教师应具备扎实雄厚的学科知识和文化修养，具有丰富的实践经验和一定的创造能力。

四要教师熟悉公民学。公民学是一门专业知识，要通过培训抓紧培养教师的公民学知识，完善教师的知识结构。

2. 让教师正确把握公民教育的方法

一要教师在理解公民教育教材的基础上，善于运用公民教育资源，在实施公民教育过程中注重积累经验，逐步建立较为完善的公民教育课程体系。

二要教师加强调查研究，认真思考社会发展对青少年的要求和现代公民形成的特点与规律，真实了解初中生的需要，针对初中生公民教育面临的实际问题，纠正片面强调公民义务和责任的公民教育，加强公民权利和自由的教育。此外，还要创设必要的情境，让初中生在具体的情境中认知公民权利，增强情感体验。

（二）对初中生进行维权训练

1. 注重初中生的理智训练

对初中生进行道德上的理智训练是维权训练的重要方式。要对初中生进行权利意识、权利来源、权利认知、权利主张、权利维护、权利救济教育，培育他们的主体意识和正确的权利观念，让初中生认识到自己的社会地位和角色，感受到自己的权利和义务、自由和尊严以及能力和价值。

2. 加强初中生的维权行为训练

要在对初中生进行深入调查和分析的基础上，统筹考虑初中生的性别、年龄、居住地及其身心发展规律和接受能力所存在的差异性，找准与初中生生活密切相关的权利，以此作为维权训练的突破口。可以根据社会上出现的具有较大影响力的权利主张和维护事件，精心设置一些具有直观可体验的情境，如让学生模拟个人隐私被家长发现后的场景、集体活动遇到突发事件后的反应场景、班级干部竞选投票场景等，以激发学生的维权意识。在学生进行维权行为训练的过程中，教师要注意引导和总结，不断提升学生维权的能力。

3. 抓好养成训练

养成训练则是培养合格公民的有效途径，这是由教育的规律和未成年人身心发展的客观规律所决定的。抓好初中生的养成训练，就是要从初中生学习、生活中的点点滴滴抓起，发挥教师和家长的示范作用，弘扬养成训练的典型，鼓励学生积极的公民行为，营造养成训练的良好校园环境和家庭环境。

（三）开发和合理配置公民常识教育资源

1. 开发公民常识教育资源

公民常识教育旨在把初中生培育成为合格的公民，即把初中生培养成为能够理解和维护法定权利、履行相应义务的责权主体。要注重吸收传统文化的优秀成果，把传统教育的精华与社会发展的客观要求相结合，同时注重西方公民教育理论与当代中国实际相结合，大力开发公民常识教育资源，打造公民常识教育资源平台。要充分认识到教材在公民常识教育中的重要作用，着力加强教材建设，开设独立的公民常识教育课程，实现公民常识教育的科学性、民族性和适用性。

2. 合理配置公民常识教育资源

要以城乡一体化建设为导向，根据学校实际和学生实际确定公民常识教育资源的配置。城市初中要在人力、物力、财力上给予公民常识教育大力支持，确保公民常识教育资源充足，并能够得到充分利用。集镇或农村初中要重视公民常识教育，在学习借鉴城市公民常识教育经验的基础上，组织有相关学科知识背景的教师认真研究公民常识教育，发现和利用好当地的公民常识教育资源，不断减少与城市初中在公民常识教育资源上的差别。

（执笔：王俊飞）

培养初中生的权利平等意识

摘要:不少初中生的权利平等意识还很薄弱,主要是三个方面的原因:社会环境的负面影响;公民常识课尚未得到普及;教师对初中生的权利平等意识培养不到位。为此,学校要把握好教育与社会环境的关系,加强公民常识教育,同时,教师要做好充分准备,强化教学效果。

关键词:权利平等　意识

平等,是人类文明的普遍价值和重要目标,是现代法治文明的基本原则和重要标志。我国《宪法》第三十三条对公民的平等权做出了明确规定:"中华人民共和国公民在法律面前一律平等。"权利平等是公民平等权的根本内容,这要求公民必须具有权利平等意识。

初中生是祖国的未来、民族的希望,处于权利平等意识培养的重要阶段。为培养初中生的权利平等意识,促进初中生成长为合格公民,我们对信阳市平桥区的初中生进行了问卷调查,通过当地初中生对权利平等问题的判断情况,了解和掌握初中生权利平等意识的发展情况,并提出针对性的措施。

一、培养初中生权利平等意识的意义和教学成效

(一)培养初中生权利平等意识的意义

1. 培养初中生权利平等意识有利于初中生的成长

初中生作为成长中的公民,从接受教育的心智特征来看,正经历由简单到复杂,由低级向高级发展的过程,其分析、判断问题的能力渐渐形成,应适时对其进行教育,形成权利平等意识。首先,就适用范围而言,权利平等适用于公民生活的一切领域,包括政治领域、经济领域、文化领域和社会领域,每一领域的权利平等原则通过具体的平等权适用而得到体现。其次,权利平等既是不同权利主体之间的平等,也是不同权利主体在不同权利领域或方面的平等。再次,人人在法律面前平等,并有权享受法律的平等保护,不受任何歧视。初中生对权利平等内涵的理解以及由此产生的权利平等意识,是初中生不断成长的需要。

2. 培养初中生权利平等意识是我国民主法治建设的需要

众所周知,权利平等是与特权相对立的,旨在否定特权。所谓特权,就是被法律所规定或认可的人们依其社会地位的优越而享有的特殊权利。否定特权,就是要求人人在法律上享有平等的权利,即要求权利平等。权利平等,要求权利的主体是普遍的,个别人之间、部分人之间的平等并不具有权利平等的内涵;要求在权利分配上只依据人人共有的一般条件实行无差别待遇原则;要求将平等原则贯穿于全部法律运行过程中,即在立法上承认起点平等,在适用法律上实行整齐划一,在守法上实行无差别对待。培养权利平等意识,有利于消除初中生的特权思想影响,为民主法治建设提供一个良好的环境。

3. 培养初中生权利平等意识是实现社会公平的内在要求

一般而言,社会公平主要包括权利平等、机会公平、规则公平和分配公平四个方面,而权利平等是社会公平的关键所在。无论是法律上的权利平等抑或是实际生活中的权利平等,都是人类文明进步的重要内容和尺度,都是人们追求社会公平的制度成果、思想成果和实践成果。首先,权利平等是社会公平的主要体现。公平是人们的不懈追求,但不等于平均。维护和促进社会公平绝不是搞平均主义,而是要始终坚持以人为本,促进每个人的自由全面发展。权利平等是人们获得平等的尊重、待遇和发展机会的前提条件和基本保障。促进人的自由全面发展,最主要的就是必须赋予每个人同等的权利,为每个人实现自身价值提供同等的可能性。其次,权利平等有助于保障社会公平、维护社会稳定。社会公平是一种理想,而社会不公平则是一种常态。只有不断化解社会矛盾、消除种种社会不公和社会弊端,才能维护社会稳定。政府在这方面起着很重要的作用,而公民也要积极参与,学会运用表达权、参与权主张自己的正当权益,表达自己对法律和公共政策的意见,使每个公民享有各项平等权利,是维护社会公平的保障,因此,有必要培养初中生的权利平等意识。

(二)培养初中生权利平等意识的教学成效

从培养初中生权利平等意识的调查情况来看,受过相应教育的初中生的权利平等意识普遍比未受过相应教育的初中生要强,对权利平等的理解更加准确。

在"市委书记和普通公民在法律面前可以区别对待"的调查问题中,可供选择的答案是"A. 正确;B. 不正确;C. 不清楚",标准答案是"B. 不正确",所调查的3265名对象包括1995名学过公民常识课的初中生和1270名未学过公民常识课的初中生。调查显示,学过公民常识课的初中生有87人选择"A. 正确",错误率为4.4%,1811人选择"B. 不正确",正确率为

90.8%,97 人选择“C. 不清楚”,模糊率为 4.9%;而未学过公民常识课的初中生有 78 人选择“A. 正确”,错误率为 6.1%,1120 人选择“B. 不正确”,正确率为 88.2%,72 人选择“C. 不清楚”,模糊率为 5.7%。

在“富人和穷人,在公民基本权利的享有上平等吗”的调查问题中,可供选择的答案是“A. 平等;B. 不平等;C. 说不清”,标准答案是“A. 平等”,所调查的 3266 名对象包括 1996 名学过公民常识课的初中生和 1270 名未学过公民常识课的初中生。调查显示,学过公民常识课的初中生有 1769 人选择“A. 平等”,正确率为 88.6%,153 人选择“B. 不平等”,错误率为 7.7%,74 人选择“C. 说不清”,模糊率为 3.7%;而未学过公民常识课的初中生有 1018 人选择“A. 平等”,正确率为 80.2%,185 人选择“B. 不平等”,错误率为 14.6%,67 人选择“C. 说不清”,模糊率为 5.3%。

可见,培养初中生权利平等意识是有一定教学成效的,接受权利平等意识培养的初中生对权利平等的正确理解率较高,错误率和模糊率较低;相反,未接受权利平等意识培养的初中生对权利平等的正确理解率较低,错误率和模糊率相对较高一些。

二、初中生权利平等意识薄弱

虽然大部分初中生有一定正确的权利平等意识,但从培养未成年人的权利平等意识的角度出发,初中生意识中所存在的问题是不容乐观的,不少学生尚未形成成熟、强烈的权利平等意识,经不起现实的冲击。

1. 部分初中生存在潜在的特权意识

初中生的世界观、人生观、价值观还不成熟,尚未表现出明显的特权思想,但却存在潜在的特权意识。这从调查问卷中可以看出一些端倪。在“国家主席可以有超越法律的特权”的调查问题中,可供选择的答案是“A. 正确;B. 不正确;C. 不清楚”,标准答案是“B. 不正确”,所调查的 3266 名对象包括 1996 名学过公民常识课的初中生和 1270 名未学过公民常识课的初中生。调查显示,学过公民常识课的初中生有 52 人选择“A. 正确”,错误率为 2.6%;而未学过公民常识课的初中生有 32 人选择“A. 正确”,错误率为 2.5%。由此可以看出,一些初中生对“国家主席可以有超越法律的特权”是持肯定态度的,认为权重位高的人可以享有普通公民不能享受的特殊权利,而且这种认知态度与他们是否学过公民常识课没有必然的联系。这在一定程度上说明:部分初中生存在一定的特权意识,而这种特权意识尚不明显,尚未表现出稳定的倾向性,即仅表现出特权的苗头。

2. 不少初中生认为财富影响权利的平等享有

不少初中生认为权利的平等享有在一定程度上会受到财富多寡的影响。拥有财富多的公民,易获得更多的权利;拥有少量财富的公民,较少获得权利。这种认知表现出两个方面的特点:一方面,财富的多少影响公民基本权利的平等享有。调查显示,在“富人和穷人是否平等享有公民基本权利”的问题上,学过公民常识课的初中生选择“B. 不平等”的有7.7%,未学过公民常识课的初中生选择“B. 不平等”的比例更高,达到14.6%,总体上约10.3%的初中生认为富人和穷人享有不平等的公民基本权利。另一方面,财富的多少决定公民实际权利的平等享有。占有财富多的公民在社会上占有优势,更有发言权和影响力,更容易实际享有宪法和法律规定的政治、经济社会、文化教育等各项权利;相反,较少占有财富的公民在社会上处于弱势地位,缺少足够的影响力,在宪法和法律规定的各项权利受到侵害时,很难主张和维护自身的合法权利,实际权利的享有较少。

3. 一些初中生的权利平等意识模糊

一些初中生对权利平等的内涵不理解,未形成稳定、确切的权利平等意识,对待一些关于权利平等的问题缺乏自主判断力,不清楚是对是错。在对3266名初中生关于“国家主席可以有超越法律的特权”的判断调查中,90名男生和107名女生持不确定意见,不清楚国家主席是否有超越法律的特权,约占调查人数的6.0%。这说明,一些初中生对权利平等的内涵缺少准确的认知,不知道公民权利平等的主体是否包括所有的公民,也不知道权利平等的内容是否包括公民的各个方面的权利,同时也表明,一些初中生不仅缺少权利平等意识,而且有些盲目,认为权利平等与自身关系不大,不需要去考虑并选择确定的答案。

三、初中生权利平等意识薄弱的原因

1. 受社会环境的影响较大

人与环境是一个辩证的关系,人既能影响环境,也能改造环境;同时,环境对人也起着反作用,并在很大程度上制约和限制着人的思想和行为。这个环境,既包括自然环境,也包括社会环境。初中生尚未完全社会化,受社会环境的影响很大。虽然初中生在学校受到教育后,会对权利平等有一些了解和理解,也会产生一些权利平等意识。但这种培养的权利平等意识很不成熟,缺乏稳定性,如遇到家庭或社会上的负面事件,就会在很大程度上消解这种权利平等意识。现实中,社会环境因素并非是单纯的,其中夹杂着不少负面的因素,而且这些负面因素的影响力和破坏力很大,一旦被初中生

感知到，就会对其权利平等意识产生强烈的冲击，让他们难以相信权利平等的真实性，进而丧失权利平等意识。

2. 公民常识课尚未推广和普及

实践证明，公民常识作为公民教育的一种形式，对初中生进行权利平等方面的教育，对他们权利平等意识的培养是能够起到很好作用的。但是，由于目前国内的公民教育刚处于起步阶段，还在不断的探索中，缺少足够的经验，开设公民常识课尚处于试验阶段，尚未得到推广和普及，既缺少足够的教材和辅导材料做支撑，也缺乏足够的师资力量。这使得很多初中生没有及时受到公民常识教育，偶尔自发性地、零星地产生的一些权利平等意识，也得不到教育的强化，权利平等意识难以稳定地增强。

3. 教师对初中生的权利平等意识培养不到位

教师在教学过程中，对初中生的权利平等意识培养不到位，存在两个方面的原因：一方面，教师对权利平等的理解还不够深刻。教师对权利平等存在一定程度上的轻视，或没有引起足够的重视，没有充分认识到权利平等在整个公民权利中的重要地位以及在初中生成长过程中的积极作用，对权利平等内涵挖掘得不够深。另一方面，教师对初中生的培养方式有待改进。教师对初中生权利平等意识的培养，仅注重知识性的传授，而没有紧密联系学生的具体实际，没有把握住教育教学的规律，也没有充分估计到现实生活中的种种不平等思想，尤其是特权思想对学生的负面影响，反映在教学中就是缺乏足够的说服力，让学生难以相信权利平等，不愿意接受这种教育的引导。

四、培养初中生权利平等意识的途径和方法

1. 学校要把握好教育与社会环境的关系

教育与社会环境是一种相互影响、相互作用的关系。教育既能改造社会环境，又受社会环境的制约。学校要充分认识到教育与社会环境的辩证关系，并始终坚持以教育引领社会，不断改造社会环境。首先，要设法创造一个纯净的校园环境。营造师生之间、学生之间、教师与家长之间、家长与学生之间的和谐氛围，让每个学生都感受到校园学习与生活的平等、公正，让每个人在校园里受到他人平等对待的同时，也乐意平等对待他人。其次，要做好学生的思想引导工作。要密切关注社会上发生的重大事件及周边发生的可能对学生产生重大影响的事件，定期或适时对全体学生进行社会主义理想教育，鼓励学生抛开现实的羁绊，树立远大理想，坚定自己能够依靠聪明才智改造社会不良风气、实现人生价值的信心和决心。

2. 加强公民常识教育

公民常识教育是一种针对中小学生进行的公民教育,其目的是传授公民知识,培养公民意识,训练公民行为,促进中小学生的健康成长。学校要高度重视公民常识教育,在试验的基础上不断加强公民常识教育。一要适时推广公民常识课。现已开设公民常识课的学校,要不断总结经验,逐渐扩大公民常识教育的规模,从实验班向普通班推广,形成公民常识教育的全覆盖。尚未开设公民常识课的学校,要学习借鉴经验,积极申请开课。二要加强师资队伍建设。重视公民常识课的师资队伍的建设,选拔有一定学科背景的教师从事公民常识课教学,并对之进行培训,提高师资队伍的知识水平和能力。三要安排好公民常识教学。要根据公民常识教材,组织相关教师编写教学大纲和计划,确保足够的教学时间。

3. 教师要做好充分准备,强化教学效果

首先,教师要在备课上下足功夫。要认真对待备课,必要时可以进行试讲,而不能轻视所讲授的内容。要广泛查阅相关的资料,在深入理解和消化"权利平等"的内涵、价值的基础上,把握好教学内容与形式、教学方式与教育对象之间的关系,处理好授课内容前后的连贯性和一致性。

其次,要注重教学方法的适用性与灵活性。要坚持以正面教育为主,适当穿插一些影响较大、有可能引起学生误解的事例,并进行恰到好处的引导。并根据学生的理解反馈情况,可以创设合适的情境,让学生在情境中模仿,以达到强化学生情感体验的效果。

再次,要讲清楚权利平等。要让学生认识到权利平等的内涵与价值,正确理解权利平等与特权、权力、财富的关系;让学生明白权利来之不易,要倍加珍惜权利,不能随意出卖或被收买;同时,要对社会上的负面消息进行正确解读,做好学生认识的正面引导工作。

(执笔:王俊飞)

培养初中生正确的男女平等观

摘要:具有正确的男女平等观,是初中生成为合格公民的必备素质。然而,由于受家庭、社会、学校等环境的影响,初中生正确的男女平等观还需要得到进一步的加强,学校需要在学科教学、在校园环境及文化设施建设、在学校规章制度建设、在教师的示范作用中注重培养初中生正确的男女平等观。

关键词:初中生　男女平等

中学生的人际交往开始变得较为复杂,更为广泛,更具独立性与社会性。具有健康的男女平等观,是他们心理正常发展、个性保持健康和具有安全感、归属感、幸福感的必然要求,是初中生成为合格公民的必备素质。然而,由于受社会环境的影响,并不是每个初中生都具有健康的男女平等观,在不健康的男女平等观的影响下,有相当数量的初中生会产生各种问题,影响着他们健康人际关系的建立。

为准确把握初中生男女平等观的现状,消除初中生不健康的男女平等观,郑州大学公民教育研究中心在信阳市平桥区试验开设公民常识课的基础上,调查组开展了"中小学公民教育现状调查"。此次调查问卷的设计是按照公民常识课程结构顺序进行的,先从性别、年龄、文化程度、户口类别、是否开设过公民常识课等五个方面对调查对象进行分类,然后围绕公民认知、公民权利、公民义务、公民意识、公民行为等五项内容设计了40道题。针对男女平等权,设计的问题是第8题:可以通过胎儿性别鉴定决定是否生育。

一、男女平等观的设定依据及教学成效

(一)男女平等观的设定依据

初中生作为成长中的公民,肩负着与之相适应的公民责任,健康的男女平等观有助于他们更好地履行自己的公民责任,是初中生成为合格公民的必备素质。男女平等观的设定主要依据的是国家法律的规定。

1. 依据《中华人民共和国宪法》

《中华人民共和国宪法》第四十八条明确规定:中华人民共和国妇女在政治的、经济的、文化的、社会的和家庭的生活等各方面享有同男子平等的权利。国家保护妇女的权利和利益,实行男女同工同酬,培养和选拔妇女干部。

2. 依据普通法律

《中华人民共和国妇女权益保障法》所秉承的核心概念正是维护妇女的合法权益,促进男女平等。它是全世界第一个由国家制定的妇女权益保障专门法律,其特点具有系统性、专门性、全面性和综合性。内容主要包括以下几个方面:①保障妇女与男子享有平等的政治权利;②保障妇女与男子享有平等的文化教育权利;③保障妇女享有与男子平等的劳动权利;④保障妇女享有与男子平等的财产权利与人身权利;⑤保障妇女享有与男子平等的婚姻家庭权利。另外,《劳动法》中规定了男女同工同酬;《婚姻法》中规定了男女在结婚、离婚方面,教育抚养子女方面,夫妻共同财产方面等都有同等的权利和义务;《继承法》规定继承权男女平等;《义务教育法》规定了适龄儿童的同等受教育权利;《选举法》规定年满十八周岁的中华人民共和国公民,

不分民族、种族、性别、职业、家庭出身、宗教信仰、教育程度、财产状况和居住期限，都有选举权和被选举权；《民法通则》规定妇女享有同男子平等的民事权利等。

（二）男女平等观的教学成效

针对第8题"可以通过胎儿性别鉴定决定是否生育"，可供选择的答案是"A. 正确；B. 不正确；C. 不清楚"，标准答案是"B. 不正确"，调查了：3266名对象，其中有1996名学过公民常识课的初中生，1270名未学过公民常识课的初中生。调查显示，学过公民常识课的初中生选择"B. 不正确"的比率高出未学过公民常识课的初中生6.5%，而前者选择"C. 说不清"的比率也比后者低了7.5%。从公民常识课教学成效的调查情况来看，比起未受过公民常识课教育的初中生，受过公民常识课教育的初中生对男女平等的理解更准确，对男女平等的认知普遍比较明晰，也具有较好的针对男女平等问题的认知和判断能力，能对一些男女平等问题给予正确评价。

二、初中生男女平等观的现状

通过对第8题选择结果的分析、比对，从中得出一些结论。

（一）初中生的男女平等意识需要进一步加强

从性别来看，77.8%的男生和80.3%的女生认为不可以通过胎儿性别鉴定决定是否生育；从年龄来看，以13～15岁为主要年龄段的初中生来说，80%的学生认为不可以通过胎儿性别鉴定决定是否生育；从居住地来看，在城市、集镇和农村，依次是87.3%、87.2%和76.4%的初中生认为不可以通过胎儿性别鉴定决定是否生育。从以上数据我们可以看出，初中生的男女平等意识需要进一步加强。

（二）女生的男女平等意识比男生强

从性别来看，77.8%的男生认为不正确，6.1%的男生认为正确，16.1%的男生对于这个问题不清楚；80.3%的女生认为不正确，5.8%的女生认为正确，14.0%的女生对于这个问题不清楚。通过对以上数据的分析和比对，我们发现，认为不可以通过胎儿性别鉴定决定是否生育的女生比男生高出了2.5个百分点，认为可以通过胎儿性别鉴定决定是否生育的女生比男生低了0.3个百分点，这一高一低，一共相差2.8个百分点。虽然相差的比例不是太高，但是还是能反映出女生的男女平等意识比男生强。

（三）农村初中生的男女平等意识较城市和集镇低

从居住地来看，在城市、集镇和农村，依次是87.3%、87.2%和76.4%的初中生认为不可以通过胎儿性别鉴定决定是否生育。城市和集镇的正确率

几乎相当，只相差了0.1%，但是农村初中生的正确回答率比城市低了10.9%，农村初中生的男女平等意识较城市和集镇低，有待进一步加强。

三、影响初中生男女平等观的原因分析

虽然当代初中生是在享受着改革开放以来的巨大成果中成长起来的，但从第一手及第二手资料的占有及分析可知，传统男女平等观仍然通过各种渠道影响着他们。

（一）家庭

男女平等观的形成就像其他观念的形成一样是一个漫长的过程。家庭是人社会化的第一站，它对子女的影响也是通过漫长的潜移默化的过程来完成的。这种一致性促使家庭对初中生男女平等观的形成必将产生深远的影响。在日常的生活接触中，家长会无意识地或有意识地把传统男女平等观传递给子女。当代初中生关于什么是“男人”和“女人”的最早认识就始于此。

（二）社会

社会通过报刊、网络、电视等舆论媒介将一定的性别期望传达给初中生，经过社会化的过程，初中生将其内化为自身的男女平等观，并成为自身评价体系的标准。在当今的社会环境中传统男女平等观还通过风俗习惯等方式渗透到社会的各个角落，这对初中生的影响也是不容忽视的。不同的地区、民族、宗教结婚的风俗可能会有不同，但“娶媳妇”就意味着男性要承担买房成家的责任。这种风俗习惯会不自觉地强化初中生对两性角色的刻板印象。

（三）学校

学校是初中生接受教育的主要场所，它对培养初中生正确的男女平等观没有给予足够的重视，而在校园环境中，传统男女平等观又无处不在地影响着当代初中生。

（四）伙伴群体

伙伴群体中流传的男女平等观深深地影响着当代初中生，他们在各个方面具有相同点，有着同样的思维方式，同样的生活、学习环境等，这些使得他们很容易相互影响、相互感染。传统男女平等观在这种氛围下传播的范围就更大，影响的程度就更深远。

（五）公民教育不足

我国公民教育不但起步晚，而且好的教材也不多见。1985年，中共中央颁布了《关于改革学校思想品德和政治理论课程教学的通知》，决定在初中开设公民课，但公民教育计划未能实施。1995年，国家教委颁布《关于正式颁发中学德育大纲的通知》，使公民教育成了学校德育教育的一部分，但由

于缺乏具体的要求和实施计划,初中生对于作为男女平等的认知仅停留在书面上,停留在自己的所见所闻所感上。随着民主政治的发展和人民生活水平的提高,促进男女平等是当今国际社会越来越关注的重大问题,也是人类文明进步的重要标志。当今中国,尊重和保障人权,进一步促进男女平等,是贯彻落实科学发展观的根本要求。但是公民教育尚未作为一门单独的课程列入初中的教学计划,而且可用的教材也不多,就在一定程度上束缚了初中生对男女平等的正确理解。

四、培养初中生正确的男女平等观

要培养初中生树立正确的男女平等观,就必须通过教育,得到一种正确的引导,尤其是要开发包含男女平等观教育的资源,向男女初中生提供正确的男女平等观和知识,教导他们如何学做“男人”和“女人”,培养他们对性别议题的关心和敏感度,帮助他们正确处理男女同学之间的关系,帮助他们增强自我赋权意识。

(一)在学科教学中培养初中生正确的男女平等观

若要使初中生树立正确的男女平等观,各学科教师就必须在学科教学中,有目的、有计划地根据学科内容、特点等开展针对性的男女平等观教育,对教材所反映出来的传统男女平等观及其表现形式如妇女观、贞操观、生育观、伦理观、价值观、世界观等展开全方位的剖析、批判,尤其对“男尊女卑”“男强女弱”“男主外,女主内”等传统男女平等观,更要毫不留情地彻底批判。比如在语文课程中,可以结合文学、影视作品中的人物塑造,来分析作者的男女平等观及所反映时代的社会性别内容,帮助初中生学会正确评价文学作品、影视作品中可能存在的性别刻板印象和性别偏见等问题,通过分析作品,帮助初中生正确理解男女平等的内涵。在历史教学中,可以结合历史人物、历史事件的记载内容和方法,帮助初中生体会传统男女平等观的表现和影响,在对比中自觉内化正确的男女平等观,还可以引导初中生关注妇女的历史地位及其变化;在讲到封建社会时,可以介绍女性的悲惨遭遇,女性在封建时代没有任何人格权利,只能充当男性的私有物和玩物,通过这种阐述,引导初中生批判传统男女平等观,进而树立正确的男女平等观。

(二)在校园环境及文化设施建设中培养初中生正确的男女平等观

首先,校园环境需要整洁、优雅和文明,要保持校园内外所处的外部自然环境的美化,要做到校园内部的科学规划,也要顾及校园建筑和校园艺术景点的特色。在做这些规划时,尤其是设计雕塑等艺术景点时,学校要坚挣性别平等的意识,不要出现任何性别偏见的印象。只有置身在美观、和谐、

性别平等的校园环境中，初中生才能受其感染，树立正确的男女平等观。

其次，校园文化设施主要包括校园广播、电视、报纸、杂志、网络等媒介。校园广播是一种有效的文化传播工具，它以方便、快捷、有效见长，以声音的无限魅力征服初中生。因此在校园广播题材的选择上及广播内容的组织上，要注意结合初中生关心的性别关系方面的热点问题，精心挑选话题，认真组织稿件，采取多种方式吸引初中生参与讨论，在思考中形成正确的男女平等观。对电视、报纸、杂志等媒介也要引起重视，在征订正式出版的刊物时要有意识地加强正确男女平等观的引导，可以征订一些提倡两性平等的优秀刊物。在学校自办刊物时，要鼓励初中生在性别角色、性别关系、男女平等观等问题上多留心、多下功夫，对心得颇深并写出有关男女平等的好文章的初中生要加以鼓励。除此之外，学校还要充分发挥初中生社团在校园文化建设中的重要作用，扶持性别社团的建立，发挥他们在培养初中生正确男女平等观方面的积极作用。

（三）在学校规章制度建设中培养初中生正确的男女平等观

任何一所学校，除了要遵守国家的有关法律、法规和制度外，还要制定出符合自己学校实际的各种规章制度。在制定教学管理制度、校园环境管理制度和生活行为管理制度等各种规章制度时，必须贯彻国家有关男女平等方面的法律、法规和制度的精神，要用正确的男女平等观为指导，建设学校的规章制度来确保男女平等的实现，为形成正确的男女平等观提供良好的制度环境，即在规章制度建设中，制定在学校和课堂上反性别歧视的条例和规章，禁止在课堂教学、学习环境和学校管理中出现公开和非公开的性别歧视。

（四）在教师的示范作用中培养初中生正确的男女平等观

俗话说："榜样的力量是无穷的。"榜样可能是文学作品中的人物形象，也可能是现实中的模范人物，而初中生，常常根据自己喜欢的教师形象来设计、调整自己的观念和行为，也就是说教师在初中生男女平等观培养中扮演着重要角色：首先，要着眼于女教师的作用，充分调动她们的积极性。女教师可以通过对教学工作积极、认真、负责的态度，体现她们对正确男女平等观的认识，体现她们的自尊、自信、自立、自强；可以通过提高职业能力，通过自己在工作岗位上做出的优异成绩来改变社会对女性的偏见，用实际行动来给初中生做出表率。其次，当代初中生正确男女平等观的培养需要两性教师共同的努力，因此要加强对男教师进行正确男女平等观的教育。最后，要培养传播正确男女平等观的骨干教师，对他们开展相关知识的培训，提高处理平等社会性别关系的能力，潜移默化地帮助初中生树立正确的男女平等观。

（执笔：闫爱红）

初中生隐私权维护探析

摘要：维护初中生的隐私权不但要有法律和政策依据，还要遵循教育规律和初中生的身心发展规律。初中生的隐私权意识比较强，但农村学生隐私权意识相对较弱，隐私权教育取得了一定的成效，但仍然存在一定的问题，需要加强对初中生隐私权的教育，让初中生正确认识、理解和对待自己的隐私权，同时，家长和老师也要尊重初中生的隐私权。

关键词：初中生　隐私权

《公民常识读本（初中版）》中指出，未成年人的隐私权受家庭尊重，未经未成年人本人允许，家庭其他成员不得随便开拆、查阅、隐匿、毁弃未成年人的信件、日记、电子邮件等私密资料。为准确把握初中生隐私权维护的现状，郑州大学公民教育研究中心在信阳市平桥区试验开设公民常识课的基础上，调查组开展了"中小学公民教育现状调查"。针对公民权利，问卷以人身自由、隐私权、平等权、民主权、社会保障权等为主要内容设计了8道题，分别考察了初中生对公民权利的认知情况。针对初中生的隐私权，设计的问题是第11题：孩子在家长面前不应该有隐私权。

在对前期调查数据比较、分析、综合、提炼的基础上，总结经验，探究初中生隐私权的内涵与特点，并结合课堂实践，为科学设置初中生隐私权相关内容，提供经验借鉴和理性思考。

一、维护初中生隐私权的依据

维护初中生的隐私权要有法律和政策依据。

（一）《中华人民共和国宪法》

我国《宪法》第三十九条规定："中华人民共和国公民的住宅不受侵犯。禁止非法搜查或者非法侵入公民的住宅。"我国《宪法》第四十条规定："中华人民共和国公民的通信自由和通信秘密受法律保护。除因国家安全或者追查刑事犯罪的需要，由公安机关或者检察机关依照法律规定的程序对通信进行检查外，任何组织或者个人不得以任何理由侵犯公民的通信自由和通信秘密。"初中生是未成年的中国公民，他们的住宅和通信秘密等隐私理应

得到宪法的保护。

(二)其他法律法规

最高人民法院《关于贯彻执行(中华人民共和国民法通则)若干问题的意见》第一百四十条规定:“以书面、口头等形式宣扬他人的隐私,造成一定影响的,应当认定为侵害公民名誉权的行为。”最高人民法院在《关于审理名誉权案件若干问题的解答》中指出:“对未经他人同意,擅自公布他人的隐私材料或以书面、口头形式宣扬他人隐私,致人名誉受到损害的,应按照侵害他人名誉权处理。”

我国《刑法》第二百四十五条第一款规定:“非法搜查他人身体、住宅,或者非法侵入他人住宅的,处三年以下有期徒刑或者拘役。”我国《刑法》第二百五十二条规定:“隐匿、毁弃或者非法开拆他人信件,侵犯公民通信自由权利,情节严重的,处一年以下有期徒刑或者拘役。”我国《刑法》第二百五十三条第一款规定:“邮政工作人员私自开拆或者隐匿、毁弃邮件、电报的,处二年以下有期徒刑或者拘役。”

另外,《中华人民共和国未成年人保护法》(2006 年修订)第六条规定:“对侵犯未成年人合法权益的行为,任何组织和个人都有权予以劝阻、制止或者向有关部门提出检举或者控告。”《中华人民共和国未成年人保护法》第三十九条规定:“任何组织或者个人不得披露未成年人的个人隐私。对未成年人的信件、日记、电子邮件,任何组织或者个人不得隐匿、毁弃;除因追查犯罪的需要,由公安机关或者人民检察院依法进行检查,或者对无行为能力的未成年人的信件、日记、电子邮件由其父母或者其他监护人代为开拆、查阅外,任何组织或者个人不得开拆、查阅。”

二、初中生隐私权维护的现状

通过对第 11 题选择结果的分析、比对,从中得出一些结论。

(一)初中生的隐私权意识比较强,但对隐私权的理解比较肤浅

从性别来看,91.5% 的男生和 91.4% 的女生认为不正确,6.1% 的男生和 6.7% 的女生认为正确,2.5% 的男生和 1.9% 的女生对于这个问题不清楚。从年龄来看,以 13~15 岁的年龄段主要是初中生来看,91.8% 的初中生认为不正确,6.1% 的初中生认为正确,2.1% 的初中生对于这个问题不清楚。从居住地来看,城市中 96.2% 的初中生认为孩子在家长面前应该有隐私权,2.7% 的学生认为不应该有,1.1% 的初中生对于这个问题不清楚;集镇中 93.7% 的初中生认为孩子在家长面前应该有隐私权,5.6% 的学生认为不应该有,0.7% 的初中生对于这个问题不清楚;农村中 90.3% 的初中生认为孩子在家长面前应该

有隐私权,7.1%的学生认为不应该有,2.6%的初中生对于这个问题不清楚。通过对以上数据的分析和比对,我们发现,特别是城市里的初中生,有高达96.2%的初中生认为自己在家长面前应该有隐私权,就是从最低值,也就是从农村初中生来看,也是高达90.3%的初中生认识到自己应该在家长面前有隐私权。从综合比较结果来看,初中生的隐私权意识比较强。

但是,在教育过程中,《公民常识读本》(初中版)只是告诉初中生,未成年人的隐私要得到尊重,未经未成年人本人允许,家庭其他成员不得随便开拆、查阅、隐匿、毁弃未成年人的信件、日记、电子邮件等私密资料,这是未成年人享有的权利。在未成年人的隐私权得到尊重的同时,未成年人可以与家庭成员进行思想沟通,增进家庭互信,树立正确的隐私观念;而对于到底什么是初中生的隐私权,初中生的隐私权到底包括什么,怎样正确对待初中生的隐私权,当自己的隐私权受到侵犯时,如何正当地维护自己的隐私权等问题,初中生还没有明确的认识。

(二)农村初中生的隐私权意识相对城市初中生来说较低

从居住地来看,城市中96.2%的初中生认为孩子在家长面前应该有隐私权,2.7%的学生认为不应该有,1.1%的初中生对于这个问题不清楚;集镇中93.7%的初中生认为孩子在家长面前应该有隐私权,5.6%的学生认为不应该有,0.7%的初中生对于这个问题不清楚;农村中90.3%的初中生认为孩子在家长面前应该有隐私权,7.1%的学生认为不应该有,2.6%的初中生对于这个问题不清楚。从对以上数据的比较分析来看,城市中的初中生比农村中的初中生对这一问题的正确回答高出了5.9个百分点,比对这一问题的错误回答低了4.4个百分点,这一高一低一共是10.3个百分点。从数据比较的结果我们可以看出,相对于城市的初中生来说,农村初中生的隐私权意识相对较低。

(三)对初中生进行隐私权教育取得了一定的成效

调查结果显示:从是否开设公民常识课来看,对于开设公民常识课的初中生来说,92.4%的初中生认为孩子在家长面前应该有隐私权,5.2%的学生认为不应该有,2.4%的初中生对于这个问题不清楚;对于没有开设公民常识课的初中生来说,89.8%的初中生认为孩子在家长面前应该有隐私权,8.3%的学生认为不应该有,1.8%的初中生对于这个问题不清楚。对两组数据进行比较,开设公民常识课的初中生对于这一问题的回答,认为孩子在家长面前应该有隐私权的学生比没有开设公民常识课的学生高出了2.6个百分点,认为孩子在家长面前不应该有隐私权的学生比没有开设公民常识课的学生低了3.1个百分点,这一高一低一共是5.7个百分点。从以上比较数

据来看,公民常识课的开设对初中生隐私权的教育取得了一定的成效。

三、维护初中生隐私权的方法和途径

受年龄和经历限制,初中生对自己的隐私还有模糊甚至错误的认识。如在生理上,几乎所有学生心怀一种对自己走向成熟的怕羞感,隐匿正常的生理现象;在同学间的交往中,普遍有戒备之心,特别是男女同学之间,正常的往来也会因为怕别人说为不正常而作为隐私隐藏起来。他们迫切需要对初中生的隐私有一个正确的认识,也迫切需要父母和老师给予正确的引导和悉心的关怀。

(一)教育初中生正确理解自己隐私权的范围

根据我国法律的规定:隐私是涉及个人心理以及社会交往过程中的秘密。隐私权是指公民享有的隐瞒不危害社会的个人私事,且未经本人同意不得将其公开的权利,是法律规定的公民权利之一。隐私权的真谛是私生活的自由与安宁,保护正常生活不受干扰,内心世界不被侵扰。

1. 初中生的个人隐私保密权

初中生对自己的隐私进行保密,不让他人知晓是隐私权首要的权利。保密权是隐私权的本质所在,如果不能拥有保密权,隐私权就没有存在的必要了。一般情况下,初中生有权对自己的身体缺陷、身体状况、特殊嗜好、家庭生活状况、个人日记等进行保密,不让他人知道。法律保护初中生的这种保密权,他人不得非法干涉初中生的隐私保密权。

2. 初中生在合法范围内对其隐私有支配权

初中生有在合法范围内对其隐私进行支配的权利,如将自己的某种嗜好进行公开,将自己个人或家庭生活方面的有关内容进行公开,同意他人将自己的某种隐私进行合法利用,像拍成电影电视、撰写小说或戏剧等,均属于初中生支配自己的隐私行为。但是,初中生在支配自己的隐私时,不得违反法律法规的规定,不得有悖于社会善良风俗,不得侵犯他人权利。

3. 初中生个人通信自由与通信秘密权

初中生的通信自由和通信秘密受法律保护。具体到隐私问题上,这条权利的范围可扩展至信件、电报、电话、传真、电子邮件等。我国刑法对妨害通信自由情节严重的,要追究刑事责任。

4. 初中生在隐私权被侵害时有司法保护请求权

当今世界,信息技术和传播媒介越发达,个人隐私被披露的可能性就越大,人们对自身安宁和安全的需要也就越迫切。这是因为人人有隐私,如果个人隐私被非法公布于众,就无异于生活在玻璃屋里,只能在众目睽睽之下

惶惶不可终日。侵犯他人隐私权的行为,既要受到道德的谴责,也要受到法律的追究。初中生的隐私权受法律保护,当其隐私权被他人以披露、干涉、干扰、传播等方式侵害时,有权向司法机关寻求保护,请求侵权者进行赔偿。

(二)教育初中生正确对待自己的隐私权

初中生虽然90%以上都知道自己应该有隐私,但不是十分清楚到底什么才属于自己的隐私,不知道怎么对待自己的隐私,对隐私有着错误和模糊的认识,当自己的隐私受到侵犯时,不知道该怎样正当地维护自己的隐私,隐私的自我保护意识不强。因此,教育初中生正确对待隐私权,对于他们的健康成长具有重要的意义。

1. 保护隐私,要有正确心态

保护隐私不等于封闭自己,不等于自我封闭与世隔绝。当自己遇到麻烦、产生困惑、出现烦恼时,应学会与值得信任的人沟通和交流,以获得成长所需的理解和帮助。尤其是处于青春期的初中生,生理、心理处于发育的高峰期,时常出现情绪波动、焦虑现象,在社会交往中有困难、有困惑。这时,一定要主动与家长、老师、好朋友交流沟通,请他们帮助和指导,千万不能因害怕暴露隐私而封闭自己,造成不必要的烦恼甚至无法挽回的损失。

2. 保护隐私,需要交流沟通

父母和老师为了更好地教育、保护初中生,对其隐私进行必要的干涉是应该的,也是法律允许的。由于受年龄和经历限制,初中生的隐私内容相对较少,故不能把不愿让父母知道的事都视为隐私,如自己的书包、房间、抽屉、考试成绩、异性朋友等都视为隐私。深层次讲,若个人做了违法之事,或提前谈情说爱,都作为隐私不让父母知道,这一方面是对初中生隐私权的错误认识,另一方面也是对自己不利的。其实,对父母而言,一个纯洁、正常、健康的初中生基本上是没有太多隐私的,不要自作主张,制造所谓的“隐私”。既要让家长知情,又使家长不偷看自己的日记、信件等,我们该怎么做呢?与家长、老师交流和沟通。这就是说,我们要在“知情权”和“隐私权”之间架一座“心桥”,即交流与沟通。交流与沟通不仅能使家长、老师及时、准确地了解、理解、教育我们,还能更好地保护我们的隐私,促进家庭关系、师生关系和谐,使我们健康成长。

3. 要用法律武器维护自己的隐私

为了保护未成年人的隐私权不受侵犯,国家制定了诸多法律,但这并不意味着初中生的隐私权就不会受到侵犯了。要真正使初中生隐私权得到维护,初中生自己要把法律作为维护自己隐私权的有力武器,在头脑中牢固树立起依法进行自我保护的意识。当隐私权受到侵害时,我们应勇敢地拿起

法律武器，采用自行与侵权人协商、请求司法保护等方式，要求侵权人停止侵权、赔礼道歉；若因此造成较大的精神痛苦，还有权要求精神赔偿。

（三）家长要尊重初中生的隐私权

现实生活中，很多家长关心子女的健康成长，都会无意识地从窥探孩子的日记、翻包等方式来获取信息，但这正是造成孩子与家长沟通产生隔阂的关键。对于青春期少年来说，对一些事物保密是孩子成长过程中必然要发生的现象。其实，未成年人的隐私是比较容易暴露的，只要家长以足够的耐心去关心孩子，而不是采取如偷看日记等措施设法掌控孩子。初中生的心智、生理还在发育阶段，他们的心理动向很大程度是受父母的影响。为了化解矛盾，建议家长在与孩子沟通时，最好不要以“居高临下”的身份，尽量少用“该”“必须”等强制性词语，使孩子产生畏惧感。家长应多以平常心与孩子沟通，建立信任，使其成为孩子的心灵伙伴。

（四）老师要正确对待初中生的隐私权

1. 触及隐私，谨慎从事

老师与学生朝夕相处，对学生的情况很熟悉，一旦知道了学生的秘密不要随便曝光，要谨慎从事，替学生保守秘密。

2. 保留隐私，合情合理

尊重学生是一条重要的教育原则，老师不能硬闯学生的“隐私领域”。中学生正处在豆蔻年华，每个人难免有自己心中的“小秘密”，只要没有违法乱纪的事实，不妨碍集体和他人，不带有危险信号，所谓“隐私”，是可以允许其存在的。硬闯学生的“隐私领域”，必然会拉开师生之间的距离，甚至产生对立情绪，会严重影响教育效果。

3. 清除隐私，平缓化解

老师既不能以粗暴的办法强行拆看或偷看学生的信件、日记，也不能对疑似早恋之类的“隐私”不问青红皂白，横加干涉，逼其“自首”。

4. 分享隐私，顺其自然

每个人都渴望在社会中保留一块属于自己的空间，这样才能自由地放松自己的身体和心灵，从而获得内心世界的安全感和私人生活的安宁，体会到做人的尊严。尊重学生的“隐私”，处处为学生着想，学生就会把老师视为自己的知心朋友，主动打开心扉，透露内心世界的“隐私”，这样就顺利地达到了解学生、教育学生的目的。

（执笔：闫爱红）

第三单元

初中生公民义务观状况总体分析

摘要:初中生公民义务观状况总体良好,但仍然存在着一些不容忽视的问题。初中生在性别、年龄、居住地以及是否开设公民常识课四个维度层面不同程度地折射和反映了他们对自己、对他人、对公共事务、对国家的义务的认知水平和行为意识。这为我们有效地进行初中生公民义务观教育提供了科学依据。

关键词:初中生　义务　义务观

“初中生公民义务观”根据教育认知规律与初中生身心发展规律,划分为对自己的义务、对家庭的义务、对公共事务的义务以及对国家的义务四个部分。对于初中生这一群体而言,首先应该履行好对自己的义务,对自己负责;其次要做到对父母、对家庭负责,家庭是我们成长的摇篮,每个人都应履行对家庭的义

务;再次履行对公共事务的义务、自觉地承担报效祖国的重任,也是每一位初中生义不容辞的责任。

一、初中生公民义务观调查结果分析

我们围绕对自己的义务、对家庭的义务、对公共事务的义务以及对国家的义务四部分,从对初中生公民义务观教育的调查总体上来看,初中生对自己和家庭的义务感强烈,认知清晰,而对公共事务的认知与参与度相对较低,亟须加强,这一现状在农村初中生群体中显现得尤为明显。学生的义务认知强过义务行为,未能很好地将正确的认知付诸行动;义务情感强过义务能力,学生中有不少人对一些义务行为出现心有余而力不足的现象。

通过开展公民常识课教育,初中生的义务观状况有了较为明显的提高和改善,对有关义务问题的认知更为清晰、明确,强化了对公共事务及国家的义务感,并逐渐树立和培养了正确的义务观。初中生公民义务观教育初见成效。需要注意的是,在加强课堂基础知识教育的同时,教师需要科学引导学生在日常生活中积极行动起来,将义务观教育落到实处。

围绕对自己的义务、对家庭的义务、对公共事务的义务以及对国家的义务四部分,"初中生公民义务观"调查共涉及 12 个题目,分别是:

9. 否接受义务教育主要由儿童及家长决定。(　　)

A. 正确　　B. 不正确　　C. 不清楚

15. 在公共生活中,遵守规则是公民的责任。(　　)

A. 正确　　B. 不正确　　C. 不清楚

16. 遵守学生行为规范是中小学生的责任。(　　)

A. 正确　　B. 不正确　　C. 不清楚

17. 提供优良的公共产品和服务主要是政府的责任。(　　)

A. 正确　　B. 不正确　　C. 不清楚

18. 政府用于公共服务的支出主要来自什么?(　　)

A. 发行货币　　B. 公民奉献

C. 企业资助　　D. 税收

20. 中小学生也应该做一些力所能及的家务。(　　)

A. 正确　　B. 不正确　　C. 不清楚

21. 中小学生应该有自我保护意识。(　　)

A. 正确　　B. 不正确　　C. 不清楚

25. 刑法是国家的根本法,具有最高法律效力。(　　)

A. 正确　　B. 不正确　　C 不清楚

28. 部分贫困山区可以根据条件决定是否保障适龄儿童、少年接受义务教育。(　　)

A. 正确　　B. 不正确　　C. 不清楚

33. 你想过参与和自己生活相关的公共决策吗?(　　)

A. 想过　　B. 没想过

35. 您试图影响过学校关于学生管理的决策吗?

A. 曾经　　B. 从来没有　　C. 没想过这个问题

39. 您经常与他人谈论政治问题或政府工作吗?(　　)

A. 经常谈　　B. 偶尔谈　　C. 从来不谈

(一)初中生公民义务观的性别差异

在性别差异方面,男、女初中生在对自己的义务、对家庭的义务、对公共事务的义务、对国家的义务四个方面无显著差异,仅在一些问题上显现性别特征,突出表现在对公共事务的义务与对国家的义务上。

1. 女生的自我保护意识较强

在回答第21题"中小学生应该有自我保护意识"中,女生(99.0%)略高于男生(97.9%),说明大部分初中生自我保护意识较强。

2. 女生做家务的主动性更强

在回答第20题"中小学生也应该做一些力所能及的家务"中,女生(98.9%)略高于男生(97.4%),虽然差异不明显,但是也能反映一些问题:一般而言,在家庭生活中,由于女生自身的生理、心理特点,会更懂得去关心、体贴家人,与父母交流思想、情感,在做家务的主动性上显现得较为明显。

3. 女生对公共事务的认知与参与度较低

女生的公共规则意识较高,具备一定的参与意愿,但对公共事务的认知与参与度较低。例如,在回答第15题"在公共生活中,遵守规则是公民的责任"中,女生(96.5%)的认知度明显高于男生(93.9%),说明由于受传统教育的影响,加之女生本身的性格特征,更容易遵守规则,规则意识更强,这一结果也与社会对女性的角色定位"听话""乖巧"相符。第17题"提供优良的公共产品和服务主要是政府的责任",女生的认知度(32.6%)略低于男生(35.7%),说明相对于男生而言,女生对公共事务的关注度较低。第33题"你想过参加和自己生活相关的公共决策吗",回答"想过"的女生(67.8%)略高于男生(64.7%),说明相当多女学生还是有参与公共事务的意愿和意思表示的。第35题"您试图影响过学校关于学生管理的决策吗",选择"没

想过这个问题”的女生(46.6%)高于男生(43.5%),说明女生的参与度略微低于男生。结合上述第17、33、35题,我们不难发现,在公共义务观维度上,女生虽然具备一定的参与意愿和积极性,但是亟须加强其公共义务观知识教育与引导,并将对这一问题的“认知”转换到“行为”层面上来,这是公民义务观教育的关键也是着力点所在。(对于第18题“政府用于公共服务的支出主要来自什么”一题,在回答正确选项“D. 税收”时,由于男女无明显差异,我们在此不做讨论。)

4. 应加强对女生的国家义务观的认知教育

在国家义务观维度上,第39题“您经常与他人谈论政治问题或政府工作吗”,无论是选择“经常谈”还是“偶尔谈”的女生均略高于男生,分别为:12.8% >8.3%.68.2% >62.5%,说明女生对国家事务的关注度高于男生。第25题“刑法是国家的根本法,具有最高法律效力”,此题是不正确的,是属于认知类的题目,女生对这一问题的认知(31.5%)略低于男生(32.4%),但差异不明显。所以,要适时加强对女生的国家义务观方面的认知教育,规范认知。

性别差异上体现出来的一些指标特征与女生自身的身心特点有一定程度上的吻合度,但也不尽然,随着社会的发展,性别差异虽客观存在,但正在逐渐缩小。

(二)初中生公民义务观的年龄差异

就年龄而言,被试初中生大致划分为≤9、10~12、13~15、≥16四组群体,其中,13~15这一群体人数较多,其次为10~12、≥16、≤9三个群体,由于≤9这一群体人数极少,我们在分析数据时根据其能反映的效度酌情予以分析。

1. 应强化初中生对义务教育的正确认知,并依据其身心发展特点,引导学生自主萌发自我义务观

对初中生自我保护意识一项的调查结果显示,初中生具有很强的自我保护意识,各个年龄阶段均高于98.4%。对接受义务教育一项的调查结果显示,10~12这一群体对义务教育的认知度要高于13~15、≥16、≤9三个群体,分别是85.5%、79.3%、76.9%、50.0%,但是不同年龄有关义务教育方面的知识仍需普及和强化。调查结果显示,≤9、≥16、13~15、10~12四个群体对遵守学生规范一题的正确认知呈逐渐下降的趋势,分别为100%、93.3%、91.0%、88.7%。此数据反映了一些问题,即小学毕业刚踏入初中门槛的初中生以及即将毕业要升入高中的初中生,他们对应该遵守学生规范的认识是清晰的,也是强烈的。这可能与他们在小学阶段受到的教育相关,

但这种认知是被动型的,更多地是外在灌输而来的,也可能是随着年龄的增长、心理的成熟、自我意识的增强,内心真正意识到应该遵守学生规范,因此,呈现出了这样一种态势。

2. 初中生对家庭义务观的认知较为清晰

在家庭义务观维度,四个年龄阶段的学生均对家庭的义务有较高的正确认知,维持在96.8%以上的水平,其比例由高到低分别为:100%、98.3%、97.9%、96.8%,对应≤9、13~15、≥16、10~12四个群体,其中,由于≤9这一群体人数太少(仅为2人),不到总调查人数的1%,因此在此分析时忽略,那么我们可以看出,13~15以上群体的家庭义务感要略高于其他群体,这可能是由于伴随年龄的逐渐增长,青少年更加懂得去关心、理解、体谅父母,更明白自己作为家庭的一名成员应主动承担力所能及的责任,替父母分担。

3. 着重激发初中生的参与热情,培育他们的参与能力

在公共事务义务观维度上,涉及对公共事务认知的有三个题目,分别是第15、17、18题。第15题涉及公共生活中公民的规则意识调查,结果显示,绝大多数学生都能正确认知这一问题,认为在公共生活中,遵守规则是公民的责任,各个年龄阶段的差异甚微,各相差0.1%(忽略掉≤9这一群体,仅为2人,认知度高达100%),也说明初中生规则意识较高。第17题在回答"公共产品和服务"与"政府"二者之间的关系时,呈现出随着年龄的增长,认知逐渐清晰的态势,但是此题的正确率很低,不及35.2%,说明较多学生亟须加强这方面的相关教育,端正认识。第18题对税收是政府用于公共服务的支出的调查结果显示,10~12这一群体相对13~15、≥16、≤9(仅有1人作为被试者)三个群体而言认知正确度较高,分别为:69.4%、61.1%、54.6%、50.0%,因此,忽略掉≤9这个群体之后,结果就较为清晰:认知度呈减弱的趋势。结合第17、18两题,说明对公共事务的认知与年龄的关联不大。

涉及对公共事务参与意愿调查的为第33题,此题调查结果显示:初中生对公共事务的参与意愿较低(≤9群体中仅有2人,忽略),为79.0%、67.2%、62.2%,这与初中生沉重的课业负担、较大的升学压力、传统的应试教育有关,学生将更多的精力投入到学业中去,对于公共事务的参与意愿和热情随之减弱。

涉及在现实生活中对公共事务的实际参与方面,第35题的调查结果较好地说明了这一问题。三个选项分别为:A. 曾经;B. 从来没有;C. 没想过这个问题。我们从对"A. 曾经"的选择结果分析可得出:初中生参与公共事务的关注度及主观意愿较低。10~12、13~15、≥16三个群体分别呈现59.7%、24.0%、17.8%大幅下降趋势,≤9群体中仅有2人,忽略不计。而

选择"C. 没想过这个问题"的却随年龄的增长呈上升趋势。

4. 初中生国家义务观的认知需要强化

在国家义务观维度上，涉及对刑法是国家根本大法这一问题的正确认知上，10～12、≥16、13～15 三个群体分别为：54.8%、32.1%、31.4%，其中≤9 这一群体被试仅为 2 人，忽略不计。虽然在年龄阶段上，无明显的规律可循，但也反映出了一些问题：对这一问题回答的正确率不超过 54.8%，说明初中生缺乏相关的常识性教育。

在第 39 题的调查中，对"您经常与他人谈论政治问题或政府工作吗"，设计了三个选项：A. 经常谈；B. 偶尔谈；C. 从来未谈。其中，选择"B. 偶尔谈"的学生占多数，其次为"C. 从来不谈""A. 经常谈"。在 10～12、13～15、≥16 三组群体中选择"偶尔谈"的分别为：71.0%、66.0%、63.6%，比率较低（≤9 这一组群体仅有 2 人被试，忽略），而且有相当比例的人从未谈过国家大事，这说明初中生国家义务观需要加强。

（三）初中生公民义务观的居住地差异

学生的居住地情况也是初中生公民义务观的重要影响因素。在此，居住地按照城市、集镇、农村三个区域来划分。居住地域的不同，实质上反映了生活环境的差异，主要涉及交往环境的差异、人际交往的差异、文化环境的差异以及组织系统是否开放等。生活环境对人的影响是非常深刻的，家庭居住地的不同、生活环境的不同，会对人们是否接受丰富的外部信息、是否获得规范的认知、是否有持续的参与热情及较强的执行能力等都有一定的关联，初中生公民义务观在居住地差异即生活环境差异方面也呈现出一些特征。

1. 城市初中生对义务教育的认知较高，但对遵守学生规范的认知较低

自我义务观维度上，城市初中生对于义务教育的认知明显高于来自集镇、农村的学生，分别呈 85.7%、80.0%、77.6%，说明来自城市的学生获得的义务教育相关知识相对于来自集镇、农村的学生而言较多，这可能与他们所拥有的教育资源、教学条件等有关。在对"遵守学生规范"的认知方面，来自城市学生的认知反而是最低的，为 88.1%，其次是来自农村的学生（91.7%）、来自集镇的学生（93.0%），二者相差不大，仅为 1.3%。这说明来自农村、集镇的学生对遵守学生规范能有一个比较正确的认知，这与他们的成长环境、从小接受的教育等有关。在自我保护意识方面，选对正确答案的比例由高到低分别是：来自农村的学生为 98.7%、来自城市的学生为 98.1%、来自集镇的学生为 97.8%，总体认知正确率较高，差异不明显。

由于在家庭义务观维度上，城市、集镇、农村三个居住地学生对于承担

力所能及的家务劳动的认知均高于98.2%，且差异较小，分别为：98.7%、98.2%、98.2%，故不做讨论。

2. 应着重注意培养农村初中生的公共义务观和国家义务观

涉及公共事务义务观维度共有5个题目，从对这5个题目的调查结果来看，在居住地上总体呈现出这样的差异：来自城市的学生对公共事务的认知，参与公共事务的热情、意愿及行为要高于来自集镇和农村的学生。第17、18、33题均很好地说明了这一问题。来自城市的学生在回答第17题"提供优良的产品和服务主要是政府的责任"时，答题正确率为47.4%，高于来自集镇的学生和农村学生，二者分别为：33.9%、32.0%。第18题对于"政府用于公共服务的支出主要来自什么"的回答中，来自城市的学生回答正确率为71.0%，略高于来自集镇、农村的学生（70.5%、53.8%）。第33题"你想过参与和自己生活相关的公共决策吗"，回答"想过"的城市学生也高于来自集镇、农村的学生，分别为：75.5%、71.2%、64.1%。以上说明，来自集镇、农村的学生对公共事务的认知及参与度均偏低，需要教师有意识地进行教育和引导。

第15题在对公共生活中是否遵守规则的认知调查中我们发现，三个居住地学生均维持在95.4%以上的高认知率，由高到低依次是来自集镇、农村、城市的学生，分别为：97.3%、96.7%、95.4%，虽然来自城市的学生排在末位，但由于数据相差甚微，不足以对此问题进行定性。第35题对学生试图影响学校关于学生管理决策的调查结果依然显示，农村初中生对公共事务的参与度最低，仅为21.8%，其次是来自城市的学生，为24.8%，参与度较高的是来自集镇的学生，为31.0%。

涉及国家义务观方面，在对刑法是否是国家根本大法的认识上，来自集镇、城市的学生的认知度要高于农村学生，分别为41.3%、39.9%、29.0%。因为正确认识中华人民共和国宪法是国家的根本大法能一定程度上考查学生对国家及宪法至上等问题的认识，具有一定的说服力。"是否经常与他人谈论政治问题或政府工作"的调查结果同样显示：来自集镇、城市的学生对政治问题或政府工作谈论的频率要高于农村学生。这可能与农村学生因视野、环境、教育条件等客观因素所限，接触到的相关知识性教育较少，加上沉重的升学压力，对此问题关注较少。

（四）初中生公民义务观的强弱与是否开设公民常识课的关联

涉及初中生公民义务观11个题目的调查结果显示：开设公民常识课的必要性十分突出，公民常识课的开设对于提升初中生的自我义务观、家庭义务观、公共事务义务观以及国家义务观效果显著，尤其对提高他们的公共及国家义务观而言，在帮助学生获得相关知识、强化正确认知、培养参与热情、

体现参与能力等方面具有重要意义。

同时,调查结果也显示,初中生的自我保护意识、做家务的意识较强．已经深入学生思想观念之中,因此,公民常识课在讲授过程中应侧重如何落实到具体行动中去,做好知行转化的互动。

二、初中生公民义务观调查研究启示

关于初中生公民义务观的调查结果显示,相对于公共事务义务观和国家义务观而言,初中生的自我义务观和家庭义务观较强,初中生对于公共事务及对国家相关义务方面的认知存在一些误区,需要引导和强化,更要积极投身到实际行动中来加以体现。由于初中生身心结构特点及性别、居住地等的差异,在承认初中生义务观有限性的基础上,对这一群体的义务观教育应该分层次、有针对性实施,而且义务观教育贵在自觉,重在实践。

(一)初中生公民义务观教育的层次性和针对性

初中阶段约从十一二岁开始到十四五岁结束,是人类个体生命全程中的一个极为关键的阶段,其生理、心理、智力等各方面都呈现出了过渡阶段的特征。就生理发育而言,初中生的生理发育十分迅速,在2～3年内就基本完成了身体各方面的生长发育,并接近了成熟水平。但其心理发展的速度相对比较缓慢,尚处于从幼稚到成熟发展的过渡时期,他们期望尽快"成熟",言行举止竭力模仿成人的方式,希望扮演一个全新的社会角色,获得周围人的认可。随着初中生生理、心理发生的显著变化,他们的认知结构及思维方式也发生了一些转变,语言、感知觉、记忆、想象、思维能力得到进一步发展,初步具备了逻辑思维能力,对一些现象和事物具有了自己的观点和看法。这是初中生群体具备的特征。

初中生对义务的认识有一个不断深化的过程,义务认知能力是逐渐累积的,义务感是日益趋于深刻的,对义务承担的能力是逐渐提高的,为此,在初中阶段实施公民义务观教育时,针对初一、初二、初三不同的年级,义务观教育的目标、内容、方法等均应区分开来,分清主次、有所侧重、循序渐进、有层次地推进公民义务观教育的实施。同时,如上分析所显示,由于性别、年龄、居住地的不同,初中生群体内部又呈现出了种种差异,因此就要结合调查结果分析,兼顾男生、女生对义务观教育不同的知识需求,城市、集镇、农村三地学生的具体实际有针对性开展。

(二)初中生公民义务观教育应注重发挥学生的主体作用

任何事物的发展总是内外因共同起作用的结果,内因是事物发展的决定性因素,家庭、学校、社会等只是培养学生义务观的外部因素,个人主观努

力才是义务观确立的最终决定因素。

学生义务观的形成是一个主动的、积极的过程，而不是一个受制于外力的、被动接受的过程。因此，义务观教育要充分尊重、承认学生在义务观教育中的主体地位，一切从学生自身实际出发，立足于学生的认识能力、思维特征，不断完善学生的独立人格，注重教育效果的及时反馈，通过学生自我认识、自我反省、自我认同、自我修正、自我提高，逐渐培养他们正确的义务观。

(三)初中生公民义务观教育的有限性

由于初中生还是一个受保护的群体，他们不享有完全意义上的权利，也不履行完全意义上的义务，因此，他们需要具备一定的义务认知及意识。具体到行为层面上，初中生履行义务的能力是“受限”的，例如，涉及见义勇为、保卫国家等问题上，如果初中生在不完全具备履行这些相关义务的能力条件下而又付诸行动，可能会造成一些不必要的损失，产生一些无法预料的后果。因此，实施公民义务观教育时，教师应结合初中生的实际情况，引导学生认识到他们所能履行的义务在一定程度上是“有限制”的，是不能超过必要的限度的，应告知学生可以或应该履行哪些在自己能力范围内允许做的义务，哪些义务是现阶段学生仅需要从认知上、情感上加以强化和培养的。

(四)认知、情感、意识、行为“四维一体”培养初中生的义务观

公民义务观的形成是一个循序渐进的发展过程，经历了从形成义务认知、丰富义务情感、增强义务意识到实现义务行为的四个阶段，其中，实践是义务观从“知”到“行”转化的落脚点和重要载体。义务观教育不能仅限于对初中生进行关于义务的说教，要通过实践不断强化他们的义务认知、情感和意识，才能不断巩固义务观。在实际教学活动中，教师可以组织学生参加一些贴近初中生生活和学习实际的实践活动，例如开展“感恩父母”“感谢恩师”的主题征文活动，举行以爱国主义为主题的朗诵比赛活动，组织学生参与社区实践活动等。要将每一次实践活动都看作知、情、意、行的整合统一，要在实践中端正思想、规范行为，使学生的义务认知、情感、意识通过实践得到进一步检验并得以升华。

对初中生开展义务观教育能为学生终身学习和发展奠定良好的基础，学生义务观的形成，将会对自己、对他人、对家庭、对社会、对国家、对民族产生深远的影响。

(执笔：王　晶)

初中生义务观教育内容与课程设置分析

摘要:初中生义务观教育的内容要依据《中华人民共和国宪法》《中华人民共和国未成年人保护法》等相关法律条文,遵循教育规律及人的身心发展规律,归类为:对自己的义务、对家庭的义务、对公共事务的义务以及对国家的义务。初中生义务观教育的课程设置与安排是围绕义务观教育的内容设定的,要注重科学性、系统性、层次性,分阶段逐级设定和开展。

关键词:初中生　义务　义务观

公民教育以增强公民意识、提升公民素质和行为能力为主要目标,以培养现代合格公民为出发点。义务意识是现代文明社会公民所应具备的基本素质,加强义务观教育是培养适应时代发展要求的社会主义事业接班人的需要。如果我们培养出来的学生是一个对国家、对公共事务、对家庭、对自己负责的人,那么,我们的公民教育就取得了成功。

在对前期调查数据比较、分析、综合、提炼的基础上,我们总结经验,探究初中生公民义务观教育的内容、目标、规律,并结合课堂实践,科学设置初中生公民义务观教育的相关内容,以期为公民教育的实施和开展提供经验借鉴和理性思考。

一、初中生义务观教育内容设定的依据

初中生义务观教育课程设置是开展义务观教育的前提和基础,其设立的依据主要是相关法律条文及教育规律、学生身心发展规律。

(一)遵循相关法律条文规定

中华人民共和国宪法、中华人民共和国未成年人保护法及相关法律是初中生义务观教育内容设立的权威性依据。

中华人民共和国宪法是中华人民共和国的根本大法,拥有最高法律效力。在《中华人民共和国宪法》第二章中具体规定了公民的基本权利和义务,其中,第四十二、四十六、四十九、五十二、五十三、五十四、五十五、五十六条等,就对中华人民共和国公民应尽的义务做出了详细的规定。

由于初中生属于未成年人,是一个受保护的群体,因此,不享有完全意

义上的权利,也不履行完全意义上的义务。《中华人民共和国未成年人保护法》为未成年人履行义务提供了参照,如第一章总则第六条“国家、社会、学校和家庭应当教育和帮助未成年人维护自己的合法权益,增强自我保护的意识和能力,增强社会义务观”,第十三条“父母或者其他监护人应当尊重未成年人受教育的权利,必须使适龄未成年人依法入学接受并完成义务教育,不得使接受义务教育的未成年人辍学”,等等。

此外,其他的一些政策法规也为初中生义务观教育内容的设立提供了参考。例如,2001 年党中央印发的《公民道德建设实施纲要》中提出:坚持尊重个人合法权益与承担社会责任相统一。要保障公民依法享有政治、经济、文化、社会生活等各方面的民主权利,鼓励人们通过诚实劳动和合法经营获取正当物质利益。引导每个公民自觉履行宪法和法律规定的各项义务,积极承担自己应尽的社会责任。把权利与义务结合起来,树立把国家和人民利益放在首位而又充分尊重公民个人合法利益的社会主义义利观。

(二)遵循人的身心发展规律及教育认知规律

义务观教育要遵循人的身心发展规律和教育认知规律理论,对每一个年龄阶段学生提出的义务观教育的目标、内容和要求,都要遵循教育学和心理学的科学规律,并符合学生身心发展的规律。

义务观教育的内容要遵循学生的身心发展规律,符合学生的发展需要。培养初中生具备正确的义务观是公民教育的基本要求,也是形成健全人格的需要。在青少年成长的过程中,较为缺乏的是义务观教育。古往今来,凡对本民族乃至人类做出重大贡献者,都在青少年时代就形成了强烈的社会义务观和历史使命观。从他们的成长过程看,义务观是他们在求学阶段发奋学习、努力攀登的强大动力,是他们走上社会后艰苦奋斗、追求卓越,将才学贡献社会的重要保证。

初中阶段是青少年学生培养良好道德情操、行为习惯的最好时期,也是树立正确的世界观、人生观、价值观的重要时期。初中生正处于认知结构体系基本形成,认知活动的自觉性明显增强,认知与情感、意志、个性得到协调发展的关键性时期,义务观教育也要顺应这种状况和规律,培养他们对自己的义务观,继而,逐步培养他们对家庭、对公共事务、对国家的义务观。同时,初中不同年龄阶段的个体,在教育的内容和方法上也应有所不同、有所侧重。作为教师,不仅要给学生传授系统的义务观方面的知识,教育学生应该做什么,不应该做什么,还要通过开展各种实践活动,引导学生身体力行,将义务意识转化为实际行动。

二、初中生义务观教育的内容设定及问卷分析

义务观是人自觉、自愿地把自己应该做的每一件事情尽力做好的一种意识和观念。义务观教育是学校公民教育的重要部分。初中生义务观教育是指培养初中生具有义务观和义务意识,同时形成相应的优秀品质和高尚人格的教育。依据教育认知规律与初中生身心发展规律,我们将初中生义务观教育的内容分块实施、整体组合,具体划分为:对自己的义务、对家庭的义务、对公共事务的义务以及对国家的义务。感受现实,确认目标,对自己负责;与长辈沟通交流,从小事做起,体会对家庭负责;积极参与公共事务,将"小我"融入"集体"中;培养崇高的爱国热情,树立国家义务观:这就是义务教育由低到高、由浅入深的递进。

下面涉及四个方面的义务时,将有相应的表格和数据说明。涉及相关调查时,我们将分别从性别、年龄、居住地及是否开设公民课四个维度来进行剖析,其中,在年龄维度中,由于≤9 的人数所占比例极低,我们注重分析10~12、13~15、≥16 三组群体的差异。

(一)对自己的义务

针对初中生的义务观教育应该从"对自己的义务"着手。首先,应对自己的生命负责;其次,应对自己的生活和学习负责。生命只有一次,没有了生命,其他一切都无从谈起;还要养成良好的生活卫生习惯,对自己的学习负责,学生对自己现在的学习负责,就是对将来的学习和工作负责。

9. 否接受义务教育主要由儿童及其家长决定。(　　)

A. 正确　　B. 不正确　　C. 不清楚

16. 遵守学生行为规范是中小学生的义务。(　　)

A. 正确　　B. 不正确　　C. 不清楚

21. 中小学生应该有自我保护意识。(　　)

A. 正确　　B. 不正确　　C. 不清楚

三个题干分别涉及"自我保护""接受教育的义务"以及"对自己的言行负责"三个方面。通过对调查结果的分析、比对,从中得出一些结论。

1. 女生的自我保护意识强于男生

在第 21 题中,有大约 99% 的女生和 97.9% 的男生选 A,说明大部分初中生自我保护意识较强。但女生略高于男生,这与女生的身心发展阶段特点及接受的传统家庭、学校教育有关。而在年龄、居住地及是否开设公民常

识课三个维度上差异不明显,这说明自我保护意识已较好地扎根于初中生的头脑中,成为一种常识性的思维和判断。

2. 应强化对集镇、农村初中生"受教育是公民的基本义务"的认知

在第9题中,对义务教育的认识,就性别维度来看,男生48.0%,女生47.8%,差异很小。就年龄维度来看,10~12岁群体对这一问题的认知(85.5%)明显高于13~15、≥16及≤9的群体,分别是:79.3%、76.9%、50%。就居住地维度看,认知由城市、集镇到农村呈现递减趋势,分别是:85.7%、80%、77.6%。从是否开设公民常识课维度看,开课的必要性非常明显,57.9%与31.9%这一数据对比非常清晰地说明了这一问题。

3. "遵守学生行为规范"已经成为初中生的常识性认知,同时也要注重强化城市学生的认知水平

在第16题中,对"遵守学生行为规范"的认知,从性别维度来看,女生91.7%,男生91.2%,差异微小。就年龄维度来看,≥16这一群体对这一问题的认知较13~15、10~12群体而言更为明确,分别是:93.3%、91.0%、88.1%,说明随着年龄的增长,对这一问题的认知更加明确。就居住地维度看,认知由集镇、农村到城市呈现递减趋势,分别是:93.0%、91.7%、88.1%。就是否开设公民常识课维度看,未接受公民常识课教育的学生选择正确率的比例(92.4%)反而高于接受公民常识课教育的学生(90.0%),说明学生对这一问题的认知主要沿用固有的知识结构和思维结构影响,对他们而言,这可能仅仅是一个常识性的问题,认知基本上是明确而清晰的。

(二)对家庭的义务

家庭是我们成长的摇篮,每个人都必须义不容辞地担负起对家庭的义务。初中生对家庭的义务主要表现在:孝敬父母、尊重父母,多和父母沟通学习、生活、思想情况;学会理解、体贴父母,在家做一些力所能及的家务,自己的事情尽量自己做,减轻父母的劳动负担,在家庭出现困难时,能主动为父母分忧;参与家庭民主生活,体验对家庭尽责带来的愉悦与成就感;等等。

20. 中小学生也应该做一些力所能及的家务。(　　)

A. 正确　　B. 不正确　　C. 不清楚

从第20题的调查结果来看,对"做一些力所能及的家务"的认知总体是清晰的。从性别维度来看,女生98.9%,男生97.4%,差异甚微。就年龄维度来看,从≤9、13~15、≥16、10~12不同的群体,认知度呈现由强到弱的趋势,分别是100%、98.3%、97.9%、96.8%,但差异甚微。从居住地维度来

看，城市学生的认知度98.7%，集镇学生98.2%，农村学生98.2%，但差异甚微，在此，集镇学生的认知度与农村学生的认知度上无差异。就是否开设公民常识课维度，未接受公民常识课教育的学生认知度（98.4%）反而略高于接受公民常识教育课的学生（98.1%）。

（三）对公共事务的义务

履行对公共事务的义务，首先要对涉及公共事务的相关问题有较为充分的认识和正确的理解，才能具备相应的意识，发挥主观能动性，通过合理的渠道，落实到具体行动中。公共事务的表现形式是公共物品与公共服务，公共事务种类繁多、内容广泛，其所涉及的公共问题具有层次性。每个人都是社会的一员，公共性是公民的基本属性，积极参与公共事务，参与志愿服务及社团组织，努力投入公共生活，做有理性、讲秩序、守法明礼的现代公民。

15. 在公共生活中，遵守规则是公民的义务。（　　）

A. 正确　B. 不正确　C. 不清楚

17. 提供优良的公共产品和服务主要是政府的义务。（　　）

A. 正确　B. 不正确　C. 不清楚

18. 政府用于公共服务的支出主要来自（　　）。

A. 发行货币　B. 公民奉献　C. 企业资助　D. 税收

33. 你想过参与和自己生活相关的公共决策吗？（　　）

A. 想过　B. 没想过

35. 您试图影响过学校关于学生管理的决策吗？（　　）

A. 曾经　B. 从来没有　C. 没想过这个问题

通过对调查结果的分析、比对，从中得出一些结论。

1. 亟须强化初中生尤其是农村初中生的公共事务知识性教育

第17题的正确答案应为A，但绝大多数同学都选择了B。这说明，初中生普遍对这一问题认知非常模糊，甚至错误，亟须加强这一相关问题知识的普及与教育。就性别维度看，男生的认知度为35.7%，女生为32.6%，潜在地说明了男生对公共事务问题的关注度较女生而言略高。就年龄维度看，随着年龄的增长，认知呈现逐级正确、清晰的趋向，由24.2%、34.0%、35.2%逐级上升（在此，由于≤9这一群体人数为0，我们不参与统计）。就居住地维度看，从城市、集镇到农村呈现逐级递减的趋势，分别是：47.4%、33.9%、32.0%，说明了城市学生由于知识面较广，接触到的社会问题较后者而言多，认知度明显高。就是否开设公民常识课维度看，开课的效果是明显的。

第 18 题的正确答案应为 D。从性别维度上看,男女无明显差异。从年龄上来看,随着年龄的逐渐增长,认知清晰度反而呈逐渐下降的趋势,从 10 ~12、13 ~ 15、≥16 群体,认知度呈现由强到弱的趋势,分别是:69.4%、61.1%、54.6%。从居住地维度上看,对这一问题的认识,由城市到集镇、农村呈下降趋势,分别为:71.0%、70.5%、53.8%,城市学生和集镇学生的差异甚微,但农村学生认知明显不足。从是否开设公民常识课维度上看,开课的必要性显而易见,数据对比开课的必要性非常明显,65.6%与 51.4%鲜明地说明了这一问题。

2. 学生公共规则意识普遍较高,但要做好从“知”到“行”的转化

第 15 题从性别维度看,女生(96.5%)的认知度明显高于男生(93.9%)。就年龄的维度看,调查结果显示,随着年龄的增长,认知虽呈现逐渐下降的趋势,但是差异甚微,下降趋势也不明显,基本维持在 96.5%以上的认知正确率。就居住地维度看,差异同样很不明显,集镇学生的认知略微高于农村学生和城市学生,分别为:97.3%、96.7%、95.4%,依然维持在 95.0%以上的水平。就是否开设公民常识课维度看,已开课的学生认知度略微高于未开课学生,但二者差异非常小,仅差 0.3%,二者分别是:96.8%、96.5%。从四个维度的分析来看,学生对“在公共生活中,遵守规则是公民的责任”早已内化为自己知识体系之中,成为常识性判断,但需要指出的是,这仅仅反映了学生的认知度水平,要想达到知情意的统一、知与行的一致,还需更加系统和深入的引导。

3. 学生参与公共事务、公共决策的积极性较弱,需要有效调动和合理引导

第 33 题就性别维度看,选择 A 的女生(67.8%)明显高于男生(64.7%)。就年龄维度看,随着年龄的增长,参与公共决策的主动性却呈下降趋势,10 ~12,13 ~15,≥16 群体参与公共决策的热情逐级降低:79.0%、67.2%、62.2%(在此,由于≤9 这一群体人数为 0,我们不参与统计)。从中反映了这样的现实问题:学生随着年龄的增长,课业负担越来越重,升学压力越来越大,注意力和精力投放到学习上的比重越来越多,相应地,对公共事务的关注度和参与热情逐级降低。就居住地维度看,由城市到集镇、农村呈下降趋势,农村学生由于生活环境及教育资源限制,对公共事务的认知、参与度明显较低。就是否开设公民常识课维度看,开设这一课程是十分必要而且紧迫的,75.9%和 51.4%的对比能非常明白地说明这一问题。

第 35 题提供了三个选项:A. 曾经;B. 从来没有;C. 没想过这个问题。从调查结果来看,选择 C 的同学所占比例较高,而选择 C 的女生(46.6%)高于男生(43.5%),说明女生的参与度较低于男生。选择 A、B 的数据结果均能说明

这一问题。就年龄维度看,随着年龄的增长,参与的主观愿望越低,对公共事务的关注越少。10 ~ 12、13 ~ 15、≥16 群体选 A 的比例分别是:59.7%、24.0%、17.8%,而选 C 的比例却恰好与之相反,这一问题的原因与第 33 题类似。就居住地维度看,集镇(31.0%)>城市(24.8%)>农村(21.8%),依然是农村学生参与动机最弱。就是否开始公民常识课维度看,开课之后能明显调动和提高学生参与公共事务的热情,高于未开课学生 6.5 个百分点。

(四)对国家的义务

“天下兴亡,匹夫有责。”自觉地承担报效祖国的重任,是每一个初中生义不容辞的义务和使命。一个人只有把自己的命运和祖国联系在一起,为祖国的强大、民族的振兴不懈地奋斗,才能成就伟大的事业。初中生承担对国家的义务应做到:维护国家统一和全国各民族团结;遵守宪法和法律,保守国家秘密;维护国家安全、荣誉和利益,同损害国家安全、荣誉和利益的行为做斗争,树立民族自豪感、自尊心和自信心;保卫祖国、抵抗侵略。

初中生履行对国家的义务要侧重于培养对国家的热爱、对祖国的深厚感情,侧重于在认知层面懂得如何维护国家统一、民族团结,维护国家的安全、荣誉和利益。

25. 刑法是国家的根本法,具有最高法律效力。(　　)

A. 正确　　B. 不正确　　C. 不清楚

39. 您经常与他人谈论政治问题或政府工作吗?(　　)

A. 经常谈　　B. 偶尔谈　　C. 从来不谈

通过对调查结果分析、比对,从中得出一些结论。

1. 初中生对国家政治性事务的关注度较低

第 39 题从调查结果看,就性别维度看,选择 B 的学生占多数,而且女生(68.2%)对国家事务的关注度高于男生(62.5%),选择 A 的男生比率(12.8%)略高于女生(8.3%),三个选项中,选择 A 的最少。就年龄维度看,选择 B 的在 10 ~ 12、13 ~ 15、≥16、≤9 四组群体中分别为:71.0%、66.0%、63.6%、50.0%,说明随着年龄的增长,对国家事务的关注度基本呈逐级下降的趋势,而且有相当比例的人从未谈过国家大事。就居住地维度看,选择 B 的集镇(68.1%)>城市(66.8%)>农村(65.0%),农村学生关注国家事务的关注度最低;选择 A 的城市(15.4%)>集镇(11.7%)>农村(9.4%),依然是农村学生关注度最低。就是否开设公民常识课维度看,开课的效果非常明显。

2. 在公民常识课中强化对初中生尤其是农村学生的国家义务观宪法知

识教育

中华人民共和国宪法是国家的根本大法，具有最高的法律效力。第25题的正确答案是B。从性别维度看，女生（31.5%）对这一问题的认知低于男生（32.4%），但差异不明显。就年龄维度看，10～12岁阶段的群体认知（54.8%）明显高于≥16（32.1%）、13～15（31.4%）两组群体。就居住地维度看，集镇（41.3%）>城市（39.9%）>农村（29.0%），来自农村的学生对这一问题的认知最弱。就是否开设公民常识课维度看，开课（37.2%）>未开（23.6%），有显著差异。

三、结论与建议——基于课程设置与目标制定方面

义务意识不是与生俱有的，是人们在后天的教育和影响下逐渐产生认识并付诸行动的。义务观一旦产生，就会成为一种稳定的个性心理品质，可以有效地提高履行义务的自觉性，最终在实际行动中体现出来，因此，在公民常识课教育实施过程中要注重提高学生的义务认知意识，提高履行义务能力。

（一）课程设置注重基础性、层次性、实效性

课程是实现教育目的、体现教育价值的重要途径，是集中反映教育思想和教育理念的载体。

义务观教育内容极为丰富，是任何其他教育都无法代替的。让学生明白为什么要履行义务，需要履行哪些义务等，是义务观教育的基点，同时，根据调查结果显示，着重加强初中生尤其是农村初中生的公共事务观教育，提高他们的认知水平和参与热情。

在实施义务教育过程中，我们根据初中阶段学生的认知规律，把义务观教育的内容分成对自己的义务、对家庭的义务、对公共事务的义务、对国家的义务四个层次，并把这四个层次内容分别落实到初一至初三年级。各年级以义务观教育的总目标为指导，进行分层次、有重点的教育活动，让学生再逐年、逐个层次地接受义务观教育，使义务观教育形成层次化和序列化。

针对初中生的年龄特点，遵循初中生生理、心理发展的基本规律，运用生动感人的题材、形象化的方式对学生进行教育，不要给他们讲空洞的大道理和难以理解的政治概念，防止成人化；要针对不同年级学生的知识水平和理解能力，分清层次，由浅入深，由近及远，从具体到抽象，循环反复，不断加深；要针对不同地区的实际情况、学生的实际程度以及个性差异，提出不同的要求，采用不同的教育方法，注重实效，坚持因材施教。同时，义务观教育不是抽象的，它要求注重实践，让学生们主动参加各种课堂活动，学生在课堂实践中，增强对义务的认识，以此增强义务观教育的实效性。

(二)建立义务观教育目标递进体系

义务观教育需要建立目标递进体系,从对自己的义务、对家庭的义务到对公共事务的义务以及对国家、民族的义务,循序渐进,逐步深入,分阶段、分层次实施。例如,把自己的义务总目标设定为培养自尊、自信、自律、自主、自强的学生;分目标细化为珍爱生命,努力学习,学会做人。

(三)可开展义务观教育系列活动

在初二、初三年级开展"对自己说一句负义务的话"活动。指导学生将这句话制作成书签自己保存;将这句话写入给父母的信中,让父母保存;将这句话留下录音,交给班主任保存。目的是检验学生义务认知与义务行为的统一程度。

开展志愿者服务活动。团委、学生会要设立初中生志愿者服务组织,形成志愿者服务工作登记和活动反馈制度。每年新老学生举行服务交接仪式,同时进行总结表彰,促使志愿者服务蔚然成风,逐步使学生从他律到自律。

对初中生进行义务观教育要做到理论知识教育与行为能力训练相结合,实现知行统一。学校义务观教育工作中,理论是行动的先导,必要的理论教育是义务观教育不可逾越的初级阶段。重视行为能力训练就是要在获得正确认知的基础上,通过自觉履行这些义务获得认知上的升华。

(执笔:王　晶)

关于初中生公共事务义务观教育的思考

摘要:公民对公共事务的参与程度是衡量一个国家或地区政治民主程度的重要标准。针对初中生公共事务义务观的调查是围绕对公共事务的认知、参与意愿及行为展开的,以性别、年龄、居住地、是否开设公民常识课作为变量,分析初中生公共事务义务观的现状及成因,并据此提出具有针对性和可行性的建议、对策,为初中生公共事务义务观教育提供借鉴。

关键词:初中生　公共事务　义务观

对初中生进行公共事务义务观教育,涉及强化他们对公共事务的认知、激发他们的参与热情、提高他们的参与能力,最终使他们能够理性、有序地

参与公共事务。公民是在群体中生活的，群体中存在社会生活，因此，参与社会生活、担当社会公共责任是公民应尽的义务。公共事务就是公民生活的重要组成部分，对公共事务的参与程度直接反映了公民意识的强弱。调查显示：初中生公共事务义务观总体上略显薄弱，亟须对他们进行引导和教育，开展公民常识课教育对提高初中生公共事务义务观的效果较为显著，值得推广。

一、公共事务相关知识介绍

对公共事务的基本认识是培养公共意识、增强公共事务义务观的逻辑起点，对初中生进行公共事务义务观教育，要遵循首先了解公共事务，进而培育公共意识、履行公共义务这样层次渐进的发展规律。

增进公共利益、实现公共福祉是公民参与公共事务的目标。针对初中生群体进行公共事务义务观方面的教育，首先要明确“什么是公共事务”“什么是公共意识”“如何将公共意识落实到行动中”“三者之间的关系是什么样的”“初中生可以履行的公共事务有哪些”等一系列问题。

（一）公共事务、公共意识及公共事务义务观

一般而言，人类所有的事务可以分为私人事务和公共事务。人类要想在社会上较好地生存下去，除了需要丰富的私有物品外，还需要有足够的公共物品和公共服务，由此便产生了公共事务。

我们认为，公共事务指的是涉及公民共同利益和整体生活质量的一些事务。具体而言，公共事务是企业和个人、家庭所不愿做也不能做，但又是既对整个经济和社会的发展，也对社会全体公民基本生活必不可少的事务，而且，这里的共同利益，一方面体现全体公民长远利益，另一方面也体现现实中的全局利益，因而是全体公民都十分关注的事务①。

公共意识是公民对公共事务的认识态度，在现实生活中表现为公益意识、公共责任意识、公共道德意识、公共参与意识等。公共意识产生于公民对社会公共生活的利益感受，见之于发展公共事业、维护公共利益的行为。随着社会生活领域的不断扩大，人们之间的公共交往越来越频繁，维护公共秩序和公共利益就成为公民的内在需要②。

公共事务义务观是指公民对公共事务的认识、理解，以及自觉履行公共事务的意识和行为。较之于公共意识而言，公共事务义务观更强调行为层

---

① 周义程．公共利益、公共事务和公共事业的概念界说[J]．行政学研究，2007(1)．

② 秦树理，王东虓，陈垠亭．公民意识读本[M]．郑州：郑州大学出版社，2008：171．

面，侧重于履行公共事务的能力及行动。

公共事务是公民生活的重要方面，对公共事务的理解、认识就形成了公共意识，而由这种意识指导的行为就是公共义务的履行。公共事务义务观应发端于公共意识，见诸于参与公共事务的实际行动。

(二)初中生与公共事务

公共事务种类繁多、内容广泛，其所涉及的公共问题具有层次性。按照公共事务的性质来划分，可以分为政治公共事务、经济公共事务和社会公共事务(狭义的"社会"含义)三大方面。政治公共事务主要包括涉及国家主权、领土完整、政权稳固、社会安定、民族利益和国家利益维护等各项事务，具体表现为外交工作、国防工作、公安工作、国家安全工作、司法行政、民族工作、宗教工作等。经济公共事务主要包括宏观调控和经济管理两个方面的事务。社会公共事务主要包括教育、科学、文化、卫生、体育、民政、社会保障、环境保护等①。日常生活中，公民参与公共事务的一些活动主要有政治活动、基层性团体活动、慈善活动、志愿服务、社区活动等。这里主要立足于社会公共事务进行分析与研究。

培养初中生的公共事务义务观，主要涉及对公共事务的知情和表达两个主要方面。受年龄及诸多主客观因素的限制，初中生能够参与的公共事务活动是有限的，主要可以归类为校园公共事务以及一些社会公共事务。大多数同学对与自己学习、生活密切相关的校园公共事务是比较关心并且愿意参与的，例如，参加学校的一些社团、参与学生日常管理相关决策、对校风校纪建言献策、维护校舍及校园环境的整洁、维护学校公物等。初中生参与的社会公共事务活动有慈善捐助、公益事业、爱心捐款、弱势群体救助、社区志愿服务等。

二、初中生公共事务义务观的现状及成因分析

与初中生公共事务义务观相关的共5个题目，分别是从对公共事务的认知、参与公共事务的意愿以及行为三个方面进行考查。题目如下：

15. 在公共生活中，遵守规则是公民的义务。(　　)

A. 正确　　B. 不正确　　C. 不清楚

17. 提供优良的公共产品和服务主要是政府的义务。(　　)

A. 正确　　B. 不正确　　C. 不清楚

① 周义程. 公共利益、公共事务和公共事业的概念界说[J]. 行政学研究，2007(1).

18. 政府用于公共服务的支出主要来自(　　)。

A. 发行货币　B. 公民奉献　C. 企业资助　D. 税收

33. 你想过参与和自己生活相关的公共决策吗?(　　)

A. 想过　B. 没想过

35. 您试图影响过学校关于学生管理的决策吗?(　　)

A. 曾经　B. 从来没有　C. 没想过这个问题

(一)初中生公共事务义务观的现状

初中生公共事务义务观总体上较为薄弱,突出表现在其认知能力不强,有一定的参与意愿,但实际参与率较低。

1. 初中生公共规则意识较强

第15题考查的是初中生公共规则意识的强弱。从总体上说,初中生的公共规则意识较强,无论从性别维度、年龄维度,还是居住地维度、是否开设公民常识课维度上来看,比例均高于93.9%。男女的认知正确率分别为93.9%、96.5%;≤9、10~12、13~15、≥16四个群体的认知正确率分别为100%、96.8%、96.7%、96.6%,呈现由高到低的顺序,但相差甚微;来自城市、集镇及农村的学生的认知度为95.4%、97.3%、96.7%,来自集镇的学生对这一问题的认识略微高于农利、城市学生;是否受过公民常识课教育对这一问题的认识影响不是很大,相差仅为0.3%。这些充分说明初中生对这一问题的认识已成为常规性的判断。

2. 初中生对公共事务的认知度不够清晰

对公共事务的正确认知是树立正确的公共事务义务观的前提和基础。

第17题考查学生对"提供优良的公共产品和服务主要是政府的义务"的判断和认识。此题应选A。但选择A的同学比较少,男生仅为35.7%,女生仅为32.6%;10~12、13~15、≥16的群体选择A的分别为24.2%、34.0%、35.2%(≤9群体中仅有2人,忽略),比率均非常低,且呈现随着年纪的逐年增长,比率反而逐年下降的趋势;城市学生对这一问题做出的正确判断要高于来自集镇和农村的学生,分别为47.4%、33.9%、32.0%;开设公民常识课对这一问题显得迫切而必要,35.3%与32.0%的对比能很好地说明这一问题。此题充分说明大部分学生对于公共产品和公共服务与政府的关系没有正确的认知和判断,回答正确率比较低,认知不清晰。

第18题的答案应为税收,此题回答正确率相比17题而言略高,男、女在这一问题的认知正确率上无明显差异,为60.9%和59.0%;10~12、13~15、≥16三组群体选择正确率由高到低分别为69.4%、61.1%、54.6%(≤9群体中仅有

2 人,忽略);来自城市、集镇、农村学生的认知度呈现由高到低的排列顺序,分别为71.0%、70.5%、53.8%;开设公民常识课对于提升学生的正确认知是有帮助的,效果非常明显,65.6%和51.4%的对比是很好的佐证。

第18题答题正确率比第17题有了明显提高,但仍然反映出了学生对公共事务基本知识的匮乏,认知较为模糊。

3. 学生有一定的参与兴趣,但实际参与率较低

第33题反映的是学生对参与公共事务的兴趣及意愿,有67.8%的女生和64.7%的男生"想过"参与和自己生活相关的公共决策,女生的参与兴趣略高于男生;10～12、13～15、≥16三组群体选择"想过"的比率分别为79.0%、67.2%、62.2%(≤9群体中仅有2人,忽略)。这反映出这些现象:随着年龄的增长,初中生对公共事务的参与兴趣和热情不升反降;来自城市的学生其参与热情要高于来自集镇和农村的学生,分别为75.5%、71.2%、64.1%;开设公民常识课对于提升初中生参与公共事务的兴趣而言显得十分重要,开课之前选择"想过"的仅为51.4%,接受公民常识课教育之后选择"想过"的提升到75.9%。

第35题通过对"您试图影响过学校关于学生管理的决策吗"的调查,能在一定程度上反映学生实际参与公共事务的行为。本题设置了三个答案:A. 曾经;B. 从来没有;C. 没想过这个问题,我们以选择A作为参照来考查学生的实际参与率。在性别维度上,男女的比率分别是25.0%、22.1%,而选择C的男女生人数较多,分别为43.3%、46.6%;10～12、13～15、≥16三组群体选择A的比率分别为59.7%、24.0%、17.8%,呈下降趋势,且降幅较大,但是选择C的却逐渐上升,比率分别为25.8%、44。9%、47.5%(≤9群体中仅有2人,忽略);在居住地维度上,选择A的比率由高到低分别是集镇、城市、农村学生,为31.0%、24.8%、21.8%;在是否开设公民常识课维度上,接受过公民常识课教育的学生要比未接受过公民常识课教育的学生比率高出6.5个百分点。

结合第33题和第35题的调查结果,经过分析,我们认为:初中生虽然具备了一定的参与公共事务的意愿、兴趣和热情,但是比率并不高,而实际参与公共事务的比率却相对较低,这将是公民常识课着重注意的教学问题。

(二)初中生公共事务义务观现状及成因分析

初中生公共事务义务观的现状是诸多因素共同影响、综合作用的结果,在此主要列举了如下三种。

1. 初中生对公共事务的认知特征会影响其参与公共事务的主动性、积极性

理性的表达是以较为充分的知情为前提的。对某一事务的认知程度将

在很大程度上影响行为效果。在本次调查中，初中生以 13 ~ 15 这一群体人数居多，其次为 10 ~ 12、≥16、≤9 三组群体，其中，≤9 群体人数最少。这一年龄阶段学生初步具备了逻辑思维能力，对一些现象和事务具有了自己的观点和看法，主体意识开始觉醒，逐步向社会化、成熟化迈进，但仍然处于成长阶段，心智依然不成熟，对一些事务的认知处于较为模糊的阶段，对某一事务的认识容易带有主观倾向，尚不够理性，参与活动容易带有情感色彩，可能会凭一时冲动行事等。与此类似，初中生对公共事务的认知是不够清晰的，接受公共事务方面的信息和知识教育不够系统，可能来源于教师、家长偶尔的介绍，也可能是通过报纸、新闻、网络、广播等渠道获得，呈现零碎、片面、不够准确等特征，以往也没有开设专门的公民常识课，学生未接受到正规的教育，由此，初中生对公共事务的认知是不够系统，也不够科学、全面的。他们对公共事务缺乏了解，认知较为模糊，加之也知晓参与公共事务的重要意义，在很大程度上则影响了其参与公共事务的主动性和积极性，而对公共事务知识的了解越充分，获得的技能越高，就越能积极地参与到公共事务中来。

2. 初中生公共事务的参与功效意识越高，就越积极参与公共事务

这里涉及一个参与动机的问题。在获得了对公共事务的正确认知，掌握了一定的参与技能之后，动机就是影响公民参与公共事务的重要因素。利益是公共事务参与者最主要、最直接的驱动力。如前所述，受年龄及其他方面的限制，初中生能参与的公共事务局限于校园公共事务及一些社会性公共事务，而学生对公共事务的关注度与参与公共事务的积极性是成正相关关系的，突出表现在参与校园公共事务上，学生对参与和自己切身利益相关的公共事务意愿更强烈、热情更高，例如，对一些涉及自身学习、生活的决策，学生的积极性要高些。

3. 当前教育模式也是影响初中生参与公共事务的主要因素

虽然当前我们国家一直在努力地实施"素质教育"，竭力摆脱"应试教育"的束缚，但迫于升学压力，初中生不得不把许多时间花在看书、写作业、参加各种学习班等上面。频繁的考试、片面追求升学率，导致学生学习负担沉重，心理压力巨大，根本无暇顾及学习之外的一些事务，对公共事务的关注度、参与热情、实际参与率自然比较低。这种情况随着年级的上升，表现得愈加明显，初三最甚。教育的目的是培养德、智、体、美全面发展的社会主义合格建设者和可靠接班人，而不仅仅是学习好、成绩好的学生，在初中阶段培养学生的公民意识、参与意识和能力对于他们的健康成长意义不可小觑。

三、初中生公共事务义务观的启示

初中生公共事务义务观的培育不是一蹴而就的，而是一个长期的、渐进的过程。结合本次关于初中生公共事务义务观的现状调查及成因分析，为初中生公共事务义务观的培育总结出几点启示。

1. 激发初中生的公共意识，培养公共事务义务观

公民的公共意识是以维护公共利益为基本价值取向的，培养公共意识，就要求我们在参与社会事务和政治活动中要有公德、公心，有主人翁的责任感，要意识到每个公民都是社会中的一个成员，都有责任和义务维护公共利益，都应以主动的、积极的、合作的态度对待公共事务，维护社会的公共安全和公共秩序①。

公共性是公民的基本属性，公民的本质在于参与，参与社会公共生活、政治生活既是自己的权利，也是自己的义务。公共事务事关公共利益，关系众多人的福祉，作为公共生活的主体，每一位公民有义务投身到公共事务中来，积极参与公共事务活动，献言献策，扮演好自己的角色。

2. 在参与校园公共事务中培养初中生的公共事务义务观

校园公共事务是与初中生的学习、生活息息相关的，也是他们比较熟悉和感兴趣的，例如一些学生活动、教学改革等。学生参与校园公共事务就要积极参与学校有关事务的计划、讨论和处理。初中生作为学校的主要成员，既是学校管理的客体，也是学校管理的主体，主动参与和学生相关的一些决策，参与学校有关管理过程，不仅能提高学校管理决策的满意程度，促进学校管理的民主化和科学化，而且还能提高学生自身素质，实现学生的正当权益。

3. 在参与社会公共事务中培养初中生的公共事务义务观

人是不能脱离社会而孤立生存的，社会性是人的本质属性，是作为社会的一员活动时所表现出的有利于集体和社会发展的特性。公民作为社会的主体，就要关注社会生活，参与公共事务管理。除了校园公共事务之外，学生还要投身于社会公共事务活动中，关注民生、心系大众，共同维护公共利益。

社会公共事务与全体社会成员的切身利益和日常生活联系紧密。初中生能够参与的一些社会公共事务活动有慈善活动、志愿服务、社区活动等。教师可以利用寒暑假或者节假日组织学生参与一些社会公共事务活动，如

① 秦树理，王东虓，陈垠亭．公民意识读本[M]．郑州：郑州大学出版社，2008：178.

参与创建文明城市、文明社区活动,参与低碳生活宣传活动等。

(执笔:王　晶)

初中生国家义务观的特征及其强化措施

摘要:一个人只有把自己的命运和祖国联系在一起,为祖国的强大、民族的振兴不懈奋斗,才能成就伟大的事业。初中生承担的国家义务有:维护国家统一和全国各民族团结;遵守宪法和法律,保守国家秘密;维护国家安全、荣誉和利益,同损害国家利益的行为做斗争,树立民族自豪感、自尊心和自信心;保卫祖国,抵抗侵略。

关键词:初中生　国家义务观

初中生是祖国未来的建设者和接班人。他们现在的思想道德状况、责任感、国家义务观如何,直接关系到中华民族的整体素质,关系到国家前途和民族命运。如果他们品德良好、道德高尚、有责任感,将来国家就有希望。现在的初中生大多是20世纪90年代出生的独生子女,他们是生活幸福的一代,从小衣食无忧,享受着父母长辈的关爱和呵护。然而,他们自我意识强,主人翁意识较弱,责任感不强,头脑中缺乏应有的义务和责任意识,没有建立起应有的国家义务观,认为享受权利是理所当然,想着自己还小,为国家尽义务是大人的事。加强初中生国家义务观教育,培养初中生为祖国、为人民尽义务、尽责任的义务观,是一项紧迫且重要的任务。

一、培养初中生国家义务观的重要性及教学成效分析

(一)培养初中生国家义务观的意义

1. 培养初中生国家义务观是实现全面建设小康社会奋斗目标的需要

党的十六大提出了全面建设小康社会的奋斗目标,这个目标集中反映了全中国人民的心声和愿望,实现了这一目标,我们的祖国必将更加繁荣昌盛。所以,培养初中生的国家义务观是实现这一目标的巨大推动力量。以热爱祖国和高度的社会责任感为基础的国家义务观教育可以激发初中生以高昂的斗志和旺盛的精神去为这宏伟目标而奋斗,引导青少年学生维护国家的尊严和利益,以振兴中华为己任,从我做起,从点滴小事做起,按照胡锦

涛总书记对青年提出的“勤于学习，善于创造，甘于奉献”的要求，把个人与祖国紧密联系在一起，把个人的理想和抱负，化为立志图强、报效祖国的实际行动，为实现全面小康社会的奋斗目标添砖加瓦。

2. 培养初中生国家义务观是增强初中生公民教育的需要

初中生公民教育除了让学生了解自己享有哪些权利，也应明确自己应尽的义务，意识到自己是国家的主人，是社会主义事业的建设者和接班人，热爱国家，对社会主义事业充满信心，有为社会主义事业添砖加瓦的责任感和决心。然而，当今部分初中生不同程度地存在国家意识淡薄、民族自信心和自豪感减退、对民族优秀文化和传统漠视、对中华民族的归属意识不强等现象，也出现了社会责任感缺乏、勤俭自强精神淡化、团结协作能力较差等问题。加强初中生国家义务观教育，能有效解决上述问题，从而更好地培养初中生爱国主义情怀，引导初中生树立社会主义信念，强化其忧国忧民的责任感。

(二)公民常识课设定了国家义务观教育的内容

国家义务观是公民对自己在国家和社会生活中的地位、权利和义务的一种自觉认识，是对国家承担责任和履行义务的自觉态度。国家义务观教育是学校公民教育的重要组成部分。我们教育初中生，在学好文化知识、做好本职工作的同时，要胸怀天下，承担起热爱国家、建设国家的责任。公民常识课中提到，初中生对国家应履行的义务有：一是维护国家统一和全国各民族团结。《中华人民共和国宪法》第五十二条规定：“中华人民共和国公民有维护国家统一和全国各民族团结的义务。”维护国家统一和民族团结，是公民的法定义务。破坏国家统一、制造民族分裂的行为属于违法犯罪行为，要负法律责任。维护国家统一就是要维护国家主权独立和领土完整。二是遵守宪法和法律，保守国家秘密。三是维护国家安全、荣誉和利益，同损害国家利益的行为做斗争，树立民族自豪感、自尊心和自信心。当国家尊严受到侵犯时，应挺身而出，坚决维护国家的荣誉和利益，表现出对祖国、对人民的高度责任感。当国家处在困难时刻时，主动为国分忧、勇担重任，与国家共渡难关。四是保卫祖国，抵抗侵略。五是依法服兵役和参加民兵组织。初中生履行对国家的义务要侧重于培养对国家和社会的热爱，对祖国的深厚感情，主动承担义务和责任的精神，懂得如何维护国家统一、民族团结，维护国家的安全、荣誉和利益，维护国家的尊严。

(三)初中生国家义务观教育所取得的教学成效

自开设公民常识课以来，初中生的国家义务观状况取得了明显的成效，他们的品德正朝着积极健康的方向发展。从整体上看，初中生的国家义务观状

况是积极的、向上的,绝大多数学生能勤奋学习,立志用所学回报民族和社会。他们有较强的民族自尊心、自信心和自豪感,热爱中华民族,对中国的改革开放事业和全面建设小康社会的奋斗目标充满信心,愿意为中华民族的复兴贡献自己的力量。他们对祖国有深厚的感情,更加关注党和国家的命运,能从我国当前实际情况出发,去认识对国家、对集体、对他人应承担的责任。

二、初中生国家义务观呈现的特点及成因分析

(一)初中生国家义务观的特点

当前初中生主流是好的,但由于市场经济的不断发展和改革开放的不断扩大,他们受到价值观念多元化、社会经济结构多样化的影响,部分学生国家义务观淡薄。通过对调查结果的分析、比较与综合,从中得出初中生的国家义务观具体呈现以下特点。

1. 初中生有强烈的爱国主义情感,但缺乏应有的政治热情

如第39题"您经常与他人谈论政治问题或政府工作吗",该题有三个选项:A. 经常谈;B. 偶尔谈;C. 从来不谈。我们从四个维度来对调查结果进行分析。从性别维度看,选择B的学生占多数,而且女生(68.2%)对国家事务的关注度高于男生(62.5%),选择A的男生比率(12.8%)略高于女生(8.3%),三个选项中,选择A的最少。从年龄维度来看,≤9这一群体选择B的比率占50.0%,其中,在10~12、13~15、≥16这三组群体中,选择B的比率呈现逐级下降的趋势,分别为71.0%、66.0%、63.6%,说明随着年龄的增长,对国家关注的程度呈现逐级降低的趋势,而且有相当比例的人从未谈过国家大事。从居住地维度看,选择B的,集镇(68.1%)>城市(66.8%)>农村(65.0%),可见农村学生较之城市与集镇学生来说,对国家事务的关注度稍低;选择A的,城市(15.4%)>集镇(11.7%)>农村(9.4%),依然是农村学生对国家事务的关注度最低。就是否开设公民常识课来看,开课的效果非常明显。

2. 初中生尤其是农村初中生国家义务观教育中宪法知识教育不够

中华人民共和国宪法是国家的根本大法。遵守宪法、维护宪法尊严是每一个公民的义务。在调查中,第25题"刑法是国家的根本法,具有最高法律效力",该题提供了三个选项:A. 正确;B. 不正确;C. 不清楚。此题的正确答案是B,调查结果显示,初中生对我国宪法的认知普遍较低。从性别维度看,女生对这一问题的认知(31.5%)低于男生(32.4%),但差异不明显。从年龄维度看,10~12岁阶段对宪法的认知度明显高于≥16岁、13~15岁两组群体,为54.8%>32.1%>31.4%。从居住地维度来看,集镇(41.3%)

>城市(39.9%)>农村(29.0%),说明农村学生对这一问题的认识最弱。就是否开设公民常识课维度来看,开设与未开设公民常识课的差异十分显著,开课(37.2%)>未开课(23.6%)。

3. 崇尚"以天下为己任",却常常缺乏奉献精神

提到"天下兴亡,匹夫有责",绝大多数学生内心都充满了热情,但实际行动起来却缺乏奉献精神,在"奉献"与"索取"的关系上,认为只有先实现个人价值后才能实现社会价值,他们中部分人认为当代社会的价值取向应"先己后人"。他们不能把自己的学习和理想与祖国的前途、民族的振兴联系在一起,也不能把个人的荣辱得失与祖国的兴衰强弱联系起来,缺乏为中华民族的伟大复兴贡献青春和为国尽义务的强烈意识。

(二)部分学生国家义务观淡薄的原因分析

1. 初中生感知国家的直接机会较少

初中生生活的环境主要是家庭,生活的氛围在于亲情,他们对国家的了解大多是从祖辈及父母那里获得的,对国家生活感触不深,缺少直接感知国家的机会,所以他们的爱国热情只是间接的。随着年龄的增长,初中生的意识逐渐具有自觉性,各种观念逐步形成,因而在文化因素方面应多给一些影响,比如在校园内可增添一些强化初中生国家义务认知的氛围。

2. 市场经济的负面效应

市场经济不可避免地带来了一些负面效应。市场竞争遵循优胜劣汰的规律,如果自己在市场竞争中失败,就意味着被市场无情地淘汰,因此,每个个体都只为自己考虑,而很少关心或者不顾他人利益和社会整体利益,不愿意承担社会责任。另外,市场经济也诱发了一些人的"金钱万能"观念。这些观念和消极现象的存在对初中生义务观、社会责任感的形成会产生极其不利的影响。

3. 家庭环境的影响

自古以来,"书中自有黄金屋,书中自有颜如玉"的观念深入人心,部分家长对学生的要求就是考上重点高中、考上名牌大学。为了不耽误学生的学习时间,为了能顺利升入重点高中,家长们可谓为学生提供了万事俱备的环境。因而,他们已经习惯于从父母那里索取财富,习惯于"衣来伸手,饭来张口",只享受权利而没有履行义务,从未考虑自己应该履行做些力所能及的家务活、聆听家长教诲等义务,所以更不会去考虑履行个人对国家的义务。

4. 初中生观念的偏颇

随着市场经济的不断发展,人们的自主意识明显增强,个性独立意识合理生长,功利意识和权利意识得到强调。这种认识使部分青少年的观念出现了偏颇。有的认为,自己上学的目的主要不是为了报效祖国,而是为了自

己能够考上大学，进而得到一份稳定轻松且收入丰厚的工作；是为了充分实现自己的个人价值，而不是为他人和国家做贡献；是为了追求现实的幸福，从而将金钱的多少与幸福的程度等同起来，而没有认识到个人与国家的紧密联系，殊不知一个人的职业理想只有与国家的理想相联系才有前途。

三、强化初中生国家义务观的方法

中学阶段是培养学生正确观念的最佳阶段和关键时期。首先，中学阶段是青少年从儿童到成年人的过渡时期，是行为习惯、思想意识的形成阶段，具有较强的可塑性。其次，中学阶段也是人生的立志时期，其思想品德和品格意志对其一生都起着奠基性的作用。对于初中生来说，没有积极的人生理想，没有良好的行为品德，没有强烈的国家义务观，就不能全身心投入到学业中，更不能在将来担负起国家兴盛、民族振兴的重任。所以，应引导初中生把个人成长与国家和社会的利益联系在一起，通过为国家尽义务和为社会做贡献实现自己的理想和人生价值。

（一）依托公民常识课教学，培养初中生健康理性的国家义务观

公民自觉履行义务的前提是义务意识的树立，义务意识可以使人们自觉地履行义务。对初中生进行国家义务观教育，既要强化参与国家与社会事务的认知，又要强调个人对国家应尽的义务，强化社会责任感。当今社会，随着人们的交往空间不断扩大以及网络的迅速发展，人们获取知识的渠道越来越多，但学校仍然是培养学生国家义务观的主渠道。学校可以通过开设公民常识课，增强初中生对国家、民族和文化的认同，培养对社会主义中国的深厚感情，强化初中生对国家的义务认知和为国家做贡献的精神。同情心和民族感情是履行公民义务的基本心理动力和强大伦理动力，初中生有了深厚的民族感情和强烈的义务认知，就会自觉地履行对国家的义务并产生强烈的社会责任感。

（二）建立健全班委组织，培养学生履行义务的习惯

在班集体中有班委会，每个班干部都有自己的份内事，每个人都有机会上讲台管理班级，每个班干部肩上都有责任，这些责任是每个学生干部的义务。事实证明，把管理班级的权力放给更多的同学后，不但使整个班级更具凝聚力，而且大大增强了每个同学的义务和责任意识，争做集体的主人。这样让大家都明白，班级是同学们的“家”，“家”要靠大家管，事要靠大家做。学生们在履行义务的同时也加强了责任心的培养，逐渐养成良好的履行义务的习惯。因此，国家义务观教育除了要使学生形成正确的义务认知，更要把重点放在引导和督促他们形成自觉地履行义务的习惯。习惯的作用是巨

大的，当初中生的义务行为内化为习惯的时候，证明义务意识已经深入人心，相应地，履行对国家的义务也就成为自然而然的事。

“国家兴亡，匹夫有责。”青少年肩负着铸造民族辉煌的重任，中华民族的伟大复兴将通过他们的奋斗成为现实。

（执笔：郑　慧）

初中生劳动观念的调查与思考

摘要：初中生是祖国的未来，是建设中国特色社会主义的生力军。在公民意识教育中，应加强其劳动意识的培养。引导学生树立劳动义务观念，培养义务意识，锻炼劳动能力，养成劳动习惯，增强学生综合素质，促进全面发展。

关键词：初中生　劳动　意识　义务

初中生作为一个身心正在发展，世界观、人生观及价值观正在形成的特殊社会群体，他们政治思想、劳动意识、劳动技能的状况如何，直接影响到我国未来的社会主义建设事业。劳动是公民的义务，当前初中生有尽义务的愿望，但缺乏劳动习惯，造成义务意识虚化，亟待加强劳动意识培养。

一、培养初中生劳动观念的重要意义

劳动启动自觉性，锻炼自觉性。劳动是公民应尽的义务，通过劳动，可加深对知识的理解，把知识变为智慧；增强劳动观念，消除好逸懒惰、贪图享乐的毛病；在劳动中，初中生会逐步培养自己的劳动意识，增强自己的义务观和履行义务的自觉性，并且在劳动的过程中，这种自觉性会逐步得到强化。

劳动使公民养成自觉做的好习惯，提升其尽义务的能力。公民的义务观只停留在认识和情感上是不够的，只有在主动做的实践中以具体行为表现出来，才能形成真正完整意义的义务观。通过劳动，初中生公民可以增长自己的本领，全面提升独立生活能力、动手能力、交往能力及创造能力，更好地发挥自己的聪明才智和创造精神；在亲自参与劳动中，逐步产生对劳动的热爱，养成自觉做的好习惯。劳动是付出的过程，公民在劳动中能够体会和增强个人为他人、为社会做贡献的快乐，使个人融入到社会、集体中，增强凝

聚力和为集体、为社会尽义务的能力。

二、当前初中生劳动观念的现状调查和分析

劳动是青少年健康成长的需要。首先,生命在于运动,初中阶段正是学生长身体的重要时期,参加适度的劳动,能强身健体,使全身机能活跃,提高其抗病能力,从而增强学生的体质和体力。其次,劳动可促进学生学习。我们经常教育学生要劳逸结合,学生在繁重的学习之余参加适当的体力劳动,大脑才能得到充分的休息和调整,这样才不至于死读书,而是在轻松愉悦中掌握知识,学习效率自然也会大大提高。

劳动是提高初中生思想道德素质和政治素质的需要。劳动能锻炼人的意志,养成吃苦耐劳、勤俭节约、艰苦奋斗及集体主义和爱国主义等优良品德。一个热爱劳动的人才是一个具有高度责任感的人。古往今来,但凡对本民族乃至人类做出重大贡献者,都在青少年时期就形成了强烈的义务意识和历史使命观。初中生作为祖国的未来、民族的希望,热爱劳动是提高其思想品德素质和政治素质的重要保证。所以,初中生只有经常参加各种劳动,通过亲身体验生活,增强社会责任感和历史使命感,激发学习的热情,同时在劳动中培养热爱劳动和劳动人民的情感,才能回报社会、报效祖国,才能担当建设祖国的重任。

为了解初中生劳动观念的相关情况,深化对初中生参与劳动的必要性的认识,培养学生养成良好的劳动习惯,我们对信阳市平桥区的初中生进行了调查。

(一)关于初中生劳动观念的问卷调查

对参加本次调查的3266名初中生,我们分别从性别、年龄、居住地及是否开设公民常识课这四个维度进行调查。被调查者中城市学生有371人,占总人数的11.4%;集镇学生445人,占总人数的13.6%;农村学生2450人,占总人数的75.0%。在被调查对象中,男生有1503人,占总人数的46%;女生有1763人,占总人数的54%。在木次调查中涉及开设公民常识课和未开设公民常识课的学生中,开课的学生有1996人,占总人数的61.1%;未开课的有1270人,占总人数的38.9%。在被调查者中有四个年龄群体,分别为≤9、10~12、13~15、≥16。其中≤9岁的只有2人;10~12岁有62人,占总人数的1.9%;13~15岁的有2535人,占总人数的77.6%;≥16岁的有667人,占总人数的20.4%。在年龄维度中,由于≤9的人数在调查总人数中所占比例极低,我们下面着重分析10~12、13~15、≥16这三组群体的差异(见表3.1)。

表 3.1　从四维度对初中生劳动做调查

维度	具体情况	调整人数（个）	中小学生应该做一些力所能及的家务（%）		
			正确	不正确	不清楚
年龄	≤9	2	100	0	0
	10～12	62	96.8	1.6	1.6
	13～15	2535	98.3	1.0	0.6
	≥16	667	97.9	1.0	1.0
性别	男	1503	97.4	1.5	1.1
	女	1763	98.9	0.7	0.4
居住地	城市	371	98.7	1.1	0.3
	集镇	445	98.2	1.3	0.4
	农村	2450	98.2	1.0	0.9
是否开设公民常识课	开课	1996	98.1	1.1	0.9
	未开	1270	98.4	1.0	0.6

从上述调查数据来看，初中生对“应该做一些力所能及的家务”这一问题的认识总体上很清晰。从性别维度来看，女生（98.9%）的认知度比男生（97.4%）高 1.5 个百分点。就年龄维度来看，≤9 这一群体的调查人数只有 2 人，在此我们可以忽略不计。这三个群体（13～15、≥16、10～12），认知度呈现出由强到弱的趋势，为 98.3% >97.9% >96.8%，但差异不是很大。从居住地这一维度来看，集镇学生与农村学生对这一问题的认识相同，城市学生的认知度（98.7%）略高于集镇学生（98.2%）和农村学生（98。2%）。这与我们通常认为的情况正好相反，一般来讲，由于受家庭环境影响，农村学生要比城市学生的劳动机会偏多、劳动度稍强一些，而这次调查结果显示，城市学生对做家务的认知度高于农村学生，总体上来说，这三个群体都认为应该做一些力所能及的家务劳动，为父母分忧，减轻家庭负担，为家庭做出自己的贡献。就是否开设公民常识课这一维度来看，接受公民常识教育的学生的认知度（98.1%）反而低于未接受公民常识教育的学生的认知度（98.4%）。

（二）初中生劳动观念存在的问题及其原因

当前初中生主流是好的，是积极向上的，我们对其予以肯定。他们勤奋学习，追求新知，独立思考，有进取心，热爱国家；尊敬师长，团结同学；自我

意识强，有个性，能够大胆表达自己的想法和见解，具有较强的竞争意识。

但是，随着市场经济的发展和社会物质生活水平的提高，我们也应该看到一些学生在劳动观念上所出现的问题。作为年少的群体，初中生正处在生理和心理发育时期，尚未成熟，他们认识问题的深度、经验有限，容易受社会上不良因素的影响，对劳动的认识带有一些局限性。

问题一：对劳动的理解有偏差。有些学生认为干体力劳动是没有本事的表现，城市一些初中生一味攀比，追求坐享其成、吃穿比名牌、出入讲派头等不符合青少年的所谓"时尚"，而农村一些初中生认为只有考上重点、名牌，才能跳出农门，才能出人头地，才能不干体力活。

问题二：行为和意识相悖。初中生有尽义务这种想法，但没有具体的实际行动，缺乏劳动习惯，造成思想和行为上的偏差，以致在实际生活和学习中，有意无意地浪费别人的劳动，不珍惜别人的劳动果实。

问题三：劳动的主动性较差。在劳动问题上，没有外界的压力和干预，很少主动去做。在家里，学生很少主动去干一些家务活，自己的事情自己都不干，更别提"家里的事情主动干"。学校组织的如大扫除、植树及上街打扫卫生等活动，都是在学校和老师的干预下，学生才会动手。因而，即便遇到只是举手之劳的事，有的初中生也做不到位。

初中生劳动意识淡薄，分析原因有以下几点。

第一，缺乏劳动机会。现在的初中生尤其是生长在城市里的学生，从小就受到家长的溺爱，祖辈们更是"隔代亲"，使其养成了衣来伸手、饭来张口的习惯，并且很多家长认为自己受的磨难较多，不能再让孩子吃苦受累。为此家长把家务活都包揽过来，不让孩子动手，这样孩子根本没有劳动的机会。家庭的关爱让初中生没有过多动手劳动的机会，难以形成劳动意识。

第二，初中生接受的多是文化知识教育，而不是能力训练和劳动教育，缺乏动手的动机和动力。有些学校里开设的劳动课，只反映在课程表上，平时劳动课通常被主科所占据。这些都造成了学生无法养成劳动的习惯，因而缺乏主动劳动意识，有部分学生渐渐养成了好吃懒做的毛病。

第三，家长的人才观念陈旧。"万般皆下品，唯有读书高"的观念至今对一些家长的影响仍然很深。不少家长们认为只要考上重点高中就有考上名牌大学的希望，忽视了学生动手能力及自理能力的培养。为了不耽误学生的学习时间，为了能顺利升入重点高中，家长们为学生提供了万事俱备的环境。故而，一帆风顺的经历造成学生不会劳动、不习惯劳动、不乐意劳动，希望自立但生活却不能自理，希望别人尊重自己但自身生活能力弱、生存能力低。

三、强化初中生劳动观念的举措

积极组织学生参加力所能及的各种劳动，树立劳动意识，锻炼劳动能力，养成劳动习惯，引导学生学习劳动模范，教育学生树立正确的劳动观、人生观。

（一）在课堂教学中培养劳动素质

劳动教育是素质教育的基础，要强化素质教育，必须重视学生的劳动教育，把劳动教育作为素质教育的重要内容，作为学生全面发展的重要方面，同其他学科一样进行认真测评，把劳动实践能力作为考核一个学生综合能力是否达标的一项指标，不要只重视文化课的学习而忽视劳动技能的训练。

（二）在参加公益劳动中锻炼动手能力

受社会各种各样因素的影响，现在有些学生思想里对劳动沾染了一些偏见，从小形成了厌恶劳动的心态。组织学生参加校内外各种公益劳动，既是劳动锻炼的机会，同时也是思想教育的好形式。正如苏联教育家苏霍姆林斯基认为，体力劳动对于孩子来说，不仅是获得一定的技能和技巧，也不仅是进行道德教育，而且还是一个广阔无垠、惊人丰富的思想世界。初中生正处于成长发育时期，可塑性极强，要正确引导，让他们知道劳动是光荣的，不劳而获是可耻的，比如把卫生打扫干净，保持学校干净整洁，为美化校园参加种花植树活动，帮助需要帮助的同学等。学生在劳动中增强对社会的义务意识、对他人的责任感，从根本上改变不爱劳动、轻视劳动的思想，并逐渐体会到人生的价值在于奉献，在于用自己的劳动为他人、为社会创造财富，进而积极投入到家庭、学校、社会一系列有意义的劳动中去。可见，参加公益劳动，对于他们树立正确的人生观、世界观、价值观，树立正确的劳动意识具有积极有效的作用。

（三）在家务劳动中增强劳动观念

初中生具有可塑性、模仿性强等特点，他们具有强烈的好奇心，什么都想尝试。所以，兴趣是最好的老师，抓好劳动的开端，增强学生的劳动观念，先从孩子感兴趣的劳动做起。要强化初中生的劳动观念，就要在家庭生活中为他们提供适量的从事家务劳动的机会。因此，家长要从培养孩子的劳动认知、劳动情感、劳动习惯三方面入手，要求学生星期天、节假日做一些家务劳动，让学生在家务劳动中体会父母的艰辛、当家理财的不易，从而培养他们吃苦耐劳、为父母分忧等良好品质，这样既锻炼了体格，增长了本领，也提高了自身素质。总之，通过家务劳动的教育和实践可以提高初中生对劳动意义的认识，逐步培养热爱劳动和珍惜劳动成果的思想感情，增强劳动观念，养成劳动习惯，提高生活自理能力，使他们在德、智、体、美、劳诸方面得

到全面发展。

（四）在良好社会环境中塑造爱劳动的荣辱观

良好的社会环境，具有潜移默化的育人功能。初中生正处于身体和心理的发育时期，更容易受到环境的影响。要形成一个良好的劳动教育环境，就不能把对学生的劳动教育仅仅看成是学校或家长的事，而必须把全社会的劳动教育因素全面运用起来，通过新闻、广播、电视、网络等舆论工具广泛宣传，利用舆论导向的强大优势为劳动教育创造一个良好的氛围，使学生认识到通过劳动实践学会生存是做人首要的最基本的问题。良好的社会氛围不仅能够培养青少年热爱劳动的思想意识，而且对塑造青少年良好的道德品质也具有“润物细无声”的作用，因此，要做到环境育人，让学生在爱劳动、爱学习的环境中成长，继承中华民族吃苦耐劳、勤劳勇敢的优良传统。

（执笔：郑　慧）

在实践活动中增强初中生履行义务的能力

摘要：初中生大都是未成年人，虽然在法律上不具备完全行为能力，但应能履行其作为学生应该履行的基本义务。通过问卷调查发现，当前初中生缺乏法律知识，义务履行能力有待加强，因此，应提高初中生的法律意识水平，提高其义务履行能力。

关键词：实践活动　初中生　义务履行能力

随着社会的进步、生活水平的提高，不少独生子女越来越娇生惯养。当前初中生大都是独生子女，他们有义务认知而无义务行为，有承担义务的心理而无履行义务的能力，特别是一些学生养成以“我”为中心以及衣来伸手、饭来张口的不良习惯，潜意识里懒惰思想在不断蔓延，缺乏独立思考问题、独立完成任务及自觉履行义务的能力，因此亟须在实践活动中培养学生的义务意识，使其养成良好的履行义务的习惯，增强其履行义务的能力。

一、课堂教学设定的初中生公民义务的内容

根据公民常识课程，可将学生的社会义务分为道德义务和法律义务。就初中生这一群体而言，既是受教育者，又是国家公民；既是享受权利的主

体，又是履行义务的主体。因此，初中生不仅要增强权利观念，依法行使权利、维护权利，而且要增强义务观念，依法履行义务。每个初中生都要以主人翁的责任感，自觉履行应尽的义务。

（一）法定义务

我们在社会中生活，不仅享有宪法规定的各项基本权利，还要对他人、对社会履行相应的义务。这些义务来自亲情、道德、纪律、法律等各个方面，其中包括宪法和法律规定公民必须履行的义务；遵守学生行为规范，尊敬师长，养成良好的思想品德和行为习惯；努力学习，完成规定的学习任务；遵守所在学校或者其他教育机构的管理制度；等等。

对于初中生而言，不能只享受权利而不履行义务。一个人的一生要尽各种法定义务。我国宪法规定的公民义务是公民的基本义务，具体包括：维护国家统一和全国各民族团结；保守国家秘密；爱护公共财物，遵守劳动纪律，遵守公共秩序，尊重社会公德；维护祖国的安全、荣誉和利益；依法服兵役和参加民兵组织；依法纳税；等等。这些规定，是我国法律向公民提出的国家义务的具体要求。自觉履行这些义务，是我们爱国的重要表现。我们要以履行法定义务的实际行动，来表达我们的爱国之情，弘扬爱国主义精神。

（二）道德义务

所谓道德义务，是指社会成员依据社会道德规范，自觉自愿地承担对他人、对社会的道德责任。历史和现实都告诉我们，广大社会成员自觉地履行道德义务，利于形成温馨、和谐的人际关系，能够促进整个社会的文明进步。

道德义务的范围十分广泛，履行道德义务，每个人责无旁贷。我们要弘扬中华民族的传统美德，遵守“爱国守法、明礼诚信、团结友善、勤俭自强、敬业奉献”的基本道德规范，积极履行方方面面的道德义务。

公民常识课侧重的是培养学生的义务认知，但实际的义务履行能力是在实践中培养的，履行义务的责任是在实践过程中实现的。因此，在加强课堂基础知识教育的同时，教师需要科学引导学生在日常生活中将义务认知转化为义务行为，在实践活动中增强其履行义务的能力。

二、初中生履行义务的现状分析

通过开展公民常识课，受过相应教育的学生对有关义务问题的认知较为清晰、明确，可见，对初中生进行相关义务知识的教育是有一定的教学成效的。

在调查问题“遵守学生行为规范是中小学生的责任”中，选项包括“A. 正确；B. 不正确；C. 不清楚”。从性别维度看，选择选项 A 的女生（91.7%）略高于男生（91.2%）。从年龄维度看，≥16 岁的学生中，有 93.3% 的学生

选择“正确”,5.5%的学生选择“不正确”,仅有1.2%的学生选择“不清楚”;13~15岁的学生中,选择“正确”的有91.0%,7.5%的学生选择“不正确”,有1.5%的学生选择“不清楚”;10~12岁的学生中,88.7%的学生选择“正确”,6.5%的学生选择“不正确”,4.8%的学生选择“不清楚”。说明随着年龄的增长,对这一问题的认知会越来越明确。就居住地这一维度看,选择“正确”的分别为:集镇(93.0%)、农村(91.7%)、城市(88.1%),说明由集镇、农村到城市,对这一问题的认知度呈递减趋势。就是否开设公民常识课这一维度来看,接受公民常识课教育的学生对这一问题的认知度为90.8%。

在调查问题“遵守规则是公民的责任”中,有三个选项(见表3.2)。

表3.2 “遵守规则是公民的责任”的问题的调查

选项	性别		年龄			居住地			是否开公民常识课	
	男	女	10~12	13~15	≥16	城市	集镇	农村	开课	未开
正确	95.9	97.3	96.8	96.7	96.6	95.4	97.3	96.7	96.8	96.5
不正确	1.5	1.4	0	1.3	2.1	2.7	0.9	1.3	1.7	1.0
不清楚	2.5	1.4	3.2	2.0	1.3	1.9	1.8	1.9	1.5	2.5

上表显示,女生(97.3%)的认知度高于男生(95.9%)。从年龄来看,随着年龄的增长,对这一问题的认知度逐渐下降,但差异甚微。从居住地来看,集镇学生对这一问题的认知略高于城市和农村学生,为97.3%>96.7%>95.4%,但差异同样不是很明显。从是否开设公民常识课这一维度来看,开设公民常识课的学生的认知度高于未开设公民常识课的学生,分别是96.8%和96.5%。综合这四个维度的分析来看,初中生在公共生活中的义务认知普遍较高。

可见,开设公民常识课十分有必要,接受公民常识课教育的初中生对义务的认知度较高,错误率较低,因此,这门课程对于增强学生义务认知是有一定效果的,尤其在帮助初中生获得义务相关知识并强化其义务认知、培养义务意识等方面具有重要意义。

三、初中生义务履行中存在的问题及提高践行义务能力的方法

上述结论说明了当前初中生有着较高的义务认知水平，能够意识到自己对他人应承担的责任和义务，但在实际义务履行中还存在一些问题。

（一）初中生的法律知识和法律意识水平有待提高

在调查问题“刑法是国家的根本法，具有最高法律效力”中，提供了三个选项“A. 正确；B. 不正确；C. 不清楚”。该题应选“B. 不正确”，因为中华人民共和国宪法是我国的根本大法。调查数据显示，从性别维度看，男生选B的只有32.4%，女生只有31.5%，有21.0%和26.4%的男生和女生对此不清楚；从年龄维度看，10～12岁（54.8%）的初中生对这一问题认知较之13～15岁（31.4%）、≥16岁（32.1%）稍高一些，但相对来说都很低；从居住地这一维度看，城市学生选择B的只有39.9%，而集镇学生和农村学生选B的也分别只有41.3%和29.0%；就是否开设公民常识课来看，开课的（37.2%）高于未开课的（23.6%），同时开设公民常识课的和未开课的学生中分别有44.9%和42.9%认为应选A。以上数据表明，初中生法律知识甚是缺乏，法律意识水平有待提高。造成这种状况的原因与当前中学教育中法制教育仍然薄弱有着某种联系。针对这一问题，可采取以下措施。

1. 加强初中生法制教育

中学阶段是学生公民意识形成的重要时期，是青少年迅速发展的时期，初中生是否具有法律知识和法律水平的高低，对于他们将来成年后能否成为守法的公民和能否依法履行相应的义务具有重大的影响。因此，在中学阶段开展系统的法制教育，使初中生掌握应有的法律知识，才能为少年一代成长为适应法制社会要求的合格公民打下基础，也只有如此，我国建设法治国家的目标才能实现。

初中阶段是少年儿童到成年人的成长时期，具有较强的可塑性，他们的思想意识、行为方式和掌握的知识体系对其一生都起着奠基性的作用，因而应较为系统地掌握国家法律体系和法律制度方面的内容，从更深层次上理解权利和义务的概念，基本上具备合格公民所应具有的法律知识和法律意识。初中生的法律教育，在形式上要多样化、通俗化，在途径上要多方位、多角度。学校是对学生进行法制教育的主渠道，但是其他途径，诸如家庭、影视、网络、书刊杂志和社会宣传等也具有重要的作用。尤其是家庭，父母的言传身教对孩子的影响相当重要。全社会应形成教育合力，对初中生的校内外影响相互一致、相互配合，这样学校主渠道的影响才会凸显其效果：一

方面,学校要将法制教育纳入课程,进行系统的法律知识教育;另一方面,各类媒体及社会宣传机构还要加大法制宣传力度,可定期就初中生这一群体开设一些法律知识专栏节目。媒体及社会宣传机构展开形式多样、通俗易懂、贴近生活的法制宣传,比学校教育中的有意灌输更容易吸引初中生的注意力,更有说服力,能调动其法律认知的积极性和主动性,其法制教育的效果也会更好。因此,电视、网络等媒体要充分利用丰富的资源,对青少年进行义务履行及相关法律知识的生动教育。

2. 培养初中生树立正确的义务意识

每个人既是权利的主体,也是义务的主体。一个人要想实现自己的权利,就必须承担对他人或对社会的义务。公民自觉履行义务的前提是义务意识的树立。义务意识可以使人们自觉地履行义务,为他人也为自身权利的实现创造条件。初中生作为受教育者,享有受教育权等基本权利。同时,初中生作为公民,也应有其相应的义务。初中生自觉履行义务的前提是义务意识的树立,义务意识可以使他们自觉地履行义务,自觉地承担对他人、对社会应承担的责任。因而,要培养初中生树立正确的义务意识,让学生理解义务履行与权利实现之间的内在联系,让学生知道没有义务的自觉履行,自己权利的实现是没有保障的,自觉履行义务表面上是为了别人,实质上更是为了自己利益的实现,要想"人人为我",必须"我为人人"。学生认识到了这一点,就会树立起义务意识,就会依法享有权利并尊重他人的权利;依法履行义务并对社会具有强烈的责任感,并把履行义务作为自己的自觉行为。因此,要充分发挥教育的引导和激励功能,培养初中生正确的义务意识,并使初中生的义务意识逐渐内化,并外化为其自觉履行义务的行为习惯。

(二)初中生履行义务的能力有待提高

初中生基本上都是未成年人,虽然在法律上不具备完全行为能力,但应能履行其作为学生应该履行的基本义务。比如,作为公民角色应积极参与公共事务,爱护公物;作为学生角色应积极参加学校和班级组织的各项活动,上课不迟到、不早退,独立完成作业,考试不作弊等。履行这些学生的基本义务是学生的诚信观念和社会责任感发展的开端。俗话说:"一屋不扫,何以扫天下。"初中阶段形成的行为习惯会影响一个人一生的发展。因此,培养初中生履行学生基本义务能力的问题应当引起社会各方面广泛的重视。问卷中设问:"您试图影响过学校关于学生管理的决策吗?"调查数据显示,选择"没想过这个问题"的同学所占比例较高,其中女生(46.6%)高于男生(43.5%),说明女同学的参与积极性较之男同学更低。从年龄维度看,10~12、13~15、≥16 这三个群体选择"曾经"的比例分别为:59.7%、24.0%、

17、8%，选择“从未想过这个问题”的比例刚好与之相反，说明随着年龄的增长，参与的积极性越低。就居住地维度看，农村学生选择“曾经”的比例是21.8%，而集镇和城市学生比例更低。就是否开设公民常识课来看，接受公民常识课教育的学生选择“曾经”的比例高于未接受公民常识课教育学生6.5个百分点，而且很多有关调查发现，现在有些初中生“总是”或“经常”抄袭或者请别的同学帮自己做作业。以上表明，初中生在相应义务的履行能力上有待提高。具体可主要采取如下措施。

1. 以培养学生独立做作业能力为起点，提高学生义务履行能力

学校教师应经常与家长联系，经常沟通，共同培养学生积极独立完成作业的能力。初中生独立完成作业的能力不仅有助于其独立人格的发展，也是教育质量提高的保证。当然，初中生还未成年，自制力较差，其独立完成作业的能力是一个发展过程，这个过程必须有老师和家长的引导，因此，学校教师应当与家长相互交流、相互配合，共同培养学生独立完成作业的能力。现在多数家长为了事业、为了挣钱，对孩子的关心甚少，很少有时间去关注孩子的作业问题。由于家长素质的参差不齐，并非所有家长都会自觉或主动地与教师合作，还有一些家长甚至存在不正确的教育观念或方法，比如不少家长们只看重孩子的考试成绩，为了不耽误学生的学习时间，家长们可谓一切包办。学校需要通过举办家长会等途径，提高家长在科学教育子女方面的意识和能力，使之能够配合学校教育，提高教育的效果。学生作业自理能力及生活自理能力提高了，义务履行能力就会在实际生活中逐步得到增强。

2. 注意外在要求向内在品行的转化，促使学生认同义务

义务较多地表现为外在的要求，而且学生很难自发去履行义务，应该把这种外在的要求嵌入到学生的意识之中——主动意识到的义务。要实现外在要求内化为行为准则，学生必须认同义务。认同与简单的认识不一样，对义务的认识，仅仅只是了解或者掌握义务的内容和相关方面的知识；而认同则表明学生不但认识义务，而且在内心将义务内化为行为准则，也就是由原来的外在约束转化为自我约束。当然，没有认识和了解，就不会认同。初中生只有了解义务的内容，了解履行义务的价值，才可能自觉、主动地履行义务。学生认同义务，产生义务感，义务行为会逐步强化，进而履行义务的能力会逐渐提高。

3. 引导初中生自我管理、自我服务

初中生在学习、生理、管理上都会比以往变化很多：在学习上，学习科目比以往增多，教材难度增大；随着年龄的增长，他们开始有自己的主张，自我意识逐步增强；在管理上，要求他们变依赖性为独立性。引导自我管理、自我服务，不仅可以培养学生独立的个性，而且在自我管理、自我服务的过程

中,初中生的自我教育能力、义务履行能力会逐渐提升。因此,一方面,我们要对初中生进行生活、学习的独立性教育,比如在班会活动中宣传"自己的事自己做",并举行各类知识竞赛,强化意识;另一方面,要尊重学生自我管理的积极性,使学生在和谐的氛围中健康成长,逐步完成由教师管理向学生自我管理的过渡。

(执笔:郑　慧)

初中生家庭感恩意识的现状及教育对策

摘要:公民常识课开展以后,学生的主体意识、公民意识都有很大的提高,但在某些方面也存在严重的不足。大多数学生对公民权利很感兴趣,对公民义务比较淡漠,尤其是现在,由于许多孩子都是独生子女,再加上学校公民教育工作的缺失和一些社会负面因素的影响,导致很多孩子家庭感恩意识严重缺失。如何解决这一问题,笔者认为应从家庭、学校、社会多个方面对孩子进行教育引导,进而培养孩子的感恩意识和回报意识。

关键词:感恩　家庭教育　学校教育　社会环境

信钢学校开展公民常识课后,学生初步了解了公民的基本概念、公民权利、公民义务、公民意识等知识。学生的主体意识、公民意识普遍增强,能够更加积极主动地参加学校各项活动,参与班级民主管理。但同时也存在一些问题,尤其是学生在权利意识增强的同时对公民义务的认识和履行却没有得到相应的提高。学生在学校不知道怎样承担自己的责任,在家里不知道怎样尊敬父母,与人交往更不知道如何去感恩,这是一种非常令人担忧的现象。是什么导致这种现象的产生呢?带着这个问题,我们在初中生公民教育研究性学习活动中进行了一些调查。

一、初中生家庭感恩意识的现状

为了更清楚地了解初中生家庭感恩意识现状,我们对七到九年级在校学生进行了一项问卷调查。其中,关于初中生家庭感恩意识的有以下五个问题:

5. 你在家是否经常做家务？（　　）

A. 经常　　B. 偶尔　　C. 从来没有

9. 你是否知道父母的生日？（　　）

A. 知道确切日期　B. 知道月份　C. 仅知道生肖　D. 不知道

12. 你是否知道父母爱吃的菜和水果？（　　）

A. 知道　　B. 不知道

13. 你是否知道父母的爱好？（　　）

A. 知道　　B. 不知道

21. 你如何看待父母对自己的关爱？________

调查数据显示，有35%的学生经常做家务，50%的学生偶尔做家务，15%的学生从不做家务；38%的学生清楚地知道父母的生日，20%的学生知道父母生日的月份，11%的学生仅知道父母的生肖，31%的学生什么都不知道；48%的学生知道父母爱吃的菜和水果；50%的学生知道父母的爱好；近一半的学生认为父母关爱自己理所应当，没有意识到父母养育自己所付出的辛苦，并由此产生感恩意识。

由以上数据可知，初中生家庭感恩意识还相对薄弱。

二、初中生家庭感恩意识较弱的原因浅析

（一）家庭教育不当导致初中生缺乏感恩父母的意识

家庭教育在初中生感恩意识的养成中具有重要作用。但是，长期以来，家庭教育的不当却导致初中生感恩父母意识的缺失。

1. 家庭教育重心失衡

注重青少年智力开发和文化学习，忽视道德教育，把学习成绩好坏作为衡量子女最重要的甚至是唯一的价值尺度。

2. 家长赋予孩子不理智之爱

许多家长一味地溺爱孩子，导致孩子娇生惯养，以自我为中心，自私自利，这在独生子女身上表现得最为明显。许多家长对孩子的关心较多地停留在物质层面，很少涉及精神领域，对孩子的独立人格关注不够，忽视了孩子内心丰富的情感世界。

3. 代际冲突的客观存在阻碍了亲子沟通

亲子之间的代际冲突阻隔了青少年与其父母心灵的沟通，缺乏相互的理解与信任，最终影响到家庭教育的有效性，致使青少年感恩父母意识的弱化。

4. 不当的家庭教养方式

由于中国传统文化的影响，许多家庭采取专制型的教养方式，导致许多孩子感觉压抑，不仅无法感知父母的爱，甚至由爱生恨。

5. 家长缺乏索爱意识

中国的父母认为对孩子的付出是天经地义的，不求回报，这就导致许多孩子形成了只知道索取却不知道感恩的心态。当孩子对父母表示感恩的时候，许多父母会表现出一种不好意思的情感态度，认为没有必要。久而久之，子女感恩父母的行为得不到正常强化，造成一种错觉，认为父母的付出是应该的，不需要他们感恩，所以他们就不向父母感恩了。

(二)学校公民教育工作的失效导致初中生缺乏感恩父母的意识

培养学生感恩父母的教育也属于学校公民教育的一个部分，却被中小学教育所忽略。我们都在教育学生如何去爱我们的国家，却忘了教育他们怎样爱自己的父母。道德教育需要完善，一个不懂得爱自己父母的人，是很难去爱一个国家的，因此学校德育只有做到生活化，少一些形式和口号，多一些行动和实践，才能真正激发学生内心的情感体验，培养学生养成崇高的道德情操，培养学生具备健康和谐的人格特征。

(三)社会环境的负面影响导致初中生缺乏感恩父母的意识

初中生除了接受家庭和学校的影响以外，也会受社会环境的影响。孩子们的成长是一个社会化的过程，他们在社会环境中受到诸如传播方式、大众文化、价值取向、群体心理等因素的影响。我们正处于社会急剧转型的时期，社会的影响给初中生感恩意识套上了实用主义的金箍，追求金钱和名利已成为当前社会相当一部分人的价值取向，人与人之间的情感在金钱和名利面前变得越来越不重要，这些不良社会现象和社会风气对初中生产生强烈的负面影响。据资料显示，日本青少年研究所所长千石保对现代青少年的人生价值观进行了研究，发现其有以下几个特征：追求“即时满足”，否定手段价值；认真、拼搏、奋斗精神崩溃；从英雄偶像崇拜转到追星；从物质优先转到生活质量优先；忠实自己的生活，不愿意为社会做贡献。由此可见，青少年的人生价值观受当今社会环境的影响是普遍存在的一种现象，应引起我们的高度重视。另外，初中生功利思想日益泛化，虚荣攀比心理更为增强，从而忽略了感恩意识的重要性。当今社会，一些以“利”字为先的现象泛滥，初中生在这种社会环境氛围的熏陶下，心理和行为上产生不良的效仿，甚至在感恩父母上，也以利益为前提。

(四)初中生身心发展的阶段性导致其缺乏感恩父母的意识

依据人的自然发展规律，初中生正处于青春期的“心理断乳期”。在这

个阶段,经常表现出思维的独立性和批判性提高,自我意识、独立意向和成人感形成,常以"小大人"自居。当受到成人,比如父母的否定后,会表现出强烈的逆反情绪。假如在这个敏感的阶段,父母的教养方式不恰当,学校的引导不足,再加上社会不良风气的影响,初中生很轻易走向错误的发展方向。当初中生表现出强烈的逆反情绪时,父母已经被关在子女的心门之外,很难与子女进行深入的情感交流。许多家长就会表现出不耐烦,对孩子训斥,甚至打骂,颇有一种恨铁不成钢的感觉,使自尊心极强的子女感到压抑和窒息,表现出更为强烈的逆反心理,与父母疏远,很难与父母建立感情,不但没有感恩父母的意识,甚至出现伤害父母的行为。

为人父母,不能只一味去宠爱自己的孩子,而忽略了如何教导孩子去做人,要知道,孝敬父母是学会做人的第一步。家长要教育孩子懂得孝敬,让孩子知道父母对他的爱,激发他们对父母的爱。家长不能习惯自己付出而不求回报,这样会误导学生,影响其身心健康发展。

三、加强初中生家庭感恩意识教育的措施

加强初中生的感恩教育是一个系统工程,家庭、学校、社会是学生感恩教育最重要的三个环节,要教导青少年学会如何感恩父母,同样需要实现家庭教育、学校教育、社会教育三者有机结合,做到"三位一体",互相衔接、相互贯通、相互渗透、相互补充才能形成合力。

(一)为青少年感恩意识的培养创造良好的学校环境

学校是育人的主要场所,因此,有效培养初中生感恩父母的意识,学校责无旁贷。可喜的是,我国教育界已经意识到感恩教育的重要性,2003 年 4 月颁布的《全日制义务教育思想品德课程标准》指出:"初中生正处于青春期,并向成年人过渡,自我意识和独立性增强。在中学阶段帮助学生形成良好的思想品德,树立责任意识和积极的生活态度,感恩教育对学生的成长具有基础性作用。"上海市教委在新版的《初中生守则》中增加了"学会感恩"条款,填补了以往教育的一个空白。那么,学校可以通过哪些具体措施培养学生感恩父母的意识呢?

1. 注重学校公民教育

学校要注重公民教育,构建良好的校园文化氛围,让学生在集体教育的影响下学会感恩父母。

2. 开发校本教材

开发校本教材,将感恩教育的内容编入教材,将历史上许多孝敬父母的故事以及当今时代孝敬父母的感人事迹编入教材,引导学生学习。

3. 组织感恩活动

在特定日子以班或年级为单位组织大型的感恩活动或主题班会活动，如举办母亲节等节日晚会，邀请学生父母一同参加。

4. 与校外人士合作

与校外人士合作，如邀请相关的专家名人来开展一些感恩意识与感恩教育的专题讲座。

5. 加强感恩教育的实践

加强感恩教育的实践，如要求学生在母亲节对妈妈说三句话——"妈妈，您好""妈妈，您辛苦了""妈妈，祝您节日快乐"；在假期给父母做三件事——鞠躬、洗脚、磕头。

（二）为初中生感恩意识的培养创造良好的家庭环境

儿童道德的发展是一个逐步内化的过程，因而在早期的家庭教育方面，家长要根据青少年身心发展基本规律和品德发展的阶段性特点，采取相应的教育策略来有效地加强他们的道德建设，培养他们感恩父母的意识。第一，父母不仅要注重子女智力的发展，更要注重培养子女如何做人。第二，父母需要具备正确的教养方式。众多研究文献表明，民主型的家庭教养方式最有利于孩子和谐、健康、幸福的成长和和谐人格的养成，也容易感受父母的爱和回报父母所给予的爱，养成感恩父母的意识。第三，加强父母与子女之间的情感交流和沟通，只有相互理解和信任，才能建立深厚的感情，子女才会从内心理解父母、感恩父母，也才能构建和谐的家庭关系。第四，父母须做好表率，以行动感染子女。父母的言传身教对子女的成长起着潜移默化的示范作用，在青少年的感恩教育中扮演着极为重要的角色，父母的不良行为势必会产生负面影响，在很大程度上消解本来就薄弱的感恩教育的效果。试想，一个自己都不孝顺父母的家长怎么能培养出具有感恩意识的子女呢？第五，转变传统思维方式，具备索爱意识，让子女意识到，除了接受父母的爱以外，更需要回报父母的爱。

（三）让初中生走进社会、了解现实、感悟人生

人是社会主体，社会现实能直接影响个体心理或意识的形成和发展，有适宜的环境，他们会力争达到某些积极的社会目标。初中生由于课业负担沉重，加之家长为其代劳一切生活琐事，使他们对社会及家庭缺乏真实的了解和本质的认识；对父母付出的辛劳没有感恩意识，不知道社会生活中有许多深陷困境的人需要帮助，缺乏必要的同情心和社会责任感。社会和学校有责任通过组织一些"修身立人"的实践活动，让学生深入社会生活（以志愿者、社会义工的身份）到孤老病残家中送爱心，帮助他们解决一些生活上的

问题;在家帮父母做家务,改掉自身的不良习惯,从中体会劳动的艰辛和伟大;增强学生的爱国、爱人民的意识,懂得珍惜劳动成果,培养创新意识和实践能力,增强社会责任感,体会成长的感觉。

(四)抓住契机实施关爱与感恩教育

2008年中国发生了两件让我们悲喜交加的大事——汶川地震和成功举办奥运会。在汶川地震后国人给灾区人民送去了关爱,学校利用投影电视、图片,组织学生观看那一幕幕感人的画面,使学生的情感升华,体会感动的力量,80、90后的孩子表现出极大的热情和勇气。奥运会的成功举办激发了国人的爱国主义热情,学校组织学生畅谈观看奥运的感想,盛赞祖国的悠久历史和文化,看到了祖国的强大,从中体会爱祖国、爱人民的情感,增强了民族自豪感。

(五)节日里送祝福

引导学生在节日里向父母、师长、朋友送上自己的祝福,以表达自己对他们的感激之情。第一,记住父母的生日,在父母生日当天及母亲节和父亲节当天为他们送去祝福。第二,经常去拜访曾给过自己教诲的师长,在教师节送去自己的问候。第三,用宽容的心去维系真诚的友情,对帮助过自己的朋友说声"谢谢"。第四,当邻居、亲友、同学因为种种原因快乐不起来,带着微笑和关切去看看他们是否需要帮助。

综上所述,在新的历史条件下,社会、学校,特别是家庭不应忽视对初中生的感恩教育,力求通过多方共同努力,使其健康幸福成长,把我们的和谐社会建设得更加美好。

(执笔:高　银)

关于初中生自身义务的调查报告

摘要:平桥区五里镇中心学校学生自身义务状况呈现出如下特点:对家庭、对朋友义务感意识强一些,对自己的义务意识模糊;在朋友圈子里义务意识强一些,在朋友圈子外,对陌生人的义务意识较弱一些;对班集体的义务意识强一些,对国家、对社会的义务意识淡化;义务认知强过责任行为,不少学生可以判断出负责与不负责的是非,但不能把正确选择付之行动;义务情感强过义务能力,学生中不少人对一些事情,有心尽责而无力尽责。

关键词:初中生　义务感　意识

为探索强化初中生自身义务教育的新路子,培养适应新世纪社会发展要求的合格公民。我们采取问卷调查法与访谈法,多角度地了解学生的自身义务现状。问卷设计的内容从初中生自身义务的表现(对自己、对他人、对家庭、对社会)等方面设问,同一时间向五里镇中心学校七、八两个年级的学生发放问卷,共发问卷450份左右,回收有效问卷达93%以上。

一、调查结果分析——学生自身义务状况及特点

1. 从对自己的义务表现看

人生的自我义务是在人的自爱的基础上建立起来的,自爱指爱惜自己的身体、人格、名誉。作为社会性行为责任的自爱,它广泛地包含了自我作为行为主体对作为客体的自我的身与心的爱护。每一个学生都必须认识到,一个人既然来到这个世界,就应该在合理的范围内,让自己好好地生存下去,并获得发展。即使当自己碰到困难的时候,也应当履行对自己的义务。问卷调查结果显示:

(1)认为"中小学生应该有自我保护意识"正确的占66.7%,不正确的占20%,不清楚的占13.3%;认为"是否接受义务教育主要由儿童及其家长决定"正确的占48%,不正确的占30%,不清楚的占22%;认为"遵守学生行为规范是中小学生的义务"正确的占80%,,不正确的占15%,不清楚的占15%。学生中经常运动来保持健康的占33.75%,不经常运动来保持健康的占66.25%。由此可见,学生中不少人运动与保健意识方面的责任意识有待加强。

(2)学生中对自己的人生有所规划的占33.3%,对自己的人生没有规划的占66.7%;认为自己可靠的占44.93%,认为自己不可靠的占15.36%。

(3)学生中学习遇到挫折时,毫不犹豫放弃的占2.3%,想放弃又不甘心的占61.37%,迎难而上的占26.33%;做作业时,随便完成的占14.42%,自己专心完成的占19.12%,需要参考别人答案完成的占63.32%。从这两项来看,学生要求自我发展的责任意识还是比较强的。

2. 从对他人的义务表现看

人生于世,不能老想着自己,心中要有他人,不仅要对自己负责,更要对他人负责。每个人都生活于相互依存的社会关系中,与他人发生着或近或远的关系。问卷调查结果显示:

(1)做错事或对不起别人时的态度,认为没什么了不起的占8.99%,觉得惭愧的占24.24%,主动认错道歉的占63.43%;当朋友委托做事时,会拖拉着办甚至不办的占4.06%,虎头蛇尾的占11.8%,很认真亲自完成的占

82.97%;当朋友甲诋毁朋友乙时,把甲的话告诉乙的占3.34%,把甲的话告诉乙以外的人希望别人提供是非论断的占9.93%,把自己对乙的看法告诉甲为乙说几句公道话的占86.1%。从这三组数字看,绝大多数学生对朋友是非常真诚的。

(2)若你的同学或亲戚吸毒,认为这是别人的事,不过问,只好奇,有机会也想尝试的占9.61%;劝说他不听的话也就随他去的占25.7%;立即制止,若无效则送去戒毒所的占65.2%。

(3)假如你发现你最好的朋友考试舞弊且没有被老师发现后你会:为他庆幸的占46.5%;不理睬他,羞于与他为友,并告诉老师来批评他的占5.95%;劝告他今后不能这样做的占46.81%。从这组数字看,不少学生不懂得帮助的意义涉及批评,做忠诚的诤友,即使措辞激烈一些,也是对朋友负责的表现。

3. 从对家庭的义务表现看

作为家庭的一位成员,不应单方面要求得到家庭的保护,而必须对家庭负责、对父母负责,使家庭美满幸福、父母愉快健康。问卷调查结果显示:

(1)你父母及家人因病卧床不起时,你会:因学习紧张几乎不管的占4.08%;心里难受,经常看望一下,但不知如何做好的占40.96%;照料他们生活的占54.65%。当家庭气氛不太和谐时,你的态度或想法:心里害怕,想说又不知怎么说,尽量避开的占46.18%;找其他亲戚或朋友来劝说,解决家庭矛盾的占5.64%;自己尽力劝说让大家开心、和好的占47.34%。从这两组数字看,学生对自己的家人有爱心,但解决家庭问题能力不强的人数不少。

(2)下雨了,家里的衣物还在外面露天晾晒,这时你有空会怎么做?装着没看见的占1.57%,要大人提醒才收进来或叫别人收进来的占9.51%,自己主动收进来的占88.92%。你正要出门,发现家里没人但电视机还开着,你见到了心想不是我开的,让它继续开着的占1.88%;很不情愿地把它关了的占4.7%;心想太浪费电了,主动关掉电视机的占89.55%。假期你在家,父母上班或出外办事中午才回家,你会:等父母回来煮饭炒菜或去餐馆一个人吃的占38.04%,煮好饭等父母回来炒菜的占28.21%,做好饭菜等父母回家吃的占31.77%。假期你在家里帮助家长做了什么?什么也不帮着做,只做自己的事的占25.91%;照看弟妹、老人或外出打工补贴家用的占20.9%;做其他杂事的占48.17%。从这几项来看,学生对家庭事务负责的意识较强,但责任能力有待提高。

4. 从对学校、班集体的义务表现看

我们的集体,需要每个成员去关心,为其良好发展出谋出力。学生应在班

级体中学会与他人合作,以自己为集体的努力而自豪。问卷调查结果显示:

(1)你代表学校参加全市学科竞赛,你认为你是被选出来的代表,成绩好不好是你个人的事,不关任何人的事的占5.44%;感到十分荣幸,有点飘飘然,十分自傲的占10.14%;有压力,感到自己代表了学校荣誉的占83.07%。参加集体合唱团时,你会:动口但没声音的占5.64%,怕喉咙痛或怕唱得不好勉强唱出声音的占21.22,按要求歌唱的占73.15%。周六班上组织一次郊游,刚好你与朋友约好出去玩,此时心里明白参加集体活动是大家的义务,但还是跟朋友一起出去了的占24.97%;带朋友一起参加班集体活动的占30.3%;对朋友说明情况,放弃与朋友的约会,参加班上的郊游活动的占33.44%。实验课中,你所做的实验完成,你会:四处走动,跟同学聊天看其他同学完成得如何,并“指导”的占22.25%;收拾自己的东西,准备下课的占18.81%;收拾仪器并清洁器具,做实验报告或小结的占54.86%。从这几项来看,多数同学对集体的责任意识较强,但少数同学的责任心态让人担忧。

(2)当你值日搞卫生时,能偷懒则想办法偷懒的占5.31%;既不积极,也不偷懒,如果有老师和同学的监督会搞得干净认真些的占54.97%;既然是值日就应该尽自己的能力把卫生搞好的占40.13%。学校正在进行卫生大检查,而你却发现走廊里有一张纸,你会:知道自己应该捡起但懒得去捡,假装没看到因为不是我丢的占17.14%;因为是卫生大检查我会将废纸捡起,若是平时则不一定捡的占59.56%;不管是不是卫生大检查,我都会将废纸捡起的占24.03%。在集体活动中,除了做好自己分内的事,能不干则不干的占34.78%,为集体做事要看我的心情如何的占18.81%,乐意为集体做事并尽力去做好的占46.08%。从这三项来看,学生中不少人是知与行分离,真正自觉主动为集体服务的人少了点。

总之,对学生调查结果的分析显示,学生自身义务状况的主流是好的,但确实存在不少问题,呈现出如下特点:①对家庭、对朋友义务意识强一些,对自己的义务意识模糊;②在朋友圈子里义务意识强一些,在朋友圈子外,对陌生人的义务意识较少一些;③对班集体的义务意识强一些,对国家、对社会的义务意识淡化;④义务认知强过责任行为,不少学生可以判断出负责与不负责的是非,但不能把正确选择付之行动;⑤义务情感强过义务能力,学生中不少人对一些事情,有心尽责,而无力尽责。

二、进一步加强初中生自身义务教育的思考

义务感的形成需要通过教育、培养,依赖于外部的导向和内在的自教自律、自我体验而形成。强化义务感素质教育力度对策必须在实践中不断探

索和开拓外部导向与自我内化的统一。

首先,强化义务感教育力度,应坚持正确的理论导向,做到道德理论知识教育与道德责任行为教育的结合,实现知行统一。

学校德育工作中,理论是行动的先导,必要的理论教育是责任感教育不可逾越的初级阶段。通过教育,使学生知道:热爱生命,维护尊严,修身养性,发展自己,实现自我价值——这是对自我的义务;平等待人,乐于助人,善意批评,真诚合作,宽容大度——这是对他人的义务;养老抚幼,孝敬父母,维护家庭和睦,承担家务劳动——这是对家庭的义务;履行义务,奉献集体与社会,遵纪守法,参与社会活动——这是对集体、对社会的义务;热爱祖国,维护国家统一和国家尊严,保持民族气节,履行保卫祖国的义务——这是对国家的义务;认识自然,爱护自然,美化、绿化、净化环境,节约能源——这是对自然的义务;认识社会、自然知识的价值,广泛学习知识,灵活运用知识,以便创造性地解决问题——这是学习的义务。

其次,强化义务感教育力度,应注重养成教育。

培养学生的义务感必须重视个人的实践活动和养成教育,才不至于沦为"口头上的巨人,行动上的矮子"。养成教育必须从小事做起,从点滴开始,如互助学习活动、参加家务劳动、学校劳动值日、志愿者行动等。学校可建立家务劳动制度,根据学生不同情况,要求学生承担相应的家务劳动,家长给予具体安排落实,学校定期监督和检查,并在校园里定期开展家务劳动竞赛和表演活动,通过活动培养学生的家庭义务感,逐步具有集体、社会义务感。开展学校和社区联合建立学生义务社会服务制度,要求学生通过寒暑假、双休日、法定节假日,逐步累计完成共计 6 个月义务社会服务工作,作为合格毕业生的条件之一。这项活动是进行责任感素质教育具体可操作性的措施,是强化义务感素质教育力度的一个有效途径,有利于增强学生的社会义务感素质。

再次,强化义务感教育力度,应做到学校、家庭、社会的整合。

教育是一个系统工程。学校是培养义务感的重要园地,与家庭、社会两个环境相比,学校的主要任务是教书育人,学校教育的环境具有明确的目的、有指定的教育内容与活动计划、有系统的组织和特殊的教育条件,对个体的全面发展具有加速作用。但是,实践证明,单靠学校一方努力是很难将教育的效能延续的。家长是孩子的第一任教师。个人的性格、道德意识的形成与家庭环境和家庭教育有着密切关系,家庭氛围、家长的为人处事态度等都会影响孩子的义务意识和行为,因此,培养学生的义务感,学校要做好与家长的沟通工作。这种沟通形式可以是多样的,如家长学校、家长会、家

访、书信交流、电子邮件等。这种沟通的内容应是教育方法的探讨，而不应仅仅是成绩单的报告。社会是人生的大舞台。在这个大舞台当中，人们的义务感得以展现、得以评价、得以检验。社会对个人义务感的影响表现在下面几个方面：

第一方面，现实生活中，人们的道德取向和义务感状况会极大影响新一代人的道德取向和义务感状况。充满着义务感的社会和一个不负责任的社会给新一代的影响是完全不同的。

第二方面，个人对义务感的坚持，依赖于社会对其行为的评价。外界对个人富有责任感的行为是赞扬还是讥笑、是肯定还是否定，都会直接影响着个人责任行为的价值取向和价值判断。如果社会舆论对不负责任者不予抨击而予以赞赏，那么公民的责任感就难以形成和确立。整个社会尤其是各级政府应该树立一个正确的符合社会实际情况的价值导向，在全社会范围内营造一个积极向上、遵纪守法、富有正义感和责任感的社会风气和氛围。一个正确的评价机制，一定要让“正气压倒邪气”，否则就会使学校变成一个没有意义的道德说教场所，严重削弱学校教育的威信与力量，十分不利于初中生义务感的培养。

最后，强化义务感教育力度，应强化义务感教育的渗透性，营造良好校园环境。

将义务感教育贯穿到公民常识课教学过程中，通过课堂教学，以知识为载体，埘学生进行良好心理品质教育，法律意识教育，国情教育，马克思主义经济、政治、哲学等理论教育，使学生了解、明确社会赋予每个人的神圣使命，并将其内化为自我体验，增强对自己、对他人、对家庭、对集体、对国家、对社会的义务感，因此，公民常识课应是进行责任感素质教育的主渠道之一，应当仁不让地承担起对学生进行义务感素质教育的重任。教师应充分挖掘公民常识课教材内容，突出义务感教育，将义务感教育渗透到各学科的教学过程中。教学是进行德育教育和培养初中生义务感的基本途径，如通过心理、生理卫生、生物等课程的教学，强化热爱生命、维护尊严、修身养性、发展自己的教育，从而增强学生对自我义务的意识。优化义务感素质教育的良好环境，还须建立一套奖惩运行机制，建立保护尽责者利益的机制，同时建立约束、惩罚失职者的机制。对尽责者给予肯定和鼓励，对失职者以舆论谴责、行政处罚，必要时给予法律制裁，扬善抑恶，真正形成尽责者光荣、失职者羞耻的校园环境，推进义务感素质水准的提高。

（执笔：张明俊）

第四单元

初中生公民意识的现状及培养

摘要:调查数据说明,开设公民常识教育取得明显成效,从中发现公民意识教育需加强或深化的着力点,提出切实的改进措施和实施的具体路径。

关键词:初中生　公民意识　现状

胡锦涛总书记在十七大报告中指出:“加强公民意识教育,树立社会主义民主法治、自由平等、公平正义理念。”这是党的历史上第一次将公民意识教育列入社会政治发展目标,明确提出公民意识教育的目的是树立社会主义理念。

本文在公民教育课堂实践以及对调查数据分析的基础上总结经验,探究初中生公民意识教育的内涵、现状,探讨开展初中

生公民意识教育的途径和方法。

一、公民与公民意识

公民是指具有一国国籍,并根据该国法律规定享有权利和承担义务的人。意识不同于观念和理念。意识是人脑的机能,是客观存在的主观映像,换句话说,就是思考并觉知我们自己的存在。观念指观点、看法、想法;而理念指正确的观点,可以作为道理、真理来形容。

公民意识是公民依据宪法规定的基本权利和义务,对自己在国家政治生活和社会生活中的主体地位、主人身份的认识,对相应的责、权、利的认知和价值取向。社会主义民主法治、自由平等、公平正义理念是我国公民意识中的核心理念,正是这些核心理念决定了我国公民意识教育的主要内涵。

二、初中生公民意识教育的内涵

公民意识教育的主要内涵应包括以下儿方面。

(一)民主意识教育

民主意识是公民依法管理国家事务和社会公共事务的愿望和要求。作为国家的合法公民,在参与国家事务和社会公共事务时,要本着对国家和社会负责的态度,认真对待参与决策的机会和权利,正确表达自己的意见和建议。首先,要树立国家和社会公共事务"我有责"意识。国家的兴亡与每个公民休戚相关,社会上的一些公共事务也与公民有关。其次,初中生要树立正确的参与决策意识。民主的实质在于参与,未满18周岁的未成年人,有在国家和社会公共事务中以及与自己相关的事务中发表意见、提出建议的权利,要正确行使参与权,要具有对国家和社会负责的意识,要按照法律的规定,依照合理的程序,依法有序地参与,正确地表达自己的意见,提出合理化建议。参与决策过程中要有顾大局、讲团结、会合作、能妥协的意识。再次,要有民主监督意识。明白自己对国家机关和国家工作人员,有提出批评和建议的权利;对于国家机关和国家工作人员的违法失职行为,有向有关国家机关提出申诉、控告或者检举的权利。但不滥用这一权利,提出意见和建议之前要经过深入调查、认真考证,并通过正确途径提出自己的意见和建议。

(二)规则意识教育

规则意识是指发自内心的、以规则为自己行动准绳的意识,比如遵守法律、遵守校规校纪等的意识。首先,能以法律规范自身行为。以宪法为根本活动准则,尊重宪法权威性,依据宪法行使权利、承担义务,依法行事,不逾越法律界限,依法维权。其次,能以规章制度规范自身言行,把规章制度作为行为准则,不在纪律面前找借口,按规矩办事,按规程行事,尊重对方

规矩。

(三)社会公德意识教育

目前,公民个体道德意识与自身文明行为存在不同步性,往往"有观念、无行动",有时甚至出现"群体道德缺失"现象,如在人际关系、公德公心、社会责任、环保意识等方面出现的道德滑坡现象等。社会公德意识是公民对社会交往和公共生活中应该遵循的最简单、最起码、最普通行为和道德准则的理解和认识,它涵盖了人与人、人与社会、人与自然之间的关系,涉及社会公共生活的各个层面。公民在社会生活领域讲文明礼貌、助人为乐、爱护公物、保护环境等都属于社会公德的内容。宪法把爱护公共财产、遵守劳动纪律、遵守公共秩序、尊重社会公德作为公民的一项基本义务加以规定。公民都要具备遵守社会公德的意识,以遵守社会公德为荣,以违反社会公德为耻。首先,公民在公共生活中,要具有诚实守信、尊老爱幼、善待弱者、追求正义的意识,在与人交往中表现出文明素养。其次,具有公共道德,如遵守公共秩序、爱护公共财物、维护公共利益等。再次,对人与自然关系有正确的认识,具有保护环境、节约资源、珍爱生命的社会责任感。

三、初中生公民意识的现状

(一)初中生社会公德总体状况较好,但知行脱节问题严重

2001 年中共中央印发了《公民道德建设实施纲要》的通知,《公民道德建设实施纲要》主要概括了我国公民基本道德规范:爱国守法、明礼诚信、团结友善、勤俭自强、敬业奉献。这是党对有公民身份的人提出的基本道德要求。这里主要包括公民对国家的应有态度和义务,从关心国家和社会利益的角度延伸出对人际、社会、职业、环境基本道德责任和义务①。其中社会道德建设主要的方面和内容是:社会公德是全体公民在社会交往和公共生活中应该遵循的行为准则,涵盖了人与人、人与社会、人与自然之间的关系。

在初中生群体中也应大力倡导以文明礼貌、助人为乐、爱护公物、保护环境、遵纪守法为主要内容的社会公德,引导他们做一个好公民。当前大多数初中生具有较好的公共交往公德、公共场所公德和人类环境公德意识,道德主流是健康向上的。

但通过分析调查数据发现,初中生公德状况也有不容乐观的方面,努力提高初中生的公德水平是一个现实而紧迫的问题。一些青少年背离社会公

① 吴潜涛. 当代中国公民道德状况调查[M]. 北京:人民出版社,2010:62.

德的基本要求，例如，一些学生认为随地吐痰是不文明的，但在实际生活中却经常吐痰或偶尔吐痰，等等，这表明初中生群体在社会公德问题上存在知行脱节现象。

（二）开设公民常识课程的初中生的民主意识高于未开设该课的初中生

参与此次调查的学生总共 3266 人，其中开设公民常识课程的学生数量为 1996 人，未开设公民常识课程的学生数量为 1270 人。

对“为达到政治目的，有时候不必考虑少数人的意见”问题，开设公民常识课程的学生中有 1746 人认为“不正确”，占调查人数的 87.5%，而未开设公民常识课程的学生中仅有 1046 名学生选择了这个答案，占参加人数的 82.4%。开设公民常识课程的学生中选择“不知道”的占调查人数的 5.5%。

对“你想过参与和自己生活相关的公共决策吗”问题，开设公民常识课程的学生中表示自己想过参与与自己相关的公共决策的占调查人数的 75.9%，而未开设公民常识课程的学生中仅有 653 名学生选择了这个答案，占参加人数的 51.4%。

开设公民常识课程的学生中，有 43.2% 的学生认为自己对学校学生管理制度有影响力，而未开设公民常识课程的，仅有 33.2% 的学生有同样的观点，未开设公民常识课程整整低于已开该课程 10 个百分点，差距十分明显。在未开设公民常识课程的学生中，“没有”或者“不清楚”自己对学校学生管理制度是否有影响力的学生所占比率是 66.8%，而在开设该课程的学生中，这个比率是 56.8%，两者之间的差距也是非常大的。

开设了公民常识课的学生有 517 人“曾经”试图影响学校关于学生管理的决策，占调查人数的 25.9%，在参与该题调查的未开设公民常识课的 1270 名学生中，共有 247 人也曾经有过尝试的经历，比率仅为 19.4%。

在“你与他人谈论政府工作或政治问题吗”问题上，开设公民常识课的学生中有 13.6% 经常谈，有 67.8% 偶尔谈；未开设公民常识课的学生中，仅有 5.3% 经常谈，有 62.1% 偶尔谈。

综上所述，开设公民常识课程的学生的民主意识比未开设该课程的学生的民主意识强，参与意识和参与能力高，民主生活实践也更丰富。

（三）对公民意识涉及的有些问题应拓宽深化

对“为达到政治目的，有时候不必考虑少数人的意见”问题，开设公民常识课程的学生中认为“正确”的占调查人数的 7.0%，而未开设公民常识课程的学生中选择这个答案的占参加人数的 6.8%。开设公民常识课程的学生中选择“不知道”的占调查人数的 5.5%，而未开设公民常识课程的学生选择这个答案的占参加人数的 10.4%。综合一下数据发现，开设公民常识课程

的学生中未选择正确答案的占 12.5%，未开设公民常识课程的学生中未选择正确答案的占 17.7%。教师要给学生讲清楚：少数服从多数是一种常见的民主决策方式，特别是在公民参与与每个人利益相关的事物时，往往会出现各持己见、意见无法统一的局面。在这种情况下，公民要以国家和集体的利益为重，本着顾大局、照顾多数人利益、保护所有人合法权利的原则，以少数服从多数的意识参与决策，也就是说，民主决策的过程中要能协商、会妥协，但是少数人的合法利益一定要得到保护。

四、构建良好的公民意识教育机制

公民意识不会天生或自然而然地形成。培育公民意识必须从生活的点滴开始，从学生阶段开始。学校是精神文明建设的重要基地，是培养现代公民意识的主渠道。只有通过公民意识教育，才能使初中生实现从“百姓”向“公民”的转化，为社会物质文明、精神文明、政治文明打下坚实的“人力”资源基础。这需要我们做到以下几点。

（一）充分发挥公民常识课的教育引领作用

学校公民课程作为培养中学生公民意识的重要途径，在中学生公民意识的培养中起着举足轻重的作用，因此，加强中学生公民意识培养，必须不断完善公民课程体系。首先，要让学生知法、守法、懂法，知道按规则行事，明白公民在享有权利的同时，都必须承担相应的义务；要让学生知道哪些可以去做，哪些必须去做，哪些禁止去做；让学生树立慎重行使权利和认真履行义务的思想，培养学生对自己负责、对他人负责、对社会负责的责任感，应最大限度地把法律精神的内核与实质传授给学生，从传统的知识传授深入到价值熏陶。其次，公民意识教育必须消解“法就是约束”“法就是惩罚”的片面认识，而且不仅要分析法的禁止、惩罚功能，还要分析法的许可、鼓励等预见、指导功能，从而改变单一的课堂讲授方式，把法的课堂搬到社会上去，扩大学生视野，增强学生做现代公民的积极性、主动性与紧迫感。再次，要加强社会公德意识培养，让学生能正确处理人与人、人与社会、人与环境的关系。

（二）加强公民教育的实践教学环节

社会实践是学生思想政治教育的重要环节，对于促进学生了解社会、了解国情、增长才干、奉献社会、锻炼毅力、培养品格、增强社会责任感具有不可替代的作用。

公民教育除了系统的学校理论教育外，还需要开展广泛的实践性教学，在实践中增强学生的公民生活体验，使学生对公民权利与义务的理解更加深刻与全面。但实践性教学环节是一项涉及面很广的系统工程，它需要社

会、学校的重视和各部门的配合，需要人、财、物的投入和社会多方面的支持。公民教育的实践活动应多种多样，如在法律教学中，举办模拟法庭、组织庭审旁听、组织法学知识竞赛等，这可使学生懂得权利和义务的一致性；再如，组织学生参观当地的人民代表选举、社区法律咨询服务，参与社会公德论坛、学生干部选举、学校民主管理等，可多方面加强公民教育，增强公民意识。

（三）营造良好的公民教育社会氛围

首先，大力宣扬社会主义的公民意识，使之进教材、进课堂、进大脑，在思想上确立学校教育是现代公民意识培养的主渠道观念。其次，强化学校的"公民文化"建设，使学校公民意识培养制度化和规范化：一是从物质、制度和心理等方面引导学生，有针对性地对学生进行社会公民意识宣传；二是要研究初中生公民意识取向的特点与规律，增强初中生公民意识培养的科学性；三是建立初中生言论表达的正常渠道，做到有说者也有听者，让说者与听者互动，从而使初中生有机会展示自己的公民形象，真正懂得做一个合格公民的光荣；四是充分运用学校各种舆论、经济、行政等制约机制，将公民意识的某些内容以规章制度的形式固定下来，并严格执行；五是通过写学习心得、体会、实践报告等形式，创造一种"自律"与"慎独"的机制，将社会的外部要求经过"内化"转变为初中生的内在素质。

（执笔：杨素云）

初中生规则意识的培养

摘要：培养具有规则意识的社会主义合格建设者和可靠接班人是公民教育的重要任务之一。通过调查数据的分析，比较开设公民教育课程的初中生和未开设公民教育的初中生的规则意识强弱，发现公民教育的得失，以利于下阶段教学工作更好地扬长避短，同时为更好地强化初中生规则意识的培养提出建议。

关键词：初中生　规则意识　培养

青少年是祖国的未来和民族的希望，培养具有规则意识的社会主义合格建设者和可靠接班人是公民教育的重要任务之一。青少年时期是一个人

的世界观、人生观、价值观形成的重要时期,也是教育者必须牢牢抓好的培养人才的重要机遇期。

为更好地发现问题和开展初中生公民教育,问卷设计了与青少年规则生活相关的问题,侧重了解初中生对规则、法律、规章制度的了解状况以及开设公民教育课程的初中生与未开设公民教育的初中生的差异所在。调查数据显示,参与问卷的学生规则意识总体状况是好的,开设公民教育课程的初中生比未开设公民教育的初中生具有更强的规则意识,同时,数据也反映出了不可忽视的问题,指明了公民意识教育的规则中亟待强化的薄弱环节,为我们设计下一步教学活动指叫路径。

一、开设公民常识课程的初中生具有更强的规则意识

规则意识是指发自内心的、以规则为自己行动准绳的意识,规则意识可以分解为以法律规范行为的意识和以规章制度规范言行的意识。

调查数据显示,开设公民常识课程的初中生比未开设公民常识课程的初中生具有更强的规则意识。

(一)开设公民常识课程的初中生具有更强的法律意识

对初中生知法、懂法、用法的调查集中在"当你的合法、正当的权益受到侵害时,你会怎么做""刑法是国家的根本法,具有最高法律效力""国家主席可以有超越法律的特权""市委书记和普通公民在法律面前可以区别对待""在车站,警察可以根据需要限制公民的人身自由"等问题上。

在"当你的合法、正当的权益受到侵害时,你会怎么做"问题中,开设公民常识课的学生中选择"依法维护"答案的占97.2%,未开设公民常识课的学生中选择"依法维护"答案的占95.7%。在开设公民常识课的学生中选择"用暴力解决"的占1%,未开设公民常识课的学生中选择"依法维护"答案的占1.1%。该调查显示,绝大多数初中生公民有较强的守法意识,知道依靠法律的力量维护自身合法权益。

在"刑法是国家的根本法,具有最高法律效力"问题中,开设公民常识课的学生中选择"不正确"答案的占37.2%,选择"不知道"的占17.8%。未开设公民常识课的学生中选择"不正确"答案的占23.6%,选择"不知道"的则高达33.5%。该调查数据表明,开设公民常识课程的学生高于未开设公民常识课程的学生13.6个百分点。

在"国家主席可以有超越法律的特权"这一问题中,选择"不正确"的占91.4%,选择"正确"的占2.6%,选择"不清楚"的占6.0%。可以说,绝大多数初中生对这一问题有正确的认识。从是否开设公民常识课程的角度分析

该问题,数据显示:开设公民常识课的初中生的正确认知率为92.5%,高于未开设公民常识课学生89.6%的数据;开设公民常识课的学生中仍有4.9%回答"不清楚",但这与未开设公民常识课程回答"不清楚"的占调查总数的7.9%相比,的确是一个进步。由此可见,开设公民常识课是必要的。

在"市委书记和普通公民在法律面前可以区别对待"问题中,开设公民常识课的学生中选择"不正确"答案的占90.8%,选择"不知道"的占4.9%。未开设公民常识课的学生中选择"不正确"答案的占88.2%,选择"不知道"的占5.7%。

"在车站,警察可以根据需要限制公民的人身自由"的问题中,开设公民常识课的学生中选择A"正确"的占44.0%,选择B''不正确"的占43.9%,选择"不知道"的占12.0%。未开设公民常识课的学生中选择A"正确"的占32.4%,选择B"不正确"的占43.5%,选择"不知道"的占24.1%。

对比可见,开设公民常识课的初中生公民意识明显优于未开设公民常识课的学生的公民意识。通过公民意识尤其是以法律规范行为的意识的课程学习,初中生公民了,解了宪法的基本内容,明白了为什么宪法是国家的根本大法和公民为什么要依据宪法行使权利、承担义务。公民要依法行事,要通过各种方式学法、知法、懂法,在法律规定的范围内从事各项活动,不逾越法律的界限、不触犯法律。明白任何人在法律面前都不享有特权,只要违法都要受到法律的追究和制裁,当自己的合法权益受到侵害时要依法维权,而不是靠暴力解决问题。

(二)开设公民常识课程的初中生具有更强的规章制度意识

对初中生"以规章制度规范言行的意识"的调查集中在"公共生活中,遵守规则是公民的责任"和"遵守学生行为规范是中小学生的责任"两个问题上。

在"公共生活中,遵守规则是公民的责任"问题中,开设公民常识课的学生中选择"正确"的占96.8%,选择"不知道"的占1.5%;未开设公民常识课的学生中选择"正确"的占96.5%,选择"不知道"的占2.5%。另外,通过开设公民课程,有90.8%的学生认识到,遵守学生行为规范是中小学生的责任。另外,在"公共生活中,遵守规则是公民的责任"问题中,回答正确的百分比以年龄统计分别是:10~12岁,96.7%;13~15岁,96.6%;≥16岁,96.7%。在"遵守学生行为规范是中小学生的责任"问题中,回答正确的百分比以年龄统计分别是:10~12岁,88.7%;13~15岁,91.0%;≥16岁,93.3%。

这传递给我们的信息是,通过教育,初中生对不同行业、不同单位包括自己就读学校的规章制度加深了了解。因为只有每一个人都遵守这些规章

制度，才能使我们在有秩序的环境中生产、生活和学习。要让学生知道与中学生联系最紧密的规章制度就是《中小学生守则》和《中学生行为规范》。教育使中学生明白要自觉遵守教育部制定的《中小学生守则》和《中学生行为规范》，要时刻自觉地以这两个规章制度作为自己日常的行为规范，不在纪律面前找借口，要按规矩办事，要做规则的执行者，学会尊重对方规矩。

调查数据证明：初中生对遵守规则是公民责任的认知度高于对学生日常行为规范的认知；而且，通过教育并随着年龄增长，初中生对学生行为规范的认知在增强，越来越多的学生通过学习把遵守学生行为规范视为自己的一种责任。

二、调查数据反映出的问题及对策

通过从"国家主席可以有超越法律的特权"和"市委书记和普通公民在法律面前可以区别对待"问题的居住地维度、年龄阶段维度进行分析，传递给我们的信息有二：一是不要想当然地以为法律意识会随着初中生年龄增长呈正比增长，要加强对初中生的正面引导；二是对农村和集镇的初中生进行法律意识教育的力度要加大。

（一）"权大于法"思想随年龄增长有所抬头

在"国家主席可以有超越法律的特权"这一问题中，调查数据的奇异之处在于，从年龄角度分析，随着年龄的增长，对该问题持正确观点的百分比反而呈现出下降趋势：10～12 岁，98.4%；13～15 岁，92.0%；≥16 岁，88.6%。持错误观点的百分比呈现出上升趋势：10～12 岁，0%；13～15 岁，2.5%；≥16 岁，3.1%。持"不清楚"观点的百分比呈上升趋势：10～12 岁，1.6%；13～15 岁，5.6%；≥16 岁，8.2%。

为什么随着年龄的增长，"权大于法"的观念呈正比增长了呢？应该是中国法制化进程中的负面因素、不良现状经传媒报道，对心智尚未成熟的初中生产生了不良影响。

（二）与城市相比，集镇和农村孩子的法律意识待提高

从居住地的角度分析该问题也可以帮我们透彻理解"国家主席可以有超越法律的特权"问题的调查数据，城市初中生、集镇初中生、农村初中生中对该问题选择 B"不正确"的百分比分别是 94.9%、92.6%、90.7%，选择 C"不清楚"的分别是 3.0%、3.6%、6.9%。可见，学生居住地的现代化程度越高，越远离封建和愚昧，其对权力和法律的关系认知越清晰。

在"市委书记和普通公民在法律面前可以区别对待"问题中，奇异现象依然存在：从年龄角度分析，随着年龄的增长，对该问题持正确观点的百分

比反而呈现出下降趋势:10 ~12 岁,95.2%;13 ~15 岁,90.2%;≥16 岁,87.7%。持错误观点的百分比呈现出上升趋势:10 ~12 岁,3.2%;13 ~15 岁,4.7%;≥16 岁,6.6%。持“不清楚”观点的百分比呈上升趋势:10 ~12 岁,1.6%;13 ~15 岁,5.1%;≥16 岁,5.7%。从居住地的角度分析该问题也可以帮我们透彻理解。城市初中生、集镇初中生、农村初中生中对该问题选择 B“不正确”的百分比分别是 93.5%、93.0%、88.6%,选择 C“不清楚”的分别是 2.4%、2.9%、6.0%。

数据反映出:居住地越现代,越远离封建和愚昧,对权力和法律的关系认知越清晰;集镇和农村孩子的法律意识有较大提升空间。

(三)与日常生活相关的法律常识应强化

另外,“在车站,警察可以根据需要限制公民的人身自由”的问题中,开设公民常识课的学生中选择 A“正确”的占 44.0%,选择 B“不正确”的占 43.9%,选择“不知道”的占 12.0%。未开设公民常识课的学生中选择 A“正确”答案的占 32.4%,选择 B“不正确”的占 43.5%,选择“不知道”的占 24.1%。虽说开设公民常识课的学生选 B 的比率略高于未开设公民常识课的 0.4 个百分点,但开设公民常识课后选择“不知道”的少于未开公民常识课 12 个百分点。

通过比较不难看出,开设公民教育课加深了学生对于公民意识的理解,但不到 45% 的正确率也提醒我们,在相关问题上可挖掘得更深,可以用学生身边经常接触到的或在影视作品中看到的情境作为材料,提出学生感兴趣的问题引发讨论,最后由老师归纳正确答案。

(四)宪法知识的普及应从小抓起

在“刑法是国家的根本法,具有最高法律效力”问题中,开设公民常识课的学生中选择“不正确”答案的占 37.2%,选择“不知道”的占 17.8%;未开设公民常识课的学生中选择“不正确”答案的占 23.6%,选择“不知道”的则高达 33.5%。调查数据表明,虽然开设公民常识课的学生高于未开设公民常识课学生 13.6 个百分点,但是宪法是国家根本大法的教育应强化,要让学生明白宪法是我国的根本大法,它规定了国家的根本制度和根本任务,明确了公民的权利和义务,是制定其他法律的依据,具有最大的权威性和法律效力。公民要有尊重宪法权威性的意识,要把宪法作为根本的活动准则,自觉维护宪法尊严。

三、系统培养初中生良好规则意识的思路

初中生正处于生理和心理发育变化的阶段,他们的可塑性很强,其规则意识的培养需要进行一番长期的工作,而不是借助于某一教育活动的开展,

就可以一蹴而就完成预定教育目标的。

（一）依靠丰富的社会资源开拓工作思路

教师必须将自己置身于广阔的社会背景中去设定工作思路，而绝不能仅仅在中学这么一块狭小的天地里闭门造车。我们正处在一个逐步走向文明的社会，全社会的规则意识在增强。但是，我们的社会也有许多落后、不文明、不遵守规则的现象。这样的社会背景，就要求我们撷取一系列有利于中学生规则意识形成的有利因素，去设计自己的工作重点和思路，去引导学生做守规则的公民。

（二）着眼于全方位系统性立体式的训练

行为规范训练仅仅是一个外壳，只有深入到学生的内心世界，并通过强有力的传播系统，才能让学生感受到规则的力量。中学生不像小学生那样易于接受教师的指导，也不像大学生那样较有自己的独立意识。这种双重性，一方面给我们实施规则教育造成了一定的阻力，另一方面为我们从根本上完善中学生的行为规范提供了契机。全方位系统性立体式的训练，是指教育与舆论并重、硬件与软件同步、教师与家长合力、短期训练与长远目标合一、学校规划与社会需求吻合、辅助手段与主要手段相配等，如邀请法官、检察官对学生进行法制教育或引导学生加强《中小学生守则》和《中学生日常行为规范》的学习，结合学校内部的校规、校纪、处罚条例学习，给学生进行规则教育。

（三）让具有良好规则意识的教师感染学生

“学高为师，身正为范”。教师为人师表，首先要懂法、知法，遵守规则。教师应该以自己的行为和思想去影响学生，以自己的人格去感染学生，成为学生人生途中的引路人，从校长、班主任到全体任课教师，都应该切实提高自身的规则意识，让学生看得见、学得到，使中学生的行为更趋规范和完美。

（执笔：杨素云）

初中生政治参与意识的现状调查与分析

摘要：调查发现，当前我国初中生政治参与意识相对薄弱，学生在选择自己利益的代表时观念不同，对群体事件中的表决票价值认识有一定的模

糊,对政治事件的关注程度不够强。为此,应改进学校教育的方式方法,激励学生积极参与;加强校园文化建设,引导学生有序参与;培养学生的主体意识,鼓励学生理性参与。

关键词:初中生　参与　意识　培养

公民常识课在信阳市平桥区已开课一段时间,针对教师的教学方式、学生的学习效果开展一次调查,是对信阳平桥区初中生公民教育成果的一次检验、一次总结。通过调查研究进一步探索公民教育的规律,完善公民教育的内容、目标、方法等,提高初中生公民常识课的科学性,增强初中生公民教育的实效。

一、初中生政治参与意识的现状

(一)开设公民常识课学生的政治观念强于未开设公民常识课的学生

针对“从您参与选举的经历看,您认为自己参加的选举能选出真正为自己利益着想的代表吗”这一问题,在性别上,38.9%的男生认为自己参加的选举能选出真正为自己利益着想的代表,41.9%的女生认为自己参加的选举能选出真正为自己利益着想的代表。由数据可以得出,女生的政治参与意识要强于男生。在男生和女生中,选择“不能”和“不清楚”的占到了总人数的59.6%。从年龄上来看,10到12岁、13到15岁和16岁及以上的学生只占总人数的6%、32.6%和7.3%,在不同的年龄阶段,选择“不能”和“不清楚”的达到了54.1%。从居住地看,只有城市的学生选择认为自己参加的选举能选出真正为自己利益着想的代表,在所有参加调查的城市学生中的比例超过了一半,达到51.5%,而集镇和农村的学生在所属群体并没有达到这么高。这一数据说明了城市地区的学生相对于集镇和农村的学生政治参与意识更强。从是否开设公民常识课来看,在开课的群体中选择自己参加的选举能选出真正为自己利益着想的代表占45.7%,在未开设课程的群体中,这一比例只占32.3%。可见,开设公民常识课对于提高学生的政治参与意识是有明显效果的。

由此我们可以看出,很多学生对选择自己利益代表的认识不够明晰,说明了初中生的政治观念不够强,对选举制度的认同程度偏低。在现实生活中,学生的很多事情都是由班主任负责、班干部主管的。学生利益能否得到真正实现,很大程度上由班干部决定。学生选出能够真正代表自己利益的同学,才能团结班级,保证班级的稳定。

(二)初中生对群体事件中的表决方式认同度较高

调查问卷设计了这样一个问题:“在选举中,你认为自己的那一张选票

有多大价值?”首先,从性别上分析,认为自己的那一张选票有很大价值的男生和女生所在群体的比例分别达到了58.5%和54.6%,由此可以得出,大部分学生都能正确认识自己应有的权利,而且男生要比女生稍好些。其次,从年龄上看,小于10岁、10到12岁、13到15岁、大于15岁的学生所在群体的比例分别为50.0%、54.8%、56.3%、56.8%,我们可以看出,大部分的同学对于表决票的价值认识正确,而且随着年龄的增长中学生更重视选举活动中的选票价值。再次,从居住地看,城市的学生和农村的学生对于表决票认为有很大价值的在所在群体中占到了56.9%和56.8%,集镇的学生也达到了53.9%,略低于城市和农村的学生。从是否开设公民常识课来看,开设此课程的学生认为表决票价值很大的在所在群体内的比例为59.6%,而未开课的学生只有51.4%,明显低于开设公民常识课的学生,由此可以看出,在学生中开设公民常识课可以明显增强学生的政治参与意识。

就实际的投票行为来说,初中生要去了解候选人的情况、要去投票等,这都得耗费他们的时间。所以在实际的投票活动中,往往会出现“理性的无知”。相当程度上的投票行为都是随意做出的,真正出于公民责任感和以影响投票结果为目的投票很少。因此,要正确培养初中生选举与投票的观念,通过投票影响班级事务,促进班级民主管理。

(三)初中生对于国内外重大政治事件关注度参差不齐

关注国内外重大政治事件也是表明公民政治参与意识强弱的一个重要方面。对于问卷中“您经常与他人谈论政治问题或政府工作吗”这一问题,从性别上,男生和女生经常与他人谈论政治问题或政府工作的人数在所在群体中为12.8%和8.3%,可见,大部分同学对国家大事不够关心,政治意识很弱,而且,女生明显低于男生,说明男生对政治问题的关注程度高于女生。在年龄差异上,10到12岁的学生经常谈论政治问题或政府工作的占到12.9%,13到15岁的学生常谈论政治问题或政府工作的只占了10.3%。我们可以看出,随着年龄的增长,学生对国家政治的关注度反而变弱,这个现象应该引起我们的足够重视,加大对年龄较大学生的国家政治参与意识的培养。从居住地看,城市经常谈论政治事件的学生在所在群体中的比例为15.4%,而集镇和农村的只占11.7%和9.4%,由此可以得出,城市的学生关注政治事件、关注国家政治的观念较强。从是否开设公民常识课来看,开设此课程的学生经常谈论国家政治的学生占到了13.6%,而未开设的学生选择经常对国家政治活动表达意见、关注政治事件的比例只有5.3%,明显低于开设公民常识课的学生。因此,我们要重视公民常识课,引导学生树立积极的政治参与意识。

当前,初中生的政治参与能力仍然较弱,缺乏明确的政治参与意识,没有把参与政治作为自己的权利和义务,不能自觉地进行政治参与。总的来说主要表现在有政治参与意识但经常性地参与政治的学生数量相对较少,参与的范围也是非常有限,仅局限于班级的事务,而学校各种规章制度的制定与执行情况对于学生的影响他们并不怎么关注。因此,当前初中学生的政治参与水平较低,政治参与意识急需提高。

二、初中生政治参与意识较弱的原因分析

中国处于长期奴隶社会、封建社会以及半殖民地半封建社会,出于阶级统治的需要,统治者往往强调老百姓做一个"臣民""子民""顺民",唯独没有"公民"。统治者贯彻的是"民可使由之,不可使知之"的愚民政策,老百姓遵守的是"非礼勿视、非礼勿听、非礼勿言,非礼勿动"的顺民规矩。到了近代,经过资产阶级革命和社会主义革命,中国人的民主权利大大增加,但是专制的思想并没有得到彻底地革除,旧中国缺乏与公民伴生的民主条件,我国公民的政治参与意识相对滞后,影响了我国民主政治进程。

党的十五大报告在描述社会主义初级阶段的九大特征时曾明确指出:社会主义初级阶段,是由文盲半文盲人口占很大比重、科技教育文化落后,逐步转变为科技教育文化比较发达的历史阶段。现阶段我国初中生政治素质不高,政治参与意识不强,是由传统政治文化的内化作用和现实社会经济发展和教育状况的制约造成的。公民参与政治不仅需要政治热情,还需要具备与之相适应的政治素质。作为祖国的未来、民族的希望,初中生政治参与意识的强弱直接与我国现代化建设的顺利实现关联在一起。随着我国综合实力的增强,我国的教育事业有了长足的进步,教育资源也比原来丰富了许多。但是,许多初中学校对于这些优势条件重视不够,利用不充分,不懂得珍惜。另外,教师素质的高低也直接影响着学校对学生政治参与意识的培养,当下我国许多初中学校的教师队伍建设还有待进一步加强,政治素质有待进一步提高,以更好地发挥人民教师以身作则与典型示范的作用。

三、提高初中生政治参与意识的路径分析

(一)改进学校公民教育的方式方法,引导学生积极参与

在社会转型期,全面开放和市场经济的实行,使社会成员思想上和行为上日趋开放,各种复杂社会因素对每个人产生影响,教育是众多影响因素中的重要一个。学校应该采取更容易被中学生接受的方式开展公民教育,要求从情感上、心理上走近学生,走进学生的心灵深处,去启发、感化、激励他们。以理服人、以情感人是培养初中生政治参与意识的必由之路。公民教育不仅要说

理，更要有实际活动，要将公民教育渗透到学校的各项工作和活动中。

要培养和提高学生政治参与的能力，离不开各种实践活动的锻炼和培养，让学生在参与民主管理的过程中接受教育，逐步提高政治参与能力。可以组织学生参加学校共青团、学生组织的管理活动和选举活动，让学生自己来讨论和制定一些管理制度。这不仅可以增强初中生的民主意识，提高他们政治参与的积极性，而且还可以使其掌握更多的政治知识和实践能力。学校应该及时总结经验，吸取教训，取长补短，提高对初中生公民教育课的重视程度，从而引导学生积极参与。

（二）加强校园文化建设，引导学生有序参与

"公民有序政治参与"的基本界定是：公民在认同现有政治制度的前提下，为促进国家与社会关系良性循环、为提高政府治理公共事务的能力与绩效而进行的各种有序的活动，它包括各种利益表达、利益维护的行动。这种活动是依法、理性、自主、适度地对公共事务或政府决策进行个人或集体意愿表达的行为①。有序政治参与既要表达与争取自身利益，同时又怀有宽容、妥协的精神。

初中学生接触社会的机会有限，大部分的知识和信息都是在校园里获得的，学校顺理成章地成为了传播社会政治文化的主体。学校一方面要通过传播主流政治文化，让学校与社会主流政治文化相一致，促进学生完成符合社会需要的政治参与。学校可以通过课堂教育、课外活动、社会实践等各种形式培养学生坚定的社会主义理想信念，确立正确的世界观、人生观、价值观及行为准则，引导学生自觉接受正确的政治教育，接受国家倡导的主流政治文化的熏陶，认同现实政治体制，自觉有序地参与政治活动。另一方面，要营造一个平等和谐、积极向上的校园政治文化，给学生提供良好政治参与的环境和平台，组织和引导学生参与各种政治活动，引导学生有序政治参与。

（三）培养初中学生政治参与的主体意识，促使学生有效参与

亚里士多德在《政治学》中指出，人类在本性上，也正是一个政治动物②。"两耳不闻窗外事，一心只读圣贤书"的学习态度是同政治参与、民主政治的社会要求有相当大差距的。中学生代表着未来，更应该是民主政治的积极参与者和推动者。为此，要增强学生的主体意识，激发他们的政治热情，强化他们参与国家社会政治生活的高度责任感和使命感。这就要求我们在对

---

① 魏星河．当代中国公民有序政治参与研究[M]．北京：人民出版社，2007：20.

② 亚里士多德．政治学[M]．吴寿彭，译．北京：商务印书馆，1965：7.

学生进行科学文化教育的同时，进行法律意识、人权意识、公民意识等现代政治意识的教育，教育学生关心政治，增强对政治的信赖，融入所处的政治生活，积极投身于政治参与的实践中去。

同时我们还应看到，初中学生的政治参与同他们的成长一样，也是一个渐进的过程。为此，我们不能求全责备，一开始就要求他们参与政治生活必须有健全的政治理智，而要结合学生的实际，理解他们的动机和愿望，引导他们正确地参与，提高学生政治参与的有效性，不要粗暴地抑制学生的政治热情，要自始至终强化他们的使命感和社会责任感，激发他们用各自的热情和行动，去推动社会发展和人类进步。

（四）重视政治心理调适，培育学生形成理性政治参与意识

政治心理是指人们对政治过程和政治生活的一种感性的主观反映，表现为一定的政治动机、政治目的、政治态度等。意识支配行动，社会政治意识形态通过政治心理活动才能转化为人们的政治动机、政治目的、政治态度，进而影响人们的政治行动。通过政治心理的调适，才能培养人们对现存政治制度的政治认同感，才能引导人们积极参与社会政治生活。

加强国情教育是提高初中学生理性政治判断和理解能力，调适学生政治心理的主要内容和主要方式。通过国情教育，让中学生充分认识和理性判断我国的社会实情，调节他们的民主期望值，预防学生在政治参与过程中表现出过度的理想主义倾向，使初中学生认识到我国社会主义民主政治建设将是长期的、逐步推进的过程。中学生的公民教育课老师，应该充分发挥心理纾解和引导的作用，适时通过小组研讨和个别谈心等方式，帮助学生正确理解和判断现实国情，排解学生由于对理想政治和现实国情存在差异而导致的心理矛盾、心理郁结，引导他们逐步形成理性的政治参与意识。

（执笔：云中坤）

培养初中生的民主意识

摘要：民主是现代多数国家追求的社会目标，是社会发展的趋势。实行民主制度的社会需要公民具有民主意识，公民的民主意识需要民主的教育来培养。初中生民主意识培养的调查发现，当前初中生虽然具有一定的民主意识，但与社会发展的需要相比仍较为缺乏；虽然拥有较强的规则意识，

但平等意识较弱，协商共事意识模糊。本文通过分析初中生民主意识缺乏的原因，提出了相应的解决思路。

关键词：初中生　民主意识　培养

青少年正处于民主意识形成和培育的关键时期，因此，加强和改进学校的民主教育和民主意识的培养具有十分重要的现实意义。郑州大学公民教育研究中心与河南工程学院公民文化研究中心于2010年2月至2011年2月在信阳市平桥区小学和初中两个教育阶段开展了为期一年的公民教育课。为检验教育效果，改进教学方法，提高教学效率，我们组织了深入的调查。此次调查问卷分别从性别、年龄、居住地和是否开设公民常识课四个方面进行了设计，全面了解开课以来的教学效果。

一、初中生民主意识的内涵及构成

（一）初中生民主意识的内涵

公民民主意识的形成和发展是一个相当长的过程，中学阶段是一个人民主意识形成的关键时期。初中生民主意识是初中生对公民民主的认识和反映，主要体现在初中生的平等意识、初中生的协商和共事意识以及初中生的守规则意识等方面。“民主意识就是人民当家做主的意识，就是人民依法管理国家事务和社会事务、管理经济和文化事业的自觉愿望和要求。”①初中生民主意识需要培养学生当家做主的意识，树立社会主义小主人的观念，因此，在教学过程中要培养初中生的民主实践能力，强化初中生的主人翁意识。

（二）初中生民主意识的构成

首先，初中生需要平等意识。作为一个小公民，初中学生应该树立平等意识。也就是说，学生要意识到每个人生来平等，没有高低之分，没有等级之别。不管是富人还是穷人，不管是领导干部还是普通老百姓，不管是老师还是学生，人人都是平等的，人人都拥有当家做主的权利。

其次，初中生需要协商和共事意识。学生要牢固树立积极主动地参与管理国家政治事务、经济和文化事业、社会公共事务的意识。同时，作为中华人民共和国的公民要明白大家的事情大家定，学生在事关自身的决策过程中要奉行宽容、合作、协商和共事的理念，在对话中找到最有价值的方案。

---

① 秦树理，王东虓，陈垠亭．公民意识读本[M]．郑州：郑州大学出版社，2008：62.

最后，初中生需要遵守规则意识。初中生在参与自身事务的管理过程中要讲究秩序，做到不违法，用法律维护自己的合法权益。初中生要做到自觉学习依法行使权利，学习组织社会活动的技巧，学习参与政治、社会事务的能力，在现实生活中实现宪法赋予的当家做主权利，按规则办事，同时，还要明白协商离不开规则，否则就会出现议而不决、效率低下的后果。

二、初中生民主意识的现状分析

为准确掌握学生民主意识的状况，此次调查问卷分别从性别、年龄、居住地和是否开设公民常识课等方面入手，通过数据分析，得出了相应的结果。

（一）初中生具有一定的民主意识，民主的诉求较为强烈

对于调查问卷中，“你想过参与和自己生活相关的公共决策吗”这一问题，首先，从性别上看，共有 1503 个男生参与了此次问答，其中选择“想过”的男生有 973 人，占男生总数的 64. 7% ，同时，还有 1763 名女同学参与了此问题的作答，其中选择“想过”的女生有 1195 人，占女生总数的 67. 8% 。可见，无论是男生还是女生都具有一定的民主意识，他们渴望参与和自己相关的公共决策，表达民主观念，而且女生的民主意识还要强于男生。其次，从年龄上看，10 到 12 岁、13 到 15 岁和大于 15 岁的学生选择“想过”的人数在所在年龄段的比例依次为 79. 0% 、67. 2% 和 62. 2% 。由此我们可以看出，无论是哪个年龄段的学生，民主观念都比较强。但是，年龄较大的学生，其民主意识相对较低，而年龄较小的学生其民主意识却相对较高。再次，从不同的居住地看，城市、集镇和农村的学生选择“想过”的人数占所在区域的比例分别为 75. 5% 、71. 2% 和 64. 1% 。显然，生活条件、教育条件好的学生民主意识更强，因此，我们要更加重视集镇和农村的民主意识教育，加大对贫困地区的投入力度。最后，从是否开设公民常识课来看，开设公民常识课的学生选择“想过”的比例为 75. 9% ，而未开设公民常识课的学生选择“想过”的比例仅为 51. 4% ，明显低于开设此课程的学生比例。所以，开设公民常识课是十分必要，也是非常重要的。

（二）学生具有一定的规则意识，但平等意识较弱

针对“你对‘权力万能’‘金钱至上’如何看”这一问题，从性别、年龄、居住地和是否开设公民常识课四个方面分析数据可以得出，90% 以上的学生都选择了“不赞同”这一观点，可见绝大部分同学都拥有较强的规则意识，懂得按规则办事的道理，知道初中生在参与自身事务的管理过程中要讲究秩序，做到不违法，用法律维护自己的合法权益。但是，我们也要看到，男生和女生选择“不赞同”的比例分别为 90. 3% 和 95. 6% ，女生的规则意识更强于

男生。10 到 12 岁和 13 到 15 岁的学生选择“不赞同”的比例分别为 93.5%和 93.3%，而大于等于 16 的学生选择“不赞同”的比例却低于比自己年龄小的学生，为 92.7%。同时，居住在城市的学生相比较集镇和农村的学生规则意识更强，所在地区选择“不赞同”的比例分别为 94.9%、91.9% 和 93.1%。同样，开设公民常识课的学生相对于未开设此课程的学生规则意识更强。

对于“您认为自己对学校学生管理制度的制定有影响力吗”这一问题，从性别上来分析，选择“有”的男生和女生的比例分别仅为 41.1% 和 37.9%，大部分同学都选择了“没有”，更有 15.6% 的男生和 15.5% 的女生选择了“不清楚”。从数据我们可以看出，初中生的平等意识还不是很强烈。从年龄上来分析，比较突出的一项是 10 到 12 岁选择自己对学校学生管理制度有影响力的学生在所在年龄的比例为 61.3%，而 13 到 15 岁和大于 15 岁的学生比例分别仅为 38.9% 和 38.8%，可见，年龄较小的学生平等意识比较强，而年龄较大学生的平等意识却比较弱。从不同的居住地分析，居住在城市、集镇和农村的学生大多都选择了自己对学校学生管理制度的制定“没有”影响力和“不清楚”，这足以说明初中生的平等意识还需加强。从是否开设公民常识课来分析，开设此课程的学生选择自己对学校学生管理制度有影响力的比例为 43.2%，而未开设公民常识课的学生选择“有”的仅为 33.2%，因此，我们要重视开设公民常识课在加强初中生平等意识方面的作用。

（三）初中生协商共事意识模糊，缺乏实际行动

问卷中设计有这样一个问题：“您试图影响过学校关于学生管理的决策吗？”从性别上，75.0% 的男生和 77.9% 的女生选择了“从来没有”和“没想过这个问题”。从年龄上，13 到 15 岁和大于 15 岁的同学选择“从来没有”和“没想过这个问题”的比例分别为 76% 和 82.2%。但是，10 到 12 岁的学生选择“曾经”试图影响过学校关于学生管理的决策的比例达到了 59.7%。从居住的不同区域来看，无论是城市，还是集镇和农村，选择“曾经”试图影响过学校关于学生管理的决策的比例都分别仅为 24.8%、31.0% 和 21.8%。从是否开设公民常识课的数据分析，无论是开设此课程的学生还是没有开设此课程的学生选择“曾经”试图影响过学校关于学生管理的决策的比例分别为 25.9% 和 19.4%，不过，开设公民常识课的学生的协商共事意识还是明显强于未开设此课程的学生。

我们可以从数据中得出，一方面，初中生虽然具有一定的民主意识，但总体上协商共事意识还比较薄弱，没有实际行动的思想，缺乏实践的锻炼；另一方面，开设公民常识课的效果非常明显，因此，我们要总结经验，改进教学方法，提高教学效率，增强中学生的民主意识。

三、初中生民主意识缺乏的原因分析

应试教育严重影响了初中生民主意识的形成。应试教育指脱离社会发展需要，违背人的发展规律，以应付升学考试为主要目的的教育思想和教育行为，是教育工作存在弊端的集中表现。以考试为目的的教育模式与考试方法限制了学生能力的充分发挥，培养的学生难以适应工作和社会的发展。一直以来，校长、教师、学生以提高成绩为目的，全校上下抓升学率，教师加班加点，学生分秒必争。人人都失去了自我，人人似乎都别无选择，初中学生的民主权利在很大程度上被有意无意地压制。

在教学中，教师是绝对的权威，学生在很大程度上被看作知识的容器，学习没有主体性可言，积极性不强。初中生的课堂学习是被动的，从学习方法到学习内容，完全是在老师的指引下完成的。学生谈不上提高判断能力、创新能力、学习能力，更谈不上是学习的主体，尤其是那些所谓“差生”，他们的潜能、尊严和“自我”在应试教育面前被批得一无是处，长期处于一种被人冷落、遭人嫌弃的状态。此外，体罚学生的现象依然存在，有些老师用打耳光、揪耳朵、罚站、罚抄作业，甚至辱骂等各种体罚方式，损伤学生的身心健康，严重影响了初中生的健康成长。

初中生缺失民主实践能力。大部分的初中生不仅民主知识缺乏，而且更缺少民主实践。长期以来，初中生对自己的义务非常清楚。一踏进中学的门槛，老师要学生做的第一件事往往就是背诵《中学生守则》，让学生明白作为中学生哪些事情是应该做的，哪些事情不该做，违反了之后会受到怎样的处罚。学生对于自己应尽的义务牢记于心，表现在行为上也做得比较好。但对于自己拥有哪些民主权利，以及自己的权利受到侵害时应该怎样处理，却知道得甚少。对于班级干部的选举更是由班主任老师操办，没有自我主动承担的意识，不知道怎样行使自己的民主权利。

四、培养初中生民主意识的方法探析

（一）建立平等信任的师生关系

在班级建设中，教师要把学生摆在主体地位，对学生持民主与尊重的态度，对不同性别、年龄、出身、智力、相貌以及关系密切程度不同的学生能够做到平等对待，不以个人的私利与好恶做标准。老师要尊重他人，爱护每一个学生，增强民主意识，建立良好的师生关系，同时，更要有“海纳百川”般的宽容。宽容意味着尊重、信任、理解和沟通，当然不是放任、纵容，不是消极的无所作为。教师要了解每一位学生的学习愿望、兴趣、要求和认知方式的差异，尊重学生的思想、情感和行为方式，尊重学生的个体差异性，发扬民

主，建立平等融洽的师生关系，创设轻松、愉悦、和谐的学习环境和民主氛围，让不同层次的学生有充分展示自己的机会，变被动为主动，变苦学为乐学，激发学生的学习热情，进而养成一心向学、积极思考的良好习惯，从而培养初中生的民主意识。

（二）理论与实践相结合，指导中学生民主自治

初中公民常识课的开设，不仅要重视课本上理论知识的灌输，更应该加大实践在培养初中生民主意识方面的投入。理论只有与实践相结合才能发挥出应有的作用。教师应当明白，课本上的知识需要实践的检验，通过实践学生会更加理解知识的作用，懂得生活中的一些道理，牢固树立民主意识，自觉养成民主的行为方式，为将来参与国家政治事务奠定基础。

指导中学生民主自治，在班级内开展自我教育、自我管理和自我实践。教师应根据学生年龄发展的特点和民主自治能力水平，确定学生民主自治的事务范畴和权限，同时，教师应在学生民主自治实践中注重提升学生的理性思维水平和道德判断水平，进而提升学生民主自治的能力。教师要把握住学生民主自治的价值取向，及时纠正偏离学生全面而自由发展方向的事务和实践方法。教师应建立经常性的协商机制，允许并鼓励学生就已经执行的班级公共政策提出质疑和改进建议，并将学生的质疑和建议交由全班学生进行辩论和审议，在讨论中不断提升学生的思维水平和道德判断水平，培养学生的民主意识。

（三）重视心理保健，不断清除不良影响

初中阶段是人类个体生命全程中的一个极为特殊的阶段，初中生的生理发育十分迅速，在两到三年内就能完成身体各方面的生长发育任务并达到成熟水平。但其心理发展的速度则相对缓慢，心理水平尚处于从幼稚向成熟发展的过渡时期。这样，初中生的身心就处在一种非平衡状态，引起种种心理发展上的矛盾。虽然初中生具有一定的民主意识，但由于他们所处的特殊阶段，心理机制不够完善和健全，平时很容易受各种不良因素的影响，积极参与管理和监督的责任感会随时减弱。所以，我们要重视初中生的心理保健工作，经常不断地给他们灌输主人翁意识，使他们牢记国家建设、社会管理参与是中华民族每一位公民的权利和义务，树立民主意识，为国家建设和社会发展贡献力量。

（执笔：云中坤）

初中生平等意识的教育现状和强化措施

摘要:从调查中发现,开设公民常识课程的学生平等意识要高于未开设公民常识课程的学生,女生平等意识高于男生,平等意识强弱与年龄大小成反比,城市、集镇和农村三地区总体上平等意识较好,其中城市地区相对较好,农村较差。因此,我们要通过继续并大力开展公民常识教育,加强高年级学生平等意识的培养,经常开展性别平等的班会主题讨论,教师树立平等意识并公平对待每一名学生等,加强中学生平等意识的培养与提高。

关键词:初中生　平等意识　措施

在学校开设公民教育课程,系统地对学生进行公民意识教育,是提高学生公民意识、培养合格公民的一个重要途经。为此,郑州大学公民教育研究中心、河南工程学院公民文化研究中心与河南省信阳市平桥区人民政府于2009年共同编写了《公民常识读本》小学版和初中版,并于2010年2月至2011年2月在信阳市平桥区的1万名小学高年级学生(四、五、六年级学生)和1万名初中生(初一、初二学生)中进行了为期一年的公民意识教育试点。我们的教育效果如何?经过一年的系统教育,学生们的平等意识是否得到了有效提高?为了检验教育效果,我们对该区发放了3266份问卷,共收回3266份有效问卷,问卷分别从性别、年龄、居住地和是否开设公民常识课程为维度进行了设置,来检验开设公民教育课的效果。

我国初中生的年龄一般在11~16周岁,他们的意识、心理、性格等方面正在逐步完善,具有很强的可塑性。平等意识作为人们众多意识中一个基本的、重要的意识,在初中生世界观、人生观、价值观的形成等方面具有非常重要的作用,所以加强初中生平等意识的培养至关重要。在课本的内容设计上把平等意识作为一个基本的内容,在课堂上也着重把平等意识作为一个重要内容来讲解。平等意识是公民个体意识的内心体验,是人们在社会交往中物质要求和尊严的满足感。公民的平等意识主要体现在法律面前一律平等及身份平等、地位平等、权利平等等几个方面。我国《宪法》第2章第

33 条明确规定:“中华人民共和国公民在法律面前一律平等。”①“法律面前一律平等”包含三方面的含义:一是指任何公民都平等地享有宪法和法律规定的权利,同时平等地履行宪法和法律规定的义务;二是指在适用法律时,对于任何人的保护或者惩罚,都是平等的,不因人而异;三是指任何组织或者个人都不得有超越宪法和法律的特权,一切违反宪法和法律的行为都必须予以追究。身份平等是指身份之间的同等关系,在一定的条件下他们具有同等的法律和社会关系,人们不因文化水平、经济背景、性别、年龄和民族的差别而不同,每个人都是一个平等、独立的主体,并且不因身份的不同在权利的保护和适用法律时而不同。地位平等是从社会发展的角度来说的,不因公民的职务高低、拥有的资源多少而不平等。性别平等是指不因公民的性别而在入学、就业、升职、劳动报酬等方面产生歧视。人和人之间的平等,不是指物质上的“相等”或“平均”,而是在精神上互相理解、互相尊重,把对方当成和自己一样的人来看待。

一、初中生平等意识的教育现状

(一)开设公民常识课程的学生平等意识略高于未开设该课程的学生

我们在信阳市平桥区中学开设公民常识课程已经一年了,教育效果还是比较明显的,从对问卷中涉及平等意识的四道题的回答结果来看,开设公民常识课程的学生的平等意识要高于未开设公民常识课程学生的平等意识。当问及第 6 题“人人享有一切人权”时,开设公民常识课程和未开设公民常识课程的学生选择“正确”的比例分别是 64.2% 和 64.0%,从这道题的结果来看二者只有稍微的差距。但从下面三道题的回答中,我们就能很明显地对比出二者的差距。当问及第 23 题“国家主席可以有超越法律的特权”时,这两个学生群体选“不正确”的比例依次是 92.5% 和 89.6%,前者高出后者将近 3 个百分点,开设公民常识课程的学生要比未开设公民常识课程的学生更清楚第 23 题是“正确”还是“不正确”,前者不清楚的比重是 4.9%,而后者则高达 7.9%。第 27 题“市委书记和普通公民在法律面前可以区别对待”的调查结果是:开设公民常识课程的学生选择“不正确”的比例达到 90.8%,而未开设公民常识课程的学生认为“不正确”的比重为 88.2%,说明经过学习公民常识课程,学生更明确地认识到法律面前一律平等,不因为身份的不同而不同。第 32 题的调查结果更证明了开设公民常识课程的教育效果。在开设公民常识课的学生中,88.6% 的学生认为富人和

① 《中华人民共和国宪法》第 2 章第 33 条。

穷人在公民基本权利的享有上是“平等”的，而在未开设公民常识课程的学生中认为是“平等”的仅有80.2%，二者相差8个百分点还要多。从调查结果来看，开设公民常识课程对学生公民意识的培养效果显著，因此，我们应该继续大力推进公民常识课程的开设。

（二）女生平等意识普遍高于男生

共有3266名初中生参与了调查，其中在被调查的1503位男同学中有937人选择了“人人享有一切人权”是“正确”，占参与调查男生人数的62.3%；在被调查的1763位女同学中有1157人选择了“正确”，占参与调查女生人数的65.6%。从性别来看，无论是男同学还是女同学，在对每个人都是平等的、每个人都平等地享有人权意识方面的认识正确率在60%，以上，可见，男女生对平等的认识都处在一般水平。从两个数据来看，后者略高于前者，说明女生的平等意识略高于男生。

在“国家主席可以有超越法律的特权”的调查中，有3266名初中生参与了调查，其中在被调查的1503位男同学中有91.2%的同学选择了“不正确”，在被调查的1763位女同学中有91.6%的同学选择了“不正确”。在这个问题上，男女生表现相差无几，但女生还是略高于男生。针对“市委书记和普通公民在法律面前可以区别对待”这一问题，对3266名初中生进行了调查，其中在被调查的1503位男同学中有87.4%的同学选择了“不正确”，在被调查的1763位女同学中有91.8%的同学选择了“不正确”。共有3266名初中生参与了“富人和穷人，在公民基本权利的享有上平等吗”的调查，其中在参与调查的1503位男生中有85.0%的人认为“平等”，参与调查的1763名女生中有85.6%的女生持相同的观点。从选择调查的结果来看，不管是男生还是女生，对在法律面前人人平等都有较好认识，能够清楚地认识到每个人在法律面前都是平等的，法律不分年龄、性别、种族，平等地保护每一个人的合法权利，同时在法律的执行过程中也平等地适用于每一个人，不论你是市委书记还是普通公民，不管你是富有还是贫穷。在我们看到初中生平等意识较好的同时，从数据上也能清楚地看到女生的平等意识要高于男生，这是一个要引起我们注意的现象。女生的青春期早于男生，生理上的成熟造成心理上的成熟，导致女生的各种意识要强于男生，我们这次的调查结果就是一个很好的证明。

（三）追求平等意识的强弱与年龄大小成正比

一般来说，一个人的各种意识会随着年龄的增长而不断增强。但经过分析数据，我们发现了一个与大家预期相反的现象：学生年龄越大，平等意识越弱；年龄越小，平等意识反而更强。在这次调查中，共有3266名初中生参与了

"人人享有一切人权"的调查。在62名年龄10～12岁的学生中，有72.6%的人选择了"正确"这个选项；年龄在13～15岁的学生中有64.0%的人选择了这个选项；而年龄在≥16岁的学生中仅有63.6%的人认为"人人享有一切人权"是正确的。"公民在法律面前一律平等"是我国宪法明文规定的一个基本原则，这不仅要在形式上确保公民在法律面前一律平等，更要在事实上执行这个原则。从我们调查的结果来看，初中生并没能很好地理解这个原则。在"国家主席可以有超越法律的特权"和"市委书记和普通公民可以区别对待"的调查中，我们可以看出他们对这个原则的理解程度。在10～12岁、13～15岁和≥16岁的三个不同年龄阶段学生中，认为"国家主席可以有超越法律的特权"是"不正确"的比重分别是98.4%、92.0%、88.6%；认为"市委书记和普通公民在法律面前可以区别对待"是"不正确"的比重分别是95.2%、90.2%、87.7%。可以看出这三个数据是依次递减的，年龄越低的学生平等意识越强，但这只是一个表面想象，它其实恰恰说明学生年龄越大，追求平等的意识越强烈。由于高年级的学生生活经历要比低年级的丰富，在他们所生活的范围内可能亲身经历或见过一些不平等的事情，事实上的不平等与他们认为的平等发生冲突，激发他们更强烈地追求平等的意识。

（四）从地域来看，城市学生的平等意识高于集镇、农村学生

一个人的各种意识的形成与其所受的教育有着直接的联系，而一个地区的教育水平往往与该地区的经济发展水平和师资力量成正比，我们这次所做调查得来的数据就说明了这个问题。从三个不同的地域来看，来自城市地区学生的平等意识最强，集镇次之，农村最弱。在我们所做的问卷中共有四道题涉及平等意识，分别是第6题"人人享有一切人权"、第23题"国家主席可以有超越法律的特权"、第27题"市委书记和普通公民在法律面前可以区别对待"和第32题"富人和穷人，在公民基本权利的享有上平等吗"，从调查结果来看，城市、集镇和农村三个地区的学生对以上四题的答案选择正确的比例依次是：67.9%、56.0%、65.0%，94.9%、92.6%、90.7%，93.5%、93.0%、88.6%和90.8%、86.1%、84.4%。从四组数据来看，这三个地区学生的平等意识都较好，这说明大家都能清楚地认识到每个人都是一个独立的主体，人与人之间都是平等的，不仅平等地享有宪法赋予的权利，同样也都平等地履行相应的义务。但是三个不同地区学生平等意识强弱也是不一样的，其中城市学生的平等意识最高，农村最差。在回答第23题"国家主席可以有超越法律的特权"时，来自城市、集镇和农村的学生认为这个说法"不正确"的比重依次是94.9%、92.6%、90.7%；认为第27题"市委书记和普通公民在法律面前可以区别对待"是"不正确"的比重依次是93.5%、93.0%、

88.6%；对第32题“富人和穷人，在公民基本权利的享有上平等吗”，回答“平等”的比例分别是90.8%、86.1%、84.4%。从对这几道题的回答上不难看出，来自城市地区学生的平等意识要高于集镇和农村学生的平等意识，而农村学生的平等意识较弱。

二、强化初中生平等意识的措施

（一）普及公民常识教育

从调查结果来看，开设公民常识课程学生的平等意识明显高于未开设公民常识课程学生的平等意识，尤其当问及第32题“富人和穷人，在公民基本权利的享有上平等吗”时，开设公民常识课程的学生中有88.6%的人认为富人和穷人在公民基本权利的享有上是“平等”的，而在未开设公民常识课程的学生中认为是“平等”的仅有80.2%，二者相差8个百分点还要多。由此看来，开展公民常识教育的效果非常明显。因此，要普及公民教育，使学生通过系统的教育认识到自己所拥有的权利和应该履行的义务，培养和增强同学们的民主意识、法制意识、平等意识、自由意识、公平意识等各种作为社会主义合格公民的必备意识。从我们的调查结果来看，大部分学生的平等意识还是比较强的，只是在理解上存在一些偏差，因此，急需开设公民教育课，由具有专业理论素养的老师对学生平等意识进行准确解读。教育者和社会各界人士一定要尽最大努力，使公民教育成为学校的一门学科，发挥公民教育课程培养社会主义合格公民的作用。

（二）开展经常性的以平等为主题的讨论会

随着知识和经验的增加，理性思维能力的提高，初中生尤其是女生在进入青春期后出现的性别敏感，在家庭、学校和社会生活中体现得更加明显，希望从性别平等意识的羁绊中解脱出来。在这种情况下，有针对性地对中学生进行性别平等教育非常重要。从调查结果来看，初中阶段女生的平等意识普遍高于男生，因此，针对男生、女生平等意识的强弱进行有区别的教育引导非常重要，开展以性别平等意识为主题的课堂讨论具有直接的效果，并且易于开展。教师要创造轻松的课堂讨论氛围，让学生畅所欲言，进行思想交流，从而使学生认识到不管是男生还是女生，每一个人都是平等的，帮助他们内化性别平等意识，男女生应和睦相处、互帮互助，促进群体平等意识的提高。

（三）课堂上平等对待每一名学生

教师与学生朝夕相处，加上学生对教师的信任与模仿，老师的一言一行都影响着学生，学生平等意识的养成需要教师的教育，因此，培养学生平等意识的一个重要因素在于教师平等意识的先行树立。师生之间的平等体现

在师生人格的平等、地位的平等。教师要树立平等意识,公平对待每一位学生。教师公平对待每一位学生,就必须了解、热爱、关心学生。教师要关爱学生,感受学生的生活,与学生进行心灵的沟通,亲切友好地对待每一位学生,尊重来自不同地区学生的文化,正视与尊重学生的差异。

(四)开展针对性的平等意识教育

在调查中,我们发现了一个不符合常理的现象:年龄越大、年级越高的学生,其平等意识反而越低。这个现象必须引起我们的注意,需要我们找到改变这个现状的对策,有针对性地增强高年级学生的平等意识。造成这个现状的原因是,高年级学生的学业负担加重,升学压力大,由于把大部分的精力都放在了学习上,忽视了平等意识的培养。另外一个原因就是,年龄大的学生相对年龄小的学生经历要丰富些,可能会对一些不公平的事多有所见闻,这就需要教师适时地告诉他们:平等不是绝对的,公平是有差异的。教师还可以指导学生开展一些丰富的活动,比如让他们自己设计关于平等的口号、标语,或者创作相关的歌曲、小品等,以更好地增强平等意识的教育效果。

(执笔:李　花)

关于当代初中生节俭意识的调查分析

摘要:"勤以修身,俭以养德。"勤俭自古以来一直是中华民族的传统美德。建设节约型社会要靠全社会的努力,其中加强对青少年节约意识教育是一个重要环节,在中学生中开展节约意识教育,具有现实性和必要性。本人结合教育教学实践,对初中学生进行了观察和调研,了解了一些情况,并提出一些浅显的见解。

关键词:初中生　节俭　节俭意识

勤俭节约、艰苦奋斗,经过中华民族千百年的发展和锤炼,已经成为一种精神、一种品格、一种象征。

初中生树立节俭意识和坚持艰苦奋斗精神,主要是养成艰苦朴素、勤俭节约的生活作风。其主要包含两方面的内容:一是指勤劳、苦干,积极学习,健康向上;二是指节俭、朴素,制止浪费。这不仅是培养良好个人品质的需要,而且是加强精神文明建设、弘扬社会主义荣辱观的要求,是追求社会主义核心价值的重要体现。

一、初中生不节俭的现状及原因分析

(一)初中生不节俭行为状况

多数初中生对“谁知盘中餐,粒粒皆辛苦”“静以修身,俭以养德”等古训都能熟知,他们对勤俭节约的意义也有浅显的认识。但是在实际生活中,很多初中生追求安逸、舒适、享乐的生活,不劳而获的思想浓厚,勤劳节俭意识淡薄。尤其是近年来随着国民经济的迅速发展,人民生活水平的不断提高,中学生的不良消费日益膨胀,有的甚至到了令人瞠目结舌的地步。就当前的一些中学生来说,追求名牌、吃喝玩乐,泡网吧、玩游戏等现象相当普遍,拥有手机的学生也是日益增多。

概括说来,初中生大致有四类浪费情况:一是粮食浪费现象。主要表现为饭菜不合口味,吃剩的馒头、米饭到处乱扔。二是水电浪费现象。在教学楼和宿舍楼,我们都常常能看到“细水常流”,大量的水浪费了,大白天仍然有不少教室的灯还亮着,全班几十个学生却无人关灯。三是纸张浪费现象。草稿纸、作业本、书本等浪费在学生中间很常见,教室里常常是遍地纸张,有的笔芯只用了一半就扔了。四是时间浪费现象。青春年少正是学习求知的黄金时期,而许多学生一有空闲就逃学、旷课、逛街,经常出入网吧、精品店,通宵上网,把大好的时光白白浪费在贪玩与游戏中,实在令人痛心。

(二)初中生非理性消费产生的危害

中学生非理性消费的现象,给他们的健康成长带来了许多不良的影响,具体表现在以下几个方面。

首先,极大地危害着学生的身心健康。许多学生有了零花钱,没有用在正经事上,而是花钱去网吧玩游戏,看一些不良的书籍、录像等。不少学生沉迷于网络,通宵达旦地玩游戏,不仅荒废了学业,而且还出现了精神异常。如今,吃零食也成为学生消费的一个主要内容,尤其是一些学校的校门前就有不少卖零食及饮料的小卖部,周围还有很多摆地摊的卖些廉价食品,许多零食并不符合卫生标准,往往都是一些“三无”产品,这样不但浪费了钱,还损害了身体健康。

其次,会逐渐养成不良的生活习惯。许多学生自以为有的是钱,对很多东西都不懂得珍惜,养成了浪费的习惯。比如,丰盛的午饭因为“没胃口”就原封不动地“回收”了;早餐的面包咬了一口就扔进了“垃圾桶”;等等。如果有人“介意”,他们会满不在乎地说:“反正我花的是自己的钱。”但他却没有意识到,潇潇洒洒所花的钱凝聚了父母多少的血汗。

再次,会加重父母的经济负担,导致家长与子女关系紧张。中学生由于

心理不成熟,分辨是非能力差,看到别的同学有那么多钱,于是也向父母要。可是,并不是所有的父母都很有钱,一些家庭的收入并不高,但是为了满足孩子,家长只好省吃俭用挤出一些钱来给孩子。倘若家长不能满足孩子的要求,就容易使两代人的关系紧张,产生隔阂。

最后,也是最严重的,可能导致学生走上犯罪的道路。所谓"由俭入奢易,由奢入俭难",家庭的生活条件不可能一成不变,倘若现在过惯了奢侈生活,形成了一种错误的金钱观,认为"金钱是万能的",一旦家庭出现变故,无法面对现实,学生就有可能走上盗窃、抢劫甚至杀人的犯罪道路。这种对金钱的态度处理得若是不好,带来的后果将不可想象。

(三)初中生非理性消费、浪费现象产生的原因

19. 你对"权力万能""金钱至上"如何看?(　　)

A. 赞同　　　B. 不赞同

这个问题,通过对 3266 人调查结果的分析、比对,我们发现,极少数初中生不能树立正确的权力观和金钱观,选择"A. 赞同"的男、女生比例分别为 9.7% 和 4.4%。这说明在市场经济环境下,受拜金主义、享乐主义等社会思潮的影响,一些学生认为"权力万能和金钱至上"。究其原因,主要体现在如下几个方面。

第一,受社会不良风气的影响。随着经济的迅速发展,人民生活水平的不断提高,多数家庭的经济状况有了显著改善,名牌商店如雨后春笋般出现,不少学生也马不停蹄地追赶起潮流。社会上一些人把消费水平作为衡量个人尊严、地位高低的尺度,青少年又有着极强的好奇心和模仿能力,各种畸形的消费文化潜移默化地影响和腐蚀着青少年。

第二,受家庭环境的影响。现在的学生多是独生子女,父母视其为掌上明珠,过分溺爱,往往要风得风、要雨得雨。而不少家长又认为现在生活条件好了,给孩子零花钱也无关紧要。不少家长对孩子的要求百依百顺、有求必应,连经济拮据的家庭,家长也要勒紧裤带省下钱来满足孩子的需求。不少中小学生都拥有手机、数码相机、MP3 等高档消费品,这无形中助长了他们奢华浪费的习惯,还有的家长认为给零花钱可以让孩子在同学面前不感到自卑,自然也就对孩子的零花钱疏于控制,而忽视了过多的零花钱可能让孩子滋生不良的生活习惯。

第三,受学校片面教育的影响。如今,不少学校片面追求升学率,重视对学生"智"的培养,却忽视了"德、体、美"等方面的教育,忽视对学生的思想

品德、生活能力的培养。尽管也提倡艰苦奋斗、勤俭节约的精神，但由于内容不够新颖，教育方式过于陈旧，不能跟上时代的步伐，往往在学生中起不到很好的教育效果。

第四，受身边氛围的影响。中学生自身的消费观念不成熟，容易出现从众、攀比和求异心理。一些学生为了在同学面前炫耀，吃、穿、用样样都要讲名牌，还有不少学生认为“别人有的，我也要有”，在这种从众心理作用下，不合理使用零花钱、乱消费的现象就更严重了。消费理念的迷失使越来越多的中学生在花钱方面走上了恶性循环的境地。

二、养成节俭习惯是个人修养的必修课

节俭不仅是一种行动，更是一种精神。在日常生活中，节俭往往是和进取、积极、乐观向上等追求紧密相连的，而随意挥霍浪费资源，常常是与颓废、消沉等不良心绪分不开的。节俭作为一种精神力量，能够起到砥砺意志、催人奋进的重要作用，形成凝聚人心、战胜困难的强大力量。人生旅途中，逆境催人警醒，激人奋进，而安逸优越的环境往往消磨人的意志，使人耽于安乐。只有形成尊重创造、珍惜个人劳动成果的心理，才能最大限度地激发创造活力。

作为一种传统的道德榜样，毛主席的被子、周总理的睡衣、朱总司令的扁担，教育了一代又一代青少年，令我们感动，令我们景仰。近20年来，随着经济的发展，人们的生活水平提高，节约意识似乎渐行渐远，鼓励消费的宣传铺天盖地，动辄“首富”“金领”“豪宅”“极品”，不一而足。有的青少年为了紧跟“时尚”，不顾自己和家庭的实际情况，超前消费；还有的青少年出现了认识上的误区，认为节约即吝啬，既然生活水平提高了，就应该讲阔气、讲派头。在他们的心目中，艰苦朴素、勤俭建国、勤俭持家的好传统、好风气，早已成为过时的东西，浪费可耻变成了奢华光荣。在这种不正确的消费观念的影响下，一些青年为了达到自己奢靡消费的目的，不惜铤而走险，造成了许多道德观念上的误解。

作为当代初中生，在艰苦的学习和生活环境中，保持节俭的习性，这是一种考验，更是一种个人素质的修为。节俭，不仅可以节约钱财、节省资源、累积财富，更重要的是它可以陶冶人们的情操、意志，提升人的品性，培育一种奋发进取的价值取向。崇尚节俭的人，必然有高尚的精神追求、健康的生活情趣。节俭，有“节”才能俭，守住做人的“贞节”，这是做人的本分。千里之堤，溃于蚁穴。许多学生一步步陷入违法乱纪的泥坑，往往都是从吃喝玩乐这些看似小事的地方起步的，都是从生活价值观上开始变质的。俭以励志，俭以养德，所谓“夫君子之行，静以修身，俭以养德，非淡泊无以明志，非

宁静无以致远”。节俭是一种道德修养，有利于培养优良的个人品质、树立远大的理想追求；节俭是一种文明的、自觉的生活方式，力求以一种简朴的生活态度达到快乐的精神境界。社会越是文明进步，越要崇尚节俭的文明生活方式，也就对个人的修养提出了更高的要求。

第一，不花费多余的钱。目前，随着家庭条件的优越，家长们对孩子的花费也是更多地予以满足，对孩子的要求是有求必应。其中不乏有爷爷、奶奶等额外给的零花钱，有的学生一个月的零花钱竟有几百元。在花钱的方面，学生们要有原则、有计划、有节制，做好每一项花钱的计划，原则上讲够基本开支就行，太多就会浪费，时间久了就会形成奢侈习惯。要学习理财，对手中多余的钱要有计划地积攒、储蓄，积少成多，将来用在需要的地方。

第二，珍惜父母的劳动，理性消费。对于零花钱，有些学生没有计划和节制的使用，有的购买学习用品，有的上网或娱乐。事实上，额外的钱大多用于学习之外，在交友聚会、随心所欲等豪华消费或是购买奢侈品中挥霍掉了，仅有少部分用于购买文具或参考书之类的学习用品。有什么样的价值观，就有什么样的生活目标和生活态度。每一位初中生如果都深刻认识到金钱来之不易，现在所花费的每一分钱，都是父母的血汗钱，是大人们省吃俭用、辛苦操劳的结晶，那么就能少花一分钱，就为父母节省一份力，就是献给父母的一份情。

第三，不奢求、不攀比。据一项调查表明，一些青少年把消费看成他们快乐的全部来源，这实际上是一种畸形的消费观念。不少青少年互相攀比，追求穿用名牌，出门几步就打的，经常光顾肯德基、麦当劳，花上三五百元钱很随意。同学聚会、朋友相逢，出手阔绰地唱卡拉 OK、喝酒，大手大脚地花钱，根本不懂什么是节约。中国人民大学社会学系教授周孝正曾经指出，从社会学角度讲，美是超越功利的，简洁生活即是美。当前应对“好面子”“讲排场”等不良行为进行反思，摒弃“以浪费为荣”的陈腐理念。时下，各种时尚、潮流风行，许多学生经不住诱惑，盲目跟从，以非主流为荣。在物欲泛滥之间，同学之间很容易产生相互攀比心理，虚荣心处于不断的膨胀中。攀比总会形成无节制，必然造成大量浪费，这对初中生思想、心理、学习造成无法估量的损害。不奢求、不攀比，把节俭作为一种高尚的价值追求，做一名有理想的初中生，人生才能有美好的前景。

三、增强节约意识，树立理性消费观

勤俭节约、艰苦奋斗与我们今天倡导的合理消费是统一的。主张节约并不是压抑消费，合理消费也不等于奢侈浪费。人类的资源是有限的，无论

是现在还是将来,也无论是贫还是富,勤俭节约、艰苦奋斗的精神是永远不能丢的。

第一,树立初中生理性消费观,要做到量入为出、适度消费。在自己经济承受能力之内,应该提倡积极、合理的消费而不能超前消费,否则,会影响思想的健康发展。

第二,树立初中生理性消费观,要杜绝盲从购物。盲目从众是常见的一种消费心理现象,也是对普通消费者影响最大的一种消费心理现象。苏联著名诗人马雅可夫斯基曾说过:“流行的不一定好,比如流行感冒。”要做到理性消费就要从以下方面入手:一是消费要根据自己的需要,而且要适合自己的需要;二是消费时要有主见,不人云亦云,不随大流、追风头;三是宽以待人,心态平和,不能因赌气而消费;四是消费要协调,不能只重物质消费而忽视精神消费。

第三,树立初中生理性消费观,要做到多方监管。一是要培养孩子热爱劳动的观念。在处理零花钱的问题上,家长可以把零花钱作为一种奖励手段,可以按照事先的约定给孩子一定量的零花钱作为奖励。这样不但让孩子形成劳动最光荣的思想,还控制了其零花钱的数量。二是家长对孩子不能有求必应、听之任之,该控制的时候不能轻易放手。当孩子做错事时要给予他应有的批评和教育,让其充分认识到乱花钱的危害性,帮助他从小养成良好的生活习惯。三是要培养孩子合理的消费观念。家长可在生活中,通过一些实际例子教孩子学会理财,帮助孩子学会科学、合理地消费,同时加强对孩子勤俭节约的教育,如购买衣服、鞋帽时,不必追求名牌,习惯于购买物美价廉的商品,懂得钱的来之不易。四是学校要充分发挥公民教育课、心理健康课的作用,有意识地培养学生的理财意识和自我控制能力。五是政府有关部门要加强对网吧的监督管理力度,创建有利于学生健康成长的良好消费环境,为青少年的健康成长开辟一片蔚蓝的天空。

四、加强初中生节俭意识教育的必要性和紧迫性

增强初中生节俭意识是公民教育的目的之一。由于受同辈群体和传媒的影响,青少年与上一辈出现不同的消费观是很正常的。不同的时代在衡量浪费和节约时有不同的标准,要把握好它们之间的平衡,很重要的一点就是要量入为出,可持续地消费。对于学生群体而言,由于都属于未成年人,没有挣钱的经历,也不知道钱的来之不易,更没有养成理性消费观念和理财意识,他们既存在着相互攀比品牌与数量的好强心,又有追赶潮流、喜欢时髦的好奇心,因此,在初中生中开展节俭教育的重要性就显得尤为重要。

对于尚未成熟的学生而言，无论是从作为中华民族美德的传承与推广的高度出发思考，还是从他们未来走向成年而节约养家的角度考虑，节俭都应当作为一项重要的公民教育内容，让包括老师和家长在内的全社会公民帮助学生们端正消费态度，树立正确的消费观，正确引导他们的消费行为，使“成由勤俭败由奢”等治国安邦的道理根植于心，使节俭养家、节俭修身成为一种普遍的公民意识。

（执笔：杨　丽）

第五单元

加强初中生校园生活公民教育的思考

摘要:从校园生活角度对初中生进行公民教育,能使初中生在潜移默化中养成良好的行为习惯,成长为合格的公民。调查发现,公民常识课的开设,使受教育者在参与学校管理制度、处理与自身利益相关的班级事务等方面取得了一定的成效。但还存在一些不足,因而加强初中生校园生活中的公民教育,需要在丰富教育内容、改进教育方法、进一步认清教育对象等方面做出更多的努力。

关键词:初中生　校园生活　公民教育

从校园生活角度对初中生实施公民教育,是培养初中生公民素质的重要渠道。其内容主要包括初中生应遵守校规校纪,学习相关的法律知识并善于用法律保护自己,举止文明,积极参

与和自己学习生活紧密相关的班级与学校管理工作,积极参加学校的社团活动等几个方面。其内容的确定一方面是依据公民教育的相关理论,如公民教育的目标是培养合格公民,公民教育的主要内容有爱国主义教育、权利与责任教育、民主与法制教育、社会公德教育等;另一方面是依据隐性教育的相关理论,如公民教育隐性资源是相对于以公民教育课程为主要形式的显性教育而言的,不直接作用于受教育者,而是以不被人注意的形式存在于人们的日常生活之中,具有丰富性、隐蔽性、渗透性、间接性等特点。

一、从校园生活角度对初中生实施公民教育的教学成效

从校园生活角度对初中生进行公民教育,能使初中生在潜移默化中养成良好的公民习惯,从而成长为合格的公民。为更好地了解教学成效、积累经验、改正不足,本调查组在信阳市平桥区各个初中,从性别、年龄、居住地、是否开设公民常识课等四个方面,有针对性地开展了问卷调查。根据对回收的3266份有效问卷进行统计分析,在教学成效方面得出如下结论。

(一)初中生参与学校管理的意识有所增强

一个负责任的初中生公民,应该关注学校的发展,并积极地参与学校的管理和建设。调查发现,接受过公民常识教育的学生在这方面做得更好。根据问卷第34题“您认为自己对学校学生管理制度的制定有影响力吗”,选项有三个“A. 有;B. 没有;C. 不清楚”(见表5.1);第35题“您试图影响过学校关于学生管理的决策吗”,选项有三个“A. 曾经;B. 从来没有;C. 没想过这个问题”(见表5.2)。

表5.1　认为自己对学校学生管理制度是否有影响力

开设公民常识教育课情况	调查情况	问题34			
		A. 有	B. 没有	C. 不清楚	总计
开设公民常识课	调查人数(人)	863	855	278	1996
	占总调查人数(%)	26.4	26.2	8.5	61.1
未开设公民常识课	调查人数(人)	422	618	230	1270
	占总调查人数(%)	12.9	18.9	7.0	38.9

表 5.2　是否试图影响过学校关于学生管理的决策

开设公民常识教育课情况	调查情况	问题 35			
		A. 曾经	B. 从来没有	C. 没想过这个问题	总计
开设公民常识课	调查人数(人)	517	647	832	1996
	占总调查人数(%)	15.8	19.8	25.5	61.1
未开设公民常识课	调查人数(人)	247	382	641	1270
	占总调查人数(%)	7.6	11.7	19.6	38.9

数据显示,在开课的学生当中,认为自己对学校学生管理制度的制定有影响力的学生占 26.4%,曾经试图影响过学校关于学生管理决策的学生占 15.8%,两项合计占 42.2%;而对于未开课的学生,相应的比例分别是 12.9%和 7.6%,两项合计仅占 20.5%,比例远远低于开设过公民常识课的学生。可见,对公民常识有所掌握的同学,在关注并参与学校管理和建设方面,明显高于未接受公民教育的同学。通过对公民常识课的学习,初中生参与学校管理的意识有所增强。

(二)初中生参与班级事务的积极性更高

班级事务涉及初中生的学习、生活等方方面面,如班级公约的制定、班委会成员的确定、班级集体活动的组织开展等。作为一个合格的初中生公民,应该能够积极有效地参与班级事务。调查显示,学习过公民常识课程的初中生相对于未学习过公民常识课的初中生,能更好地处理与自身利益相关的班级事务。对问题 22“班级组织郊游,同学们有的想到博物馆,有的想到动物园……大家争论不休,应如何解决”,选项有四个“A. 请老师做主;B. 由班长决定;C. 由家长决定;D. 由同学们商议决定”(见表 5.3);问题 14“学生有权参与和自己学习生活紧密相关的班级、学校管理工作”,选项有三个“A. 正确;B. 不正确;C. 不清楚”(见表 5.4)。

表 5.3　班级集体活动意见不一致时该如何解决

开设公民常识教育课情况	调查情况	问题 22				
		A. 请老师做主	B. 由班长决定	C. 由家长决定	D. 由同学们商议决定	总计
开设公民常识课	调查人数(人)	81	19	23	1873	1996
	占总调查人数(%)	2.5	6	7	57.3	61.1
未开设公民常识课	调查人数(人)	98	12	9	1151	1270
	占总调查人数(%)	3.0	4	3	35.2	38.9

表 5.4　认为学生有权参与班级、学校管理工作

开设公民常识教育课情况	调查情况	问题 14			
		A. 正确	B. 不正确	C. 不清楚	总计
开设公民常识课	调查人数(人)	1844	80	71	1995
	占总调查人数(%)	56.5	2.5	2.2	61.1
未开设公民常识课	调查人数	1106	69	95	1270
	占总调查人数(%)	33.9	2.1	2.9	38.9

数据显示,对于第 14 题的回答,开课的同学当中,选择"正确"的占 56.5%;未开课的同学当中,选择"正确"的占 33.9%,比例相差 22.6 个百分点。对于第 22 题的回答,未开课的同学选择正确答案的有 35.2%,开课的同学选择正确答案的比例是 57.3%,比例相差近 22 个百分点。可见,接受过公民常识教育的同学,其参与班级事务的积极性更高,并且能更有效地实现对班级事务的管理。

(三)初中生自我保护的意识得到强化

作为成长中的初中生公民,应该懂得基本的法律常识,并且知道运用法律来保护自身的合法权益,善于自我保护。调查表明,接受过公民常识课教育的学生,其用法维权的意识更强,并能更好地运用法律的渠道保护自己。例如,在回答"当你的合法、正当的权益受到侵害时,你会怎么做"时,选项有四个"A. 找关系帮忙;B. 自认倒霉;C. 用暴力解决;D. 依法维护"(见表 5.5)。

表 5.5 当合法、正当的权益受到侵害时怎么做

开设公民常识教育课情况	调查情况	问题 24				
		A. 找关系帮忙	B. 自认倒霉	C. 用暴力解决	D. 依法维护	总计
开设公民常识课	调查人数(人)	18	18	19	1941	1996
	占总调查人数(%)	6	6	6	59.4	61.1
未开设公民常识课	调查人数(人)	16	25	14	1215	1270
	占总调查人数(%)	5	8	4	37.2	38.9

数据显示,开课的同学当中,有 59.4% 的同学选择“依法维护”;而在未开课的同学当中,仅有 37.2% 的同学选择“依法维护”,比例相差 22 个百分点。可见,公民常识课程的开设能够增强同学们的法律意识,使其更懂得通过正当的渠道保护自身的合法权益,自我保护的意识明显增强。

(四)初中生政治参与的意识逐步提升

社团活动是初中生学校生活的重要内容,也是初中生政治参与的重要渠道,参加合法的社团对初中生是十分有益的。初中生的各项能力和素质会在社团活动中得到锻炼和提高。调查显示,学习过公民常识课的同学,会了解更多的社团组织,其参加社团活动的意愿更强。如在回答“您参加过共产党、共青团之外的组织吗”时,选项有三个“A. 参加过;B. 没参加过;C. 不知道还有什么组织”(见表 5.6)。

表 5.6 是否参加过共产党、共青团之外的组织

开设公民常识教育课情况	调查情况	问题 40			
		A. 参加过	B. 没参加过	C. 不知道还有什么组织	总计
开设公民常识课	调查人数(人)	712	1072	212	1996
	占总调查人数(%)	21.8	32.8	6.5	61.1
未开设公民常识课	调查人数(人)	352	716	202	1270
	占总调查人数(%)	10.8	21.9	6.2	38.9

数据显示，在开课的学生当中，选择“参加过”的同学占21.8%，而在未开课的同学当中，相应的比例仅为10.2%，二者相差11个百分点。可见，公民常识课的开设，使同学们了解了更多关于社团的种类，并能更积极地参与社团活动，从而也表明初中生政治参与的意识有所提升。

二、初中生校园生活公民教育存在的问题及原因分析

总体来说，公民常识课的开设是有成效的，但也存在着一些问题与不足。例如，学生在参与学校学生管理制度制定方面积极性不高，学生参加社团活动的实践较少等。分析不足产生的原因，才能更好地实施公民教育。

（一）存在的问题

1. 从总体上看，学生在参与学校学生管理制度制定方面积极性不高

调查显示，学习过公民常识课程的学生，能够更好地参与学校关于学生管理制度的制定和实施。但从总体上看，学生在这方面的意识和行为都不容乐观。例如，在被调查的学生当中，仅有39.3%的同学认为自已对学校管理制度的制定有影响力，而45.1%的同学认为没有影响力，还有15.6%的同学认为“不清楚”。另外，在问及“您试图影响过学校关于学生管理的决策吗”的时候，仅有23.4%的同学回答“曾经”参加过，有31.5%的同学回答“从来没有”参加过，还有45.1%的同学回答“没想过这个问题”。

2. 学生参加社团活动的实践较少

在被调查的学生当中，大部分同学都没参加过除共产党、共青团之外的组织。例如，在回答“您参加过共产党、共青团之外的组织吗”这样一道题时，选择“不知道还有什么组织”的同学占12.7%，选择“没参加过”的同学占54.7%，选择“参加过”的同学仅占32.6%。可见，有相当一部分同学对学校社团组织缺乏了解，当然也不会积极有效地参与其中。

3. 从整体上看，男生的公民行为能力不如女生

根据调查数据，男生除了在参与学校管理以及参加学校社团活动等方面的能力略高于女生之外，其他方面的公民行为能力都不如女生。主要表现在以下几个方面：①在男生当中，认为遵守学生行为规范是中小学生责任的占91.2%，略低于女生的91.7%；②认为学生有权参与和自己学习生活紧密相关的班级、学校管理制度的男生所占的比例为87.8%，而女生的比例为92.6%；③在组织班级郊游等类似的活动中，如果大家意见不一致时，有90.1%的男生认为要由同学们商议解决，也低于女生的94.7%；④当自身合法、正当的权益受到侵害时，有97.8%的女同学主张要“依法维护”，而不选择“找关系帮忙”“自认倒霉”和“用暴力解决”，高于男生的97.8%。可见，

在公民行为的表现上，男生不如女生。

4. 农村学生的公民行为能力略低于城市和集镇

从整体上说，农村学生在遵守学校制度、参与学校社团活动、参与班级事务等方面表现出良好的公民素养，并且接受过公民教育课程的学生表现更加优秀。但根据调查数据，在有些方面，农村学生的公民行为能力略低于城市和集镇的学生，如在农村学生当中，有38.9%的人认为自己对学校学生管理制度的制定有影响力，而城市和集镇的学生在这方面的比例分别为39.9%和41.1%；有21.8%的农村学生曾经试图影响过学校关于学生管理的决策，也略低于城市学生的24.8%以及集镇学生的31.0%；在回答"学生是否有权参与和自己学习生活紧密相关的班级、学校管理工作"时，农村学生所占的比例是89.3%，而城市和集镇学生的比例分别是93.0%和93.7%；在处理有争议的班级事务时，有91.8%的农村学生认为由"同学们商议决定"，也低于城市学生的96.8%以及集镇学生的93.3%。从以上分析可见，从整体上看，农村学生的公民行为能力略低于城市和集镇，有待于进一步加强。

（二）原因分析

1. 初中生公民教育尚处于起步阶段，经验不足

20世纪90年代中期以后，国内有越来越多的学者开始关注公民教育。一些公民教育研究机构相继成立，如北京师范大学公民与道德教育研究中心、郑州大学公民教育研究中心等。这些研究机构陆续出版发行了一批公民教育图书，召开了多次公民教育学术研讨会，开展社会实践活动。这些机构和活动有力地推动了我国公民教育的发展。但由于我国的公民教育起步较晚，目前学界对公民教育的理论研究还有待于系统和深化，对于公民教育的基本范畴、基本概念、理论框架、基本内容等方面还需更深入地进行界定和探讨。理论环节的薄弱也直接影响到实践活动的开展。在公民教育的实施过程中，可加工利用的公民教育专门资源较少，教学方式经验不足，这些都加大了公民教育实践的难度。虽然我国也颁布了相关的文件，试图在中学推广公民教育，如在1985年，中共中央颁布了《关于改革学校思想品德和政治理论课教学的通知》，决定在初中开设公民课，实施公民教育。1995年，国家教委又颁布《中学德育大纲》，明确指出"中学德育工作的基本任务是把全体学生培养成为热爱社会主义祖国的具有社会公德、文明行为习惯的遵纪守法的公民"。但由于各种原因，公民教育在中小学尚未得到很好的开展和实施，这在一定程度上限制了学生公民行为能力的发展。

2. 初中生在性别、年龄等方面存在着个体差异

作为教育对象，初中生在性别、年龄等方面存在着个体差异，如不同性

别的初中生,其兴趣点以及对事物的认知能力和理解能力会有差异。根据调查数据,有41.1%的男生“认为自己对学生管理制度的制定有影响力”,高于女生的37.9%;有25.0%的男生“曾经试图影响到学校关于学生管理的决策”,高于女生的22.1%;在参加学校社团组织方面,男生也略高于女生。而在参与班级事务、维权意识等方面,女生比男生表现得更好。此外,也可以把初中生划分为≤9岁、10~12岁、13~15岁、≥16岁等几个年龄阶段,不同年龄阶段的初中生,其特点会有所不同。因此,教育者在对初中生进行公民教育时,应区别对待,如果忽视这一点,会直接影响到公民教育的效果。而目前中学实施的公民教育,一般采取班级授课制,对不同的教育对象采取同样的教学内容和教学手段,这在一定程度上影响到公民教育的效果。

3. 教育资源不均衡

相对于农村来说,城市和集镇拥有更多的教育资源。我国长期存在的城乡二元结构,造成了城乡之间的巨大差距。反映在教育上,国家对城市地区的教育投入要高于农村,教育部门在办学条件、教育经费、师资等资源的配置上,实行城乡不同标准。有限的教育经费主要集中于城市,原本更需要扶持的农村教育得到的资源远远少于城市。据一项调查资料显示,从1993年到2005年的13年间,农村小学和初中学生经费都低于全国平均水平,也更低于城市水平。2004年,初中生人均教学仪器设备值农村为269元,城乡之比为1.4∶1。一份教育督导评估报告指出,有45个县(市、区)的农村中小学教职工工资水平偏低,尚达不到国家必保工资标准①。在教育资源不均衡的情况下,农村学生往往享受不到与城市和集镇同等的教育资源,尤其是在公民教育不是很成熟的情况下,有限的公民教育资源也更多地向城市倾斜,广大农村学生很难享受到优质的公民教育资源。

三、校园生活中进一步强化公民教育的方法和途径

加强初中生的公民教育,需要进一步丰富教育内容、改进方法,也需要进一步认识教育对象、因材施教。具体来讲,有以下几个方面的建议。

(一)继续在中学开展公民教育,丰富教育内容,改进教育方法

从调查数据看,接受过公民教育的学生,其公民行为能力普遍得到提高,这说明公民常识课程的开设还是很有成效的,因此,在中学的公民教育需要继续开展,并且要在总结经验、改正不足的基础上更好地开展。

---

① 陈赟.教育资源不均衡对收入差异影响研究[J].中国发展,2008(6).

1. 重视公民教育,营造公民教育的校园文化氛围

在中学开展公民教育是十分必要的。公民教育的目标在于培养负责任的、合格的公民。中学生通过接受公民教育,能够了解基本的公民常识,更清楚、准确地认知自身的权利,明确自身的义务和责任,掌握参加公民生活的基本技巧,从而更好地适应社会,为社会的建设贡献力量,尤其是在全面建设小康社会、构建和谐社会、完善社会主义市场经济体制的今天,需要更多具备高尚公民素质的公民参与社会的建设,因此,作为学校的教育者,要重视公民教育,要转变传统应试教育的教学模式,从学生的成长与发展需要出发去培养学生。作为初中生,也要积极主动地涉猎相关的公民常识,在日常生活中注意养成良好的公民习惯,从而营造一个良好的公民教育的校园氛围。

2. 进一步规范和丰富公民教育内容

近几年来,公民学科教育研究与探索取得了较为显著的成果,专门研究机构纷纷成立,有关公民教育的图书陆续出版,学术研究交流和社会实践活动也日益频繁。但相对于其他学科,公民学科依然显得有些薄弱,因此,为了更好地实施公民教育,尤其是初中生的公民教育,需要进一步深入研究公民教育理论,使之更加系统化、规范化。对于公民教育的内容,要进一步分类、整理、提炼、升华,使之更适合初中生的特点,更能增强初中生的兴趣,更易于教师理解、掌握,以便更好地实施教育教学。

3. 探索更多的公民教育方式方法

目前,课堂教育教学是对初中生进行公民教育的主要途径,是初中生系统了解公民知识、提升公民素质的重要途径。通过教师的课堂讲授,学生可以系统地学习作为合格社会成员的知识、技能,从而能够在社会上担当起有效的角色;通过学习公民知识,学生可以清楚自己的权利和义务,为做一个有知识、有理想、有责任的公民奠定良好的理论基础。但是,这种教学方式往往出现重灌输、轻交流,重说教、轻沟通,重传递、轻思考,重外律、轻内修,重显性、轻隐性的倾向,因此,在课堂教学中可以运用多样化的讲授方法,对课堂教学方法进行创新,如案例教学法、问题教学法、背景透视教学法、参与式教学法、辩论式教学法、课内课外教学活动相结合教学法、师生对话研讨式教学法等。此外,要深入开展实践活动,通过学生的亲身体验提升公民素质。

(二)因材施教,进一步研究和认识教育对象

初中生是一个特殊的群体,进入十三四岁,学生的生理开始发生较大的变化,这使他们产生了成人感,因此,在心理上他们也希望尽快进入成人世界,寻找到一种全新的行为准则,获得一种新的社会评价,重新体会人生的意义:一方面,他们产生了强烈的独立意识,有了自己的想法,不愿顺从,不

愿听取父母、老师及其他成人的意见;但另一方面,在他们的内心中却没有完全摆脱对父母的依赖。所以为取得良好的教育效果,需要对初中生的这些特点加以研究。此外,针对教育教学中出现的问题,可以把初中生分成不同的群体,根据公民教育的特殊内容可以分类教学、因材施教。例如,根据同学们的不同兴趣分成不同的小组,根据群体的各自特点,有针对性地实施公民教育。

(三)开发和利用更多的公民教育资源

在校园生活中,除了开设公民教育的专业课程之外,教育者还可以开发和利用更多的教育资源来加强公民教育。相对于以公民教育课程为主要形式的显性资源而言,我们可以称其为公民教育的隐性资源。它不是直接作用于受教育者,而是以不被人注意的形式存在于人们的日常生活之中。与显性公民教育相比,初中生公民教育的隐性资源表现出丰富性、隐蔽性、渗透性、间接性等特点。隐性公民资源的特点,使其往往具有良好的教育效果,从而能够极大地配合课堂教学,更好地达到教育教学的目的。比较常见的隐性资源如校风校纪、校训校歌等校园文化中蕴藏的公民教育资源,其他课程中蕴含的公民教育的精神因素以及班级生活、社团生活当中的公民教育资源等。

1. 开发校园文化中的公民教育资源

校剧文化是重要的公民教育隐性教育资源,它既包括整洁、有序的学习与生活环境,又包括勤奋敬业、尊师爱生、民主而有纪律的班风和校风,还包括教师的人格、心理、人际关系等。其核心是由校风、教风、学风组成,它是学校长期办学理念和教育思想的凝结与积淀、提炼与升华后的结晶。校园文化所营造的氛围,会直接或间接地感染和影响着所有师生的思维方式和行为习惯,造就相应的价值观念和意识形态。因此,为更好地培养初中生的公民素养,应注重营造良好的校风。要注重对学生进行校训、学校规章制度方面的宣传和教育,使学生在日常生活的各个方面,如课外活动、社会服务、校园建设、大众传播和校园公共环境、纪律管理等方面,养成良好的行为习惯,促进学生公民素养的提升。

2. 开发其他课程中蕴含的公民教育资源

除了公民常识课程之外,各类课程中都蕴含丰富的思想政治教育资源,如语文、历史、政治等人文学科可以传递开放、自由、理性、宽容、尊重等公民理念,而数学、物理、化学等自然学科,则具有客观性、可证实性、逻辑性、创造性等特点,可以培养学生独立思考、探索的兴趣和实事求是的学风。不仅如此,各学科的公民教育资源能够在无声无息中浸润学生的心灵,从而收到

良好的教育效果。开发利用其他学科中的公民教育资源并非易事,需要调动各种教学资源和手段,常抓不懈,落实到教学环节的具体细节之中。专业课教师要学会挖掘,把公民教育目标有计划、有步骤地安排到各个章节教学计划中,在教学中适时适当地体现公民教育的内容。在专业课的相关活动中发掘思想教育资源,培养服务意识、诚信意识、奉献精神、团队精神和创新精神等,使其综合素质得到提高。

3. 充分利用班级生活中的公民教育资源

班级是学校教育活动的基本单位,也是学生学校生活的基本场所。班级的管理模式和生活氛围会直接影响学生的行为方式和生活习惯。班级管理模式大致可以分为家长制的管理模式和自主参与型管理模式。前者过分强调班主任的权威,而忽略了学生个人的自主性、积极性、创造性,忽略了个人的情感、需要、愿望和兴趣,造成多数学生学会服从和循规蹈矩,不利于学生公民意识的培养。自主参与型的班级管理,是一种强调学生自主参与为特征的班级管理模式。通过学生的自主参与,使班级成为学生自主管理的场所、自主生活的场所、自主发展的场所①。可见,自主参与型班级管理模式,有利于培养学生的参与意识、主人意识、平等意识、民主意识,而这些意识是公民教育的主要内容。

自主参与型班级管理倡导的是一种自由、平等、民主的生活环境。班级是一个特殊群体,这个群体中的个体之间不是上下级的行政管理关系,而是平等的学习伙伴关系。学生都有自己的学习倾向、兴趣和需要,人人都应受到平等对待和尊重。在这种平等、自由和宽容的环境中,才能满足学生自尊和自主实现的需要,学生才能真正有个性全面、和谐发展的可能。当然,我们反对班主任的过分干预,但我们也需要老师的必要指导和帮助。为此,教师在放手让学生自主管理的同时,也要时刻关注学生的动态。例如,引导全班学生积极自主地制定班级远、中、近的努力目标以及小组、个人目标。只有这样,才能真正在努力创设自由、平等、民主环境的同时,达成学生自主发展目标。

4. 整合利用课外活动中的公民教育资源

课外活动是学生学校生活的重要内容。由于其内容丰富多样,实践性强,一直以来是中学生喜爱并积极参与的领域,因此,课外活动可以成为公民教育的重要载体。如何有序、有效地组织初中生的课外活动,开发其教育资源,是教育者需要认真研究的重要课题。开展课外活动,应该集趣味性和知识性于一体。例如,结合初中生形象思维活跃、表现欲旺盛的特点,可组织学生制作

---

① 龚孝华. 自主参与型班级管理的基本理念[J]. 华南师范大学学报:社会科学版,2002(5).

小报、办班级图书角、演讲比赛、装订班级优秀习作集,以及开展各种文体活动等。在活动过程中,可适当增加公民教育的环节和内容。教师可根据活动的内容,精心安排活动的各个环节,确保学生的主体地位,让他们成为活动全过程的主人。活动的筹备和开展过程中若出现问题,要通过民主方式,充分吸取学生的意见。可见,活动本身就是一次成功的公民教育。

(执笔:包红梅)

利用社区资源开展初中生公民教育的思考

摘要:社区文化中蕴含着丰富的教育资源。初中生的健康成长,离不开对社区资源的充分利用。充分利用社区资源促进初中生公民教育,需要进一步加强宣传教育,普及公民文化知识;需要引导初中生认知社区中的公民文化;也需要使学校开展的各项活动融合当地的历史传统和风俗习惯。

关键词:社区资源　初中生　公民教育

社区是指聚集在一定的地域范围内的人们所组成的社会生活共同体,它是社会发展的产物。随着社会各项事业的发展,社区的资源优势日益显现出来。从学校教育者的角度而言,社区资源是指社区内一切可供学校组织开发和使用的物质和精神产品的总和。在社区中,存在着大量的公民教育资源。对于初中生而言,公民教育中的社区资源,是指在其学校和家庭所坐落的地区内,能影响其学习、生活和成长,并能引起其公民意识、公民行为形成的若干区域因素。开发、整合并利用社区中的公民教育资源,对于提高初中生的公民意识以及公民行为能力,具有重要的理论意义和现实意义。

一、社区文化中蕴含着丰富的教育资源——内容设定的依据

公民常识课把社区资源作为开展公民教育的重要平台,之所以如此,是因为社区文化中蕴含着丰富的教育资源。

(一)社区传统文化中的教育资源

一般说来,每个社区都有自己独特的传统文化资源。社区传统文化的形成是一个动态发展过程,每一个社区特别是历史悠久的社区,居民的价值

观念、社会心理、风俗习惯，受到所在社区地理环境、生产方式、社区制度、意识形态等因素的影响，无一不烙上本社区特有的印记，加之经过持续的创造、加工、充实和发展，便形成了该社区的独特文化传统。例如，对于信阳市平桥区，在信阳县曾经出土过精美绝伦的战国编钟，而且还有全国重点文物保护单位楚国故都——城阳城遗址。这里还曾诞生过“亡羊补牢”“闻鸡起舞”等流传千古的经典寓言。这些都说明此处有着悠久的历史文化传统。

很多校园文化具有明显的地域特征，表现出很强的该地方特有的人文品质，并不断承袭着当地的历史文化传统。因而，初中生公民品格的形成在客观上一方面受到社会一般性文化的影响，另一方面又受到所驻社区独特文化的影响。因此，教育者在开展公民教育时，就要充分考虑所驻社区的地域性特征，深刻把握该社区的历史沿革、经济状况、风土人情、法制建设及道德现状等特点，要充分了解这个社区内居民的生活状况、文化程度、兴趣爱好、道德水准等因素。只有这样，学校所制定的具体教育目标才能符合实际，具有科学性；所确定的教育内容才会切实而具体，具有针对性；完成教育任务所采取的各种手段、方式、途径和形式才易于被初中生所接受。

（二）社区红色文化中的教育资源

红色文化是在革命战争年代，由中国共产党人、先进分子和人民群众共同创造并极具中国特色的先进文化，蕴含着丰富的革命精神和厚重的历史文化内涵。革命遗址、英模人物、英雄事迹等都是红色文化的重要组成部分。在信阳市平桥区，有吴家尖山鄂豫边省委革命遗址、红军桥等人文历史景点，李先念等老一辈无产阶级革命家曾经在这片土地浴血奋战。红色文化资源是教育者进行爱国主义教育的重要素材，也是进行公民教育的重要载体。实践证明，有组织地带领学生参观革命遗址、学习革命先辈的事迹，能够取得良好的教育效果，这是课堂理论教学很难达到的。

（三）社区其他教育资源

对于初中生而言，其他的教育资源还包括社区内的学校及文化艺术单位。例如，一所中学所在的社区，可能还有其他兄弟学校、高中、高职高专、大学等。教育者可以根据当地情况，开展与这些单位的合作，实现教育资源共享。社区的各种文化设施如网吧、景点、艺术馆、体育场、博物馆、公园、文化活动中心等，也是可以为初中生教育教学所用的。有组织、有计划地带领学生参观考察这些地区，可以使初中生开阔视野、增长见识。此外，社区内党政机关、经济组织、科研组织等，也可以有选择地成为初中生的教育资源。教育者应该充分了解和掌握社区内的教育资源，实现这些资源的优化配置，充分发挥他们的功能，使其既满足社区教育多元化需要，又能为社区成员提

供更多的学习机会,进而为建设文明和谐社区、促进社会发展提供强大的智力支持。

其他教育资源还包括社区信息资源,这是社区现代化的标志之一。如今,很多社区都非常重视信息平台和资源建设,逐渐实现社区信息化。社区信息化在建设信息基础设施的同时,还努力实现社区管理和服务相关的资源的整合。在社区信息化的过程中,各社区利用互联网技术,逐渐构筑社区政务、社区管理、家庭生活等各方面信息技术应用平台和通道,使与社区有关的社区成员和组织能更好地传递信息,实现信息共享,而这些科技和信息资源可以成为教育者的教育资源。教育者可以利用当地信息资源,根据初中生的需要,建立相关的网络平台。例如,建立学校与家长之间、家长之间、教师之间的联络平台,或者也可以建立学生兴趣网站,突破本学校、本年纪组建兴趣小组,使学生之间有更好的交流。

以上几个方面资源的分界是相列‘的。在实际生活中,这几种形式之间往往相互渗透、相互交叉,他们共同存在于初中生的生活当中,并通过这样或那样的方式对初中生的成长发挥着作用。

二、社区资源在初中生公民教育中的开发利用现状

为了解社区资源在初中生公民教育中的开发利用现状,调查问卷设置了这样一道选题:“您生活的社区举办过社区自治(自己管理自己)的活动吗?”选项有三个,即“A. 经常办”“B. 偶尔办”,以及“C. 从来不办”。

(一)总体情况

选答案 A 的同学有 236 名,占调查总人数的 7.2%;选答案 B 的同学有 1067 名,占调查总人数的 32.7%;选答案 C 的同学有 1963 名,占调查总人数的 60.1%。可见,有 60% 以上的同学所生活的社区是从来不办社区自治活动的,有超过 30% 的同学所生活的社区偶尔办。因此,从整体上说,社区自治活动的举办情况不尽如人意(见表 5.7)。

表 5.7 社区是否举办过社区自治活动的调查

调查情况	A. 经常办	B. 偶尔办	C. 从来不办	总计
调查人数(人)	236	1067	1963	3266
占总调查人数(%)	7.2	32.7	60.1	100.0

(二)从居住地角度分析

从居住地看,从城市到集镇,再到农村,选择A“经常办”、B“偶尔办”的人数所占的比例依次递减,选择C“从来不办”的人数所占的比例依次递增。可见,从农村到集镇再到城市,社区自治活动逐渐增多(见表5.8)。

表5.8 社区是否举办过自治活动的居住地差异调查

文化程度	居住地	调查情况	问题37			
			A. 经常办	B. 偶尔办	C. 从来不办	总计
初中	城市	调查人数(人)	44	172	155	371
		所占比例(%)	11.9	46.4	41.8	100.0
		占总调查人数(%)	1.3	5.3	4.7	11.4
	集镇	调查人数(人)	41	155	249	445
		所占比例(%)	9.2	34.8	56.0	100.0
		占总调查人数(%)	1.3	4.7	7.6	13.6
	农村	调查人数(人)	151	740	1559	2450
		所占比例(%)	6.2	30.2	63.6	100.0
		占总调查人数	4.6	22.7	47.7	75.0

三、社区资源在初中生公民教育中存在问题的原因分析

从调查数据分析,被调查学生所生活的社区很少举办社区自治活动。可想而知,社区资源在初中生公民教育过程中所起的作用也不会太大。其原因可以从以下几个方面进行分析。

1. 学校对社区资源重视不够,未能充分挖掘社区教育资源

首先,作为学校教育者主体,对社区资源在初中生公民教育中的作用重视不够:一方面,很多教育工作者把教育资源主要锁定在学校,而忽视了社区的教育资源。例如,有的教育者认为,教育工作只能由学校来完成,只有学校才拥有教育资源,其他组织教育资源缺乏并且有自己的工作和利益,没有必要在学校之外寻找教育资源。有些人在教育资源开发问题上,还存在重物质上帮助,轻人力资源信息资源开发和利用,以及重宣传轻精神氛围熏

陶的倾向。另一方面,他们对于公民教育的认知可能较为欠缺。一直以来,人们一直较为重视对社区资源的整合和利用,相关的研究成果也屡见不鲜。但是,开发利用社区资源为初中生所用,尤其是用来培养初中生的公民意识、公民素质方面的研究却是少之又少。由于我国的历史、文化等问题,公民教育在我国起步较晚,改革开放以来才逐渐成为社会所关注。直到今天,人们的公民意识相对还比较淡薄,学术界对于公民教育的内涵、内容、特点等问题还没有达成统一的共识,就使教育工作者也对公民教育缺乏系统、深刻的认识。

其次,作为学生主体,对公民教育、社区资源也不够重视。长期以来,我国的中学教育比较重视给学生灌输各种各样的科学文化知识,并且用分数作为评价“好学生”和“差学生”的标准。尽管素质教育已提倡多年,但在现实的操作上任务还十分艰巨。这样的教育模式,使中学生往往只重视分数,而忽视素质、能力等方面的提高。但公民教育是以培养社会的合格公民为主要目的的,教育的效果往往会在很长一段时间里才能显现。所以,在学生学习的过程中,对公民教育往往不够重视,而这会直接影响教育的效果。

2. 学校与社区未能建立良好的合作平台

开发社区教育资源,需要学校与社区的共同努力,尤其是学校方面,应从学生的成长成才出发,主动寻求社区的合作,开辟学生学习的第二课堂。但在实际生活中,学校与社区未能很好地沟通和合作。这一方面体现在初中生到社区服务无法满足社区的需要。建设一个和谐文明的社区其实有很多工作需要去做,其中,很多是适合初中生做的,如清洁社区环境,给社区老人提水送饭等公益活动。然而,初中生在这方面的积极性并不是很高。有时学校也会组织学生去敬老院看望老人等类似的活动,但很多时候会流于形式。另一方面社区在组织活动时,无法满足初中生成长成才的需要。就像数据所显示的,很多社区很少举办社区自治的活动,而参与社区自治,可以极大地提高初中生的参与意识和公民意识,锻炼其参与社会生活的能力。

3. 社区教育资源的分布有差异

在不同的地区,社区教育资源的分布存在差异,这也会影响教育的效果。一方面,社区资源在城市、集镇和农村等地区分布不均衡。一般来说,城市的社区资源较为丰富,表现在社区公共设施较为健全和完善,人文关怀程度较高。例如,在经济较为发达的城市,设有青少年活动中心、公益活动中心等。这些场所都可以利用起来,加强对中学生的公民教育。但在广大的农村,类似的公共设施明显较少。农村社区对初中生公民教育的重视程度也远远不够。另一方面,同一地区不同社区也存在资源失衡现象。有些

社区有着较为丰富的资源，有纪念馆、老干部休养所、边防武警部队、教育基地等，但有些社区资源单一或匮乏，或者存在资源无法利用等情况。

四、利用社区资源促进初中生公民教育的思考

社区资源具有很大的挖掘空间，开发和利用社区教育资源，能提高公民教育的效果，从而能更好地提升初中生的公民素养。开发社区教育资源，需从以下几个方面进一步努力。

（一）加强宣传教育，普及公民文化知识

公民文化与公民相关，具体而言与公民的生存、发展以及公民自身活动相关。从这个意义上来讲，公民文化是公民生活进步的产物，也是公民对自身生存环境的认识成果。公民文化不是靠单个人的自觉就能形成的，而是要经过一定的教育、经过一定的训练才能生成的。应该说，公民文化教育是公民素养教育的基础性教育。通过这种教育，可以认识到人的尊严，以及公民的基本价值观念。

近几年来，公民教育、公民文化日益受到社会各界的关注。然而，由于我国公民教育起步较晚，再加上我国历史文化等因素的影响，人们的公民意识相对较为淡薄，因此，普及公民文化知识任务还十分艰巨。在这里，宣传教育的对象涉及学校教育者、初中生群体以及社区的管理者和居民。

（二）引导初中生认知社区中的公民文化

引导初中生认知社区中的公民文化，需要正确区分公共文化与公民文化的联系与区别。公共文化是文化的一种特殊类型，具备明显的文化特征，如公共性、公益性、多样性、社会性、规范性、多元性等。公共文化广泛存在于社区生活中，与公民文化相互渗透、相互包容、相互依托，但公民文化有其自身的特征。

1. 政治性

公民文化要表达公民的政治要求、政治愿望。政治演讲、口号、标语、活动都是公民的政治要求、政治利益、政治愿望的表达形式，也是推动公民社会发展进步的一种动力。公民文化同时也是一种价值标准，如公民对于公平、正义、自由、人权的认识，既是他们的认识成果，同时也是行为的标准。例如，对正义的看法，对公平的看法，已潜移默化地成为了一种衡量公民行为的标准。先进的公民文化，是人类追求的目标，也是推动社会发展的精神动力。

2. 参与性

参与性是公民文化的重要特性。公民文化关注的是主体的一种表达，并且强调作为主体的公民要积极参与到政治生活中来。

3. 权益性

公民文化体现了公民的一种权利，即公民对文化有选择权、参与权、享受权、创作权和交往权，而且这种选择是多元的、多样性的，也是自主性的。对信仰、信念、理想的选择就充分体现了公民文化选择的自主性。

此外，公民文化还具有一定的民族性和历史性。不同的民族在不同的历史时期，其公民文化是不同的。公民文化一定要依托于一定民族和国家的文化传统和风俗习惯，才能有旺盛的生命力。公民文化应该与不同历史时期的宏观政治环境和微观制度创设相适应。

总之，公共文化和公民文化相比较而言，都具有公益性、公共性和社会性的特点。但是，公共文化更注重形式，如进行宣传、表演和展示，其最大的特色是公益性，是不以营利为目的的；而公民文化的侧重点在于权利，强调的是公民对权利的行使和运用，另外，它还是一种表达，包括权利的表达和政治要求的表达，可以在法律允许的范围内，通过多种途径维护自身正当权益。

（三）结合当地历史传统和风俗习惯开展丰富多样的课外活动

历史传统和风俗习惯是社区资源的重要组成部分，也是开展公民教育的重要资源。要开发和利用各种传统节日、纪念日中的隐性资源，如端午节、清明节等，举行形式多样的庆祝纪念活动，增强中学生对祖国、对家乡、对自然、对生活的热爱，陶冶道德情操。开发和利用诸如升国旗、入党宣誓、成人仪式以及其他形式的礼仪、礼节、礼貌活动中的隐性教育资源，引导学生增强政治意识，提高自身道德修养。总之，当地的历史传统和风俗习惯中蕴含着丰富的教育资源，学校可以结合当地实际，结合初中生的特点，开展具有地区特色的课外活动。

（执笔：包红梅）

充分发挥社团在初中生公民教育中的作用

摘要：初中生参加合法的社团活动是十分有益的。据调查显示，从整体情况来看，目前初中生未能积极有效地参加社团活动，其原因是多方面的。要想充分发挥社团活动在初中生公民教育中的积极作用，需充分认识初中生参加社团活动的益处；进一步整合社团资源，优化社团管理模式；对社团骨干进行公民教育课程的培训，发挥示范带头作用；还要鼓励有益于初中生

学习生活的社团的组建和完善。

关键词：初中生　社团活动　公民教育

学生社团是校园文化的重要载体，是学校第二课堂不可或缺的组成部分，是学生培养兴趣爱好、扩大求知领域、陶冶思想情操、展示才华智慧的广阔舞台。公民教育是一种传授和学习公民知识、经验、价值、规则以及技能的社会活动，它是一种教化，是外在传授和主体内化的统一。公民教育的目标在于为社会培养有素养的、合格的公民，其教育内容和形式应该并且可以多样化。在新时期，社团活动可以成为初中生公民教育的重要渠道。学生社团是校园文化的重要组成部分，其内容丰富、形式多样，蕴含着丰富的教育资源，是对中学生实施公民教育的有效渠道。加强对初中生社团的研究和管理，积极引导初中生参加健康向上的社团活动，有益于初中生的缝康成长，也能为社会培养更多合格的公民。

一、初中生参加社团活动的依据及存在的主要问题

根据《中华人民共和国宪法》以及《中华人民共和国未成年人保护法》的相关规定，初中生公民有结社的自由，也有获得全面发展的权利。这成为初中生参加社团活动的依据。

（一）初中生参加社团活动的依据

1. 初中生公民有结社的自由

《中华人民共和国宪法》第三十五条规定："中华人民共和国公民有言论、出版、集会、结社、游行、示威的自由。"第五十一条规定："中华人民共和国公民在行使自由和权利的时候，不得损害国家的、社会的、集体的利益和其他公民的合法的自由和权利。"因此，公民有为某一共同目的，依照法律规定的程序结成某种社会团体的自由。公民可以自由地组织各种社会公益团体、文艺工作团体、学术研究团体、宗教团体及其他各种人民团体。公民在行使结社自由权利时，必须遵守国家法律规定。

据此，作为中华人民共和国的公民，初中生可以利用学校提供的条件和场所，主动参与传统文化活动、民族文化活动、文化娱乐活动、体育活动等各种健康的群众性文化活动，丰富自己的文化生活；也可以根据自己的意愿，有选择地加入到以公益性、公众性、组织性、自愿性等为特征的各种社团组织中，或者依法组建各种社团，并依照文化社团章程行事。这是公民的一项权利。

2. 初中生公民有获得全面发展的权利

《中华人民共和国未成年人保护法》第二条规定："……未成年人是指未

满十八周岁的公民。”未成年人享有法律规定的生存权、发展权、受保护权等多种权利。发展权是公民享有在经济、政治、文化和社会方面获得发展的权利。初中学生是未成年人,应该通过社会提供的发展条件,获得健康和全面的发展。在学校生活中,未成年人可以在老师的教育和引导下,通过体验自己和他人的生活,培养高雅的兴趣爱好、健全的个性和人格。另外,初中生也应该主动地健全心智,培养健康的兴趣,塑造良好的品性。其中,参加社团活动是发展自己的重要渠道。在社团活动中,未成年人可以与老师进行交流沟通,接受善意的批评和引导;可以与同龄人交往,珍惜彼此之间的友谊,学会宽以待人。

《中华人民共和国宪法》第四十六条第二款规定:“国家培养青年、少年、儿童在品德、智力、体质等方面全面发展。”未成年人有权通过国家和社会教育或者自我教育,获得德、智、体和能力的全面发展。可见,初中生可以在学好各门功课的同时,参加其他社团组织,在群体生活中提高独立思考能力、与人交往能力、生活能力、学习能力、创新能力和其他实践能力,更好地融入到社会中,使自己获得全面健康的发展。

(二)初中生参加社团活动存在的主要问题

为更好地了解初中生参加社团活动的状况,本调查组在信阳市平桥区所属初中,从性别、年龄、居住地、是否开设公民常识课等四个方面,有针对性地开展了问卷调查,并对回收的3266多份有效问卷进行认真的统计分析。调查问卷中设计这样一道题目:“您参加过共产党、共青团之外的组织吗?”答案有三个,即:“A. 参加过;B. 没参加过;C. 不知道还有什么组织”。调查数据如下:有1064名同学选择答案A,占总调查人数的32.6%;有1788名同学选择答案B,占总调查人数54.7%;有414名同学选择答案C,占总调查人数的12.7%。数据表明,仅有三成多一点的同学参加过其他社团组织,而有五成多的同学没有参加过其他社团组织,还有一成多的同学对其他社团组织基本上没有认知。可见,大部分同学的社团生活十分单一,可想而知,利用社团开展公民教育的活动则更少。因此,开展丰富多样的社团活动,对中学生进行公民教育则显得十分重要和必要(见表5.9)。

表5.9 初中生参加社团活动调查

调查情况	A. 参加过	B. 没参加过	C. 不知道还有什么组织	总计
调查人数(人)	1064	1788	414	3266
占总调查人数(%)	32.6%	54.7%	12.7%	100.0%

1. 从性别角度分析

有495名男同学选择答案A，占男生总人数的15.2%；有569名女同学选择答案A，占女生总人数17.4%。可见，选择“参加过”社团活动的女生高于男生2个百分点。而同时，选择“没参加过”社团活动的男生占24.6%，女生占30.1%，也就是说，“没参加过”社团活动的女生高于男生近6个百分点。可见，初中生在参加社团活动方面，受陛别因素影响的差异不明显（见表5.10）。

表5.10 初中生参加社团活动的性别差异

文化程度	性别	调查情况	A. 参加过	B. 没参加过	C. 不知道还有什么组织	总计
初中	男	调查人数（人）	495	805	203	1503
		占总调查人数（%）	15.2	24.6	6.2	46.0
	女	调查人数（人）	569	983	211	1763
		占总调查人数（%）	17.4	30.1	6.5	54.0

2. 从年龄角度分析

在10~12岁、13~15岁两个年龄段中，选择答案A参加过社团活动的同学占总调查人数的比例分别为0.3%、25.3%，呈大幅度上升趋势。这从一个侧面反映出，从初一到初二，随着学生年龄的增长，他们参加社团活动的意识有所提升（见表5.11）。

3. 从居住地角度分析

在城市、集镇以及农村三个类别中，选择答案A“参加过”社团活动的同学所占的比例分别为3.4%、4.1%以及25.1%，呈逐步上升趋势。可见，农村初中生参加社团活动的积极性高于城镇学生（见表5.12）。

表 5.11　初中生参与社团活动的年龄差异

文化程度	年龄	调查情况	A. 参加过	B. 没参加过	C. 不知道还有什么组织	总计
初中	≤9 岁	调查人数(人)	1	1	0	2
		占总调查人数(%)	0.0	0.0	0.0	0.1
	10～12 岁	调查人数(人)	10	46	6	62
		占总调查人数(%)	0.3	1.4	0.2	1.9
	13～15 岁	调查人数(人)	825	1400	310	2535
		占总调查人数(%)	25.3	42.9	9.5	77.6
	≥16 岁	调查人数(人)	228	341	98	667
		占总调查人数(%)	7.0	10.4	3.0	20.4

表 5.12　初中生参与社会活动的居住地差异

文化程度	居住地	调查情况	A. 参加过	B. 没参加过	C. 不知道还有什么组织	总计
初中	城市	调查人数(人)	111	218	42	371
		占总调查人数(%)	3.4	6.7	1.3	11.4
	集镇	调查人数(人)	134	253	58	445
		占总调查人数(%)	4.1	7.7	1.8	13.6
	农村	调查人数(人)	819	1317	314	2450
		占总调查人数(%)	25.1	40.3	9.6	75.0

4. 从是否开设公民常识课角度分析

在学习过公民常识课的同学当中,选择答案 A 的有 21.8%,选择答案 B 的有 32.8%;相反,在未学习过公民常识课的同学当中,相应的比例分别是 10.8%和 21.9%。因此,选择“参加过”社团活动的同学,前者比后者多 11.0%个百分点;选择“没参加过”社团活动的同学,前者比后者多 10.0 个百分点。可见,公民常识课的开设,使同学们对社团活动有更好的认识,并能更积极地参与(见表 5.13)。

表5.13 初中生参与社会活动的是否开设公民常识课差异

文化程度	是否开设公民常识教育	调查情况	A. 参加过	B. 没参加过	C. 不知道还有什么组织	总计
初中	开课	调查人数(人)	712	1072	212	1996
		占总调查人数(%)	21.8	32.8	6.5	61.1
	未开	调查人数(人)	352	716	202	1270
		占总调查人数(%)	10.8	21.9	6.2	38.9

二、初中生参加社团活动存在问题的原因分析

(一)缺乏科学有效的管理和引导

目前,初中生社团尚缺乏科学有效的管理和引导。这主要表现在三个方面。第一,管理制度不健全。据一项调查显示,目前各中学的社团管理大都采取两种管理方法:一是完全由学生自行组织,自己管理社团;二是由学校团委或德育处统一管理社团。从实际效果看,这两种管理方法均不完善,没有达到良好的效果。完全由学生自己自行管理的弊端主要是学生进入社团的门槛低,进出自由化,社团活动的计划、安排等缺乏连续性,不利于社团建设的良性发展。有些学校还采取把社团挂靠在团委或其他部门,并由其负责全部社团管理的方法。这种社团管理方法往往使得学生的主动性和主体地位丧失,学生社团失去了它原本的"自由""民主"的本意,而完全成为一种在教师组织下的课外活动。第二,指导老师配备不足。据一项调查显示,为中学生社团配备了专职指导教师的仅占28%,且70%以上的学生认为指导教师并没有发挥其真正的指导作用①。而中学生尚处于成长发育时期,在自主管理、自主发展能力上不足,需要老师的指导。第三,活动时间和场所的严重不足。根据调查,大多数学生社团都没有固定的活动场所和活动时间。这给社团活动带来诸多不便,例如,搞活动就是四处打游击,甚至一些办公用品比如展板等都没有固定场所存放。即便向学校的有关部门租(借)用了场地,遇到冲突就要改地点或者改时间,给社团活动的开展带来了较大的影响②。

---

① 张焰.例谈当前中学生社团管理问题[J].学校管理,2010(2).

② 李伟胜.从活动方式角度看三种形态的中学生社团[J].思想理论教育,2009(20).

(二)应试教育的影响

多年来,伴随着我国各项改革事业的向前推进,教育领域也取得了巨大的成绩。教育体制改革不断地向前推进,传统的应试教育模式正在向素质教育转型。但这种转型毕竟需要一个长期的过程,传统的中学教育比较重视给学生灌输各种各样的科学文化知识,并且用分数作为评价"好学生"和"差学生"的重要标准。这给中学生带来了一些负面影响,例如,有些中学生往往只重视分数,而忽视素质、能力等方面的提高。而公民教育是以培养社会主义合格公民为主要目的,教育的效果往往会在很长一段时间里才能显现。所以,在学习的过程中,一些中学生往往把很大的注意力放在分数上,而对公民教育往往不够重视,而这将会直接影响教育的效果。

三、充分发挥社团组织在初中生公民教育中的积极作用

充分利用社团活动开展公民教育,还需在以下几个方面进一步努力。

(一)充分认识初中生参加社团活动的益处

初中生参加合法的社团活动是十分有益的。从公民教育的角度,参加社团活动可以增强初中生的公民意识,提升其公民参与的能力。具体来讲,有以下几个方面。

1. 社团活动能够培养初中生的团结互助意识

社团活动是一项社会实践,它为培养和提高学生的公民道德素质提供了重要的平台。社团活动作为一项集体活动,需要正确处理个人与集体、个人与个人之间的关系。只有每个社团成员自觉遵守道德规范,团结合作、互敬互爱,社团活动才能得以有序开展,而每参加一次社团活动,本身就是一次公民道德实践,对于提高学生的团结意识、互助意识等具有重要作用。

2. 社团活动能够培养初中生的参与能力

提高学生的参与意识和参与能力,是公民教育的重要任务。"合法参与"是公民的基本行为特征。"参与"意味着关心、行动。公民参与是公民以主人翁的心态关心并投入对社会公共事务的管理当中。参与对社会事务和公共事务的管理,是每个公民的一项基本权利和义务。公民参与本身也是公民实现其权利的过程,具有提高公民素质等功能,有效的公民参与可以化解矛盾,提高公民的主体意识。

社团活动为其社员提供了广阔的参与平台,如社团成员可以参与选择和决策。每一项社团活动都会有很多实施方案,选择和决策就是在众多方案中选择出最佳方案,而这个过程需要社团成员的积极参与。社团成员也可以参与管理和协调。社团活动需要科学有效的管理,在活动的每个环节

也需要不断地调整和协调,只有每个社团成员积极投身于社团活动,才能使其取得预期的效果。可见公民参与能力的增强与社团活动的开展是一个相互影响、相互促进的过程。越来越多的成员通过各种各样的渠道参与到社团活动中,这必将积极推动社团的建设和发展,反过来,社团的健康发展、社团活动的有效开展,为学生提供了更多的参与机会。

3. 社团活动能够培养初中生的民主意识

民主是一种现代生活方式。表达意愿、参与公共事务等,都需要民主意识。民主意识是建立在主人意识基础之上的,公民只有把自身作为社会生活的主人,才能自觉地参与公共事务,为集体献计献策。民主意识是在社会生活中逐渐培养起来的。作为中学生,参加社团活动,是培养其民主意识的重要渠道。社团活动是关系到每一个社团成员利益的事情,大家的事情要由大家议,由大家做决定。只有广开言路,才能集思广益。民主的氛围能够使社团成员充分表达自己的意愿,充分行使自身的权利。当然,民主与集中是分不开的,在充分尊重大家意见的基础上,需要做出理性的决定。社团成员在事关自身的决策过程中要有宽容、理解、合作共事的观念。可见,民主的社团生活有利于培养初中生的民主意识。

4. 社团活动能够锻炼初中生的创新思维

创新思维是人们运用所学知识在实践中进行创造的思维形式,是智力因素和非智力因素共同作用的结果。一个人的创新思维说明其心理、思维和实践能力具有开拓性和独创性的特点,创新素质是人才综合素质的集中表现。创新思维不等于空想,而需要扎实的基本功底,需要在某一方面积累丰富的知识和经验,坚持不懈地探索思考,从而有所发现、有所创造。它是公民素质的重要组成部分,也是公民教育的重要内容。

社团活动不同于课堂上被动地听取老师的理论讲解,而是具有实践性的特点。需要通过充分调动人们的智力因素和非智力因素,不断研究新情况、解决新问题、形成新认识,不断做出新的判断、发现新的规律、创造新的工作方法。在社团活动中,学生可以放开思想,积极实践,从而启发其潜在的创新能力,培养其创新思维。

(二)整合社团资源,优化社团管理模式

社团资源的整合指的是通过整合社团现有的资源,实现社团资源的优化配置,将最优的资源(包括人力、物力、财力)用在最好的活动上,使其发挥最大的优势。整合社团资源,可以提高社团活动的质量,尤其是在如今初中生学习压力较大的情况之下,学生开展社团活动的时间相对较少,因此,应该珍惜和重视每一次活动,使学生们从中获得更大的益

处。在传统的社团组织中，大致存在三种管理模式：第一种是教师主导型。其活动时间、场地、内容等均由学校、老师统一安排，学生没有很多选择，人人必须参与。这种社团组织管理很严格，但不利于发挥学生的主动性。第二种是自发尝试型。学生可以自由地安排活动目的、内容和形式，积极性较高，但在实际操作中有的缺乏必要的规范，有的活动频率低、形式单一，最终往往流于形式。第三种是自觉发展型。其典型特征是学生在体现社团活动方式的各个方面都有自觉主动的思考与选择。有的学校关注到社团对于学生发展的积极意义，主动发现成功的社团运作经验，并用以培育学生社团，以学生自我组织、自我实施和自主管理为主要方式开展社团活动，从而取得了良好的效果①。在开展社团活动的过程中，要借鉴三种社团管理模式的经验和教训，避免学校和教师的过分干预，当然也要给学生适当的教育和引导。只有这样，才能使社团活动真正发挥其教育的功能，引导中学生成长为合格的公民。

（三）对社团骨干进行公民教育课程的培训，发挥示范带头作用

在社团拥有的各项资源中，学生社团骨干的能力和素质直接影响到社团活动开展的效果。骨干分子既是小组成员，更是小组活动、学习规则的监督者、组织者，在整个过程中起到积极促进作用。利用社团活动，在中学生中开展公民教育，必须对社团骨干进行公民教育课程的教育和培训，使其了解公民文化，掌握公民常识，理解公民教育的目的和宗旨。只有这样，他们在组织社团活动过程中才能充分发挥模范带头作用。为此，要通过各种公民教育的指导、培训和锻炼，不断提高社团骨干的素质，不断增强社团群体内聚力，使社团保持旺盛的吸引力与创造力，形成良性机制，促进社团健康、有序发展。对于社团骨干及负责人，要以激励为主、引导为主，不能求全责备，要善于引导他们在实践中学会克服缺点、完善自我，科学地发现、培养和使用社团人才，鼓励社团骨干在社团活动中发挥积极的作用。

（四）鼓励有益于初中生学习生活的社团的组建和完善

丰富多彩的学生社团活动会给校园带来生机和活力，从而塑造优美的校园环境，营造良好的文化氛围。学生社团有利于把学生吸引到健康发展的道路上来，避免部分学生由于空余时间较多而从事一些对自身发展不利的活动；有利于通过学生的自我教育、自我展示，使学生锻炼成长为素质高、能力强并具有一定实践能力、创新精神的综合性人才。可以说，学生社团的建设是否正常，不仅影响着校园文化的繁荣，而且影响着学生是否能够全面

① 李伟胜．从活动方式角度看三种形态的中学生社团[J]．思想理论教育，2009(20)．

发展。因此,学校管理者和教育者要重视初中生社团的建设和发展,鼓励有益于初中生学习生活的社团的组建和完善。对社团活动的管理以引导为主,鼓励初中生发挥主观能动性,增强其自主意识、竞争意识、民主意识,使初中生社团真正成为全面提升其公民素质的重要工具和平台。

(执笔:包红梅)

初中生公民行为的现状及影响因素分析

摘要:初中阶段是公民教育的关键时期,公民行为是公民的外在存在方式,初中生公民行为是初中生行使公民权利和履行公民义务的过程。研究初中生公民行为的现状,分析制约初中生公民行为能力的因素,从而采取相关的对策提升初中生的公民行为能力,是构建公民社会的必然要求。

关键词:初中生　公民行为　现状分析

初中生公民行为是指初中生公民品质的表现,是初中生在家庭、学校和社会中讲公德、守规则、有理性、重参与的行为,也是初中生行使公民权利和履行公民义务,保持社会良好秩序的过程。为了准确把握初中生公民行为的现状,提升公民教育的效果,培养良好的公民行为,在先行开设公民常识课程的基础上,本调查组有针对性地开展了问卷调查,回收有效问卷3266份。本次调查从性别、年龄、居住地、是否开设公民常识课等四个方面进行分类,涉及初中生公民行为的内容有6道选择题,主要考察的是初中生在家庭、班级、学校、社会等方面是否民主参与决策、遵守法治法规和讲求社会公德等公民行为,从而发现问题,分析原因,提出提升公民行为能力的对策。

一、初中生公民行为现状

第一,绝大多数初中生在家庭、学校和社会中都有强烈的主体意识、民主意识和参与意识,能够理性地遵守校纪校规和法律法规,并用法律的武器维护自己的合法权益。

调查问卷分别从家庭、学校、社会等几个方面进行了调查。调查显示,

在回答相关调查问卷中，男生和女生的差别并不大，这也说明男女平等参与公共活动的意识是大致相同的，初中生公民行为并没有明显的性别差异。在“有关与孩子学习生活密切相关的家庭决策，家长应该听取孩子的意见”这项调查中我们设置了三个选项“A. 正确；B. 不正确；C. 不清楚”，有65.3%的初中生选A，有27.1%的同学选B，有7.6%的同学选C；在“学生有权参与和自己学习生活密切相关的班级、学校管理工作”的这项调查中，我们设置了三个选项“A. 正确；B. 不正确；C. 不清楚”，有90.4%的初中生选A，有4.6%的同学选B，有5.1%的同学选C；在另一项“班级组织郊游，同学们有的想到博物馆，有的想到动物园……大家争论不休，应如何解决”的调查中，我们设置了四个选项“A. 请老师做主；B. 由班长决定；C. 由家长决定；D. 由同学们协商决定”，有5.5%的初中生选A，有0.9%的同学选B，有1.0%的同学选C，有92.6%的同学选D。我们从这几项调查不难发现，在学校中大多数初中生的主体意识、民主意识和参与意识较强，能够较好地体现公民行为。在“当你的合法、正当的权益受到侵害时，你会怎样”的调查中，我们设置了四个选项“A. 找关系帮忙；B. 自认倒霉；C. 用暴力解决；D. 依法维护”，有1.0%的初中生选A，有1.3%的同学选B，有1.0%的同学选C，有96.6%的同学选D。调查显示，初中生能够理性地遵守法律法规，并用法律的武器维护自己的合法权益，有较强的规则意识。

第二，初中生在学校的公民意识要强于在家庭生活中的公民意识，社区生活中初中生公民意识较为薄弱，缺乏初中生参与社区生活的有效平台。

根据上面四项调查显示，初中生在家庭生活中主体意识、民主意识和参与意识不如在学校强烈。在“您生活的社区举办过社区自治（自己管理自己）的活动吗”的调查中，我们设置了三个选项“A. 经常办；B. 偶尔办；C. 从来不办”，有7.2%的初中生选A，有32.3%的同学选B，有60.1%的同学选C。调查显示，初中生大多数没有参与过社区的自治，社区生活中初中生公民意识较为薄弱，是因为缺乏初中生参与社区生活的有效平台，社区成为培养中学生公民精神和公民行为的短板。

第三，从居住地看，城市和集镇初中生的主体意识、民主意识、参与意识、法律法规意识等公民意识要强于农村初中生的公民意识，生活在城市和集镇的初中生在公民行为方面表现得更为突出一点。

在“与孩子学习生活密切相关的家庭决策，家长应该听取孩子的意见”这项调查中，居住在城市的初中生有79.8%选择A，居住在集镇的初中生有72.8%选择A，而居住在农村的初中生只有61.7%选择A。同样，在“学生有权参与和自己学习生活密切相关的班级、学校管理工作”的这项调查中，居住在城市的初中生有93.0%选择A,居住在集镇的初中生有93.7%选择A,而居住在农村的初中生只有89.3%选择A。我们会发现初中生生活和接受教育的环境不一样,他们的公民意识也有所差别。

二、影响初中生公民行为的因素分析

初中生公民行为的现状是由多种因素造成的,如家庭因素、班级因素、学校因素和社会因素等,下面我们就来详细分析一下影响初中生公民行为的诸多因素。

第一,社会的变革和家庭模式的变化使得绝大多数初中生在家庭、学校和社会中都有强烈的主体意识、民主意识和参与意识,能够理性地遵守法律法规,并用法律的武器维护自己的合法权益。

随着法治社会的建设,以及现代家庭模式发生的巨大变化,二口之家替代了原来的宗族大家庭,现代家庭教育的知识化,家庭文化的现代化,使得作为独生子女的初中生具有强烈的主体意识、民主意识、参与意识和法律意识。

当然由于在初中生中间独生子女的增多,也导致在有的家庭子女被过分溺爱,加上有的家庭还存在家长制的传统,导致在家庭生活中初中生公民意识被弱化,体现在初中生在家庭生活中的公民行为不如其在学校的公民行为。

第二,社会的二元化结构以及教育资源分布的不均衡导致生活在城市和集镇初中生的主体意识、民主意识、参与意识、法律法规意识等公民意识要强于生活在农村初中生的公民意识,生活在城市和集镇的初中生在公民行为方面表现得更为突出一点。

由于中国社会的二元化结构使得城市和集镇集中了优质的教育资源,而农村教育资源相对城镇就要差得多,生活在城市的初中生他们接受优质的教育资源,自然对先进的教育理念掌握得早些和好些,包括公民教育的内容在内,而在农村生活的初中生在民主意识、参与意识和法律意识方面相比较生活在城市和集镇的初中生要差一些。

第三,社区环境特别是公民自治的相对滞后导致社区生活中初中生公民意识较为薄弱,缺乏初中生参与社区生活的有效平台。

在中国,社区的建设相对滞后,社区的民主建设也有个过程。公民自治相对滞后,造成了社区对初中生公民行为影响小,忽视了社区作为公众共同生活的场所和区域,社区和公民在公民教育和公民行为方面缺乏互动。

第四,公民教育不足。公民社会的建设在我们国家是个新事物,我国公民教育起步晚,没有形成完整的教育体系。由于种种原因,我们将思想品德课替代了公民教育,替代了公民常识课,使得初中生对于公民精神、公民权

利、公民品质和公民行为等缺乏认知，从而在实践中造成盲目，而公民行为能力存在的问题，也进一步暴露出了我国公民教育的不足。

三、提高初中生公民行为能力的路径探索

第一，在学校开设公民常识课程，加强公民教育，是提高初中生公民行为能力的最有效路径。

公民教育在我们国家是个新事物，公民社会的建设离不开公民教育，而学校教育也就成为了提升公民行为能力的最基本和最有效的途径。通过开设公民常识课，可以提升初中生对公民素质的认知，提升初中生的公民品质，培养初中生在家庭、学校和社会中讲公德、守规则、有理性、重参与的行为，培养初中生依法行使公民权利和履行公民义务，保持社会的良好秩序。我们也通过调查进一步证实了这一点，就是开设公民常识课的初中生的公民行为能力要优于没有开设过公民常识课的中学生。所以通过公民常识课，让公民意识进学校、进课堂、进头脑，使公民行为成为初中生的自觉行为。

第二，开办家长学校，转变部分家长的家长制和过分溺爱孩子的观念。

家庭是未成年人的第一个学校，父母是未成年人的第一任老师，父母的教育理念对初中生公民行为能力的培养有着直接的影响，通过开办家长学校，转变家长对子女的事情包办或过分干涉的状况，从而让初中生能够自立，相对独立地参与家庭、学校和社区与自身密切相关的决策。这也是培养初中生公民行为能力的一个重要的环节。

第三，创造民主、有序的家庭、班级和学校文化是提升初中生公民行为能力的重要途径。

初中生公民行为能力的培养和提升需要多方面的努力，离不开家庭、学校和社会的参与。在家庭生活中，家长要改变家长制的作风，改变过分溺爱孩子、一切替孩子包办的观念，创造民主和谐的家庭环境，培养初中生的公民行为能力，鼓励他们积极参与家庭生活中与自己生活和学习密切相关的家庭决策；在学校里，要营造一种民主的氛围，通过班干部竞选，民主评议来决定班级的重大事情，通过家庭和学校这个平台来提升初中生公民行为能力。

第四，以增强初中生公民行为能力为目的，开展丰富多样的课外活动。

课堂教育的效果，要落实到实践和同学的日常生活和学习中去，课外的实践活动也是践行公民精神、培养公民行为能力的重要平台，可以通过开展丰富多彩的课外活动，提高公民行为能力的实效性。例如，可以开展相关法律法规的宣传和教育活动，让法律法规进社区；还可以参与社区的义工活动，为社区的建设贡献力量；也可以参与形式多样的志愿者服务，从而增强

初中生公民行为能力。增加初中生参与社区管理的渠道和平台,邀请中学生参与社区自治的活动,为社区的决策出谋划策。

第五,抓好养成训练。养成教育就是要从学生生活的点点滴入手,帮助学生养成讲公德、守规则、重参与、讲理性的行为习惯。养成教育符合中学生的身心发展规律和中学生的教育规律,通过树立典型、文化营造、制度设计等方面来确立初中生的公民行为规范,引导初中生养成良好的公民行为。

第六,努力实现教育的均衡化,是提升农村初中生公民行为能力的迫切要求。

合理配置教育资源,改变教育的不均衡状况,加大对农村教育的投入,从人、财、物方面保障农村公民教育不落后于城市和集镇,加强农村初中教师在公民教育方面的培养,通过农村和城镇教师的交流实现教育资源的合理配置。通过增加投入来改变教育的不均衡状况,从而提升农村初中生公民行为能力,切实缩小城乡初中生在公民行为能力方面的差距。

(执笔:李心记)

初中生公民品质的养成与家庭生活

摘要:初中生公民品质的养成,离不开家庭、学校和社会的参与。家庭生活是初中生公民品质养成的重要场所,初中生应该依托家庭生活,扬长避短,养成优良的公民品质。要通过举办家长培训学校,开设公民常识课,营造良好家庭环境,来影响中学生,消除家庭生活对初中生公民品质养成的消极因素,提升他们的公民品质。

关键词:公民品质　养成　家庭生活

初中生公民品质的养成要靠初中生自身发挥主导作用,提高自身素养,养成优良的公民品质,自觉成为社会主义的合格小公民。家庭生活是初中生公民品质养成的重要场所,初中生应自觉养成明礼诚信、勇于担当、相互尊重、互相关爱、积极参与、具有正义感的公民品质。然而在现实生活中,初中生过度依赖父母,没有担当相应的家庭和社会义务,缺乏法律意识,道德品质有待提升,参与家庭决策的意识不强,在家庭生活中缺乏公平、正义、民

主的文化氛围,形成两种极端:一是传统的家长制的顺从者,二是以自我为中心的行为倾向。

一、家庭生活中初中生公民品质的现状

第一,大多数初中生具有良好的民主意识和参与意识,希望能够和父母平等地参与和自己学习生活相关的家庭决策,具有良好的公民品质。

在对中学生的公民教育现状调查中,我们抽取了:3266 个中学生作为调查对象,在关于"与孩子学习生活紧密相关的家庭决策,家长应该听取孩子的意见"一项调查中,有 65.3% 的初中生选择"正确",有 27.2% 的初中生认为这样做是"不正确"的,有 7.6% 的初中生在这项调查中选择"不清楚"。在调查问卷中我们看到大多数初中生都有参与家庭决策的意识,这是他们主体意识和民主意识的体现,也是他们公民品质的体现,体现了中学生的主体意识,要求独立地、自由地与家人地位平等地参与决策,要做自己的主人,充分表达自己的愿望和要求,通过参与和自己学习及生活密切相关的家庭决策,主张自己的权利。参与意识在本质上是一种民主意识,中学生的民主参与以中学生公民地位的平等为前提条件,在法律面前一律平等的公民,才会有主人翁的责任感,才会积极主动地参与到家庭的重大决策中。但还有超过 20% 的初中生认为参与家庭决策或重大的事情征求他们的意见是错误的,应该听大人的活,还有一部分在这个问题上不清楚,这就说明在家庭生活中部分中学生民主意识和参与意识的匮乏(见表 5.14)。

表 5.14 "与孩子学习生活密切相关的家庭决策,家长应该听取孩子的意见"的调查(N=3266)

选项	人数(人)	所占比例(%)
正确	2132	65.3
不正确	887	27.2
不清楚	247	7.6

第二,在家庭生活中大多数初中生都主张自己的权利,但是责任意识不够强,没有能够担当应有的家庭义务,初中生公民品质有待提升。

中学生应不应该多做家务呢?许多家长和中学生都因此而困惑,有的家长过于溺爱自己的孩子,家务家长包办,这种家庭环境下成长的中学生就

养成了不做家务的习惯,习惯了衣来伸手、饭来张口的生活,没有承担其应有的家庭责任和义务,不能够自理自己的日常生活,将来进入大学和社会,就不能够很好的独立,从而遭遇挫折,不能够适应社会,会出现一系列的问题。所以,中学生在注重学业的同时,应该做一些力所能及的家务,承担家庭的责任和义务。

第三,初中生孝亲敬老、知易行难,对长辈的敬重和关怀应该落到实处,从小事做起。

根据湖北武汉武昌区委针对中小学生的一项调查显示:能准确写出父母生日的时间、知道父母最爱吃什么、知道父母每天睡觉时间的学生分别约占63%、68%和97%。但是,超过65%的人经常与父母顶撞、发脾气,70%左右的学生从不主动参与家务劳动。根据调查情况,中小学生孝亲敬老情况不容乐观,青少年的孝亲敬老只是停留在口头上,并没有落到实处,甚至有的中学生不知道孝敬父母,不知道感恩父母,以自我为中心。

在家庭生活当中,初中生的公民品质还存在以下问题,公民品质还有待提升:①有相当一部分初中生的主体意识、参与意识和民主意识比较欠缺,有待进一步提升;②中学生的家庭责任意识不强,没有尽到力所能及的家庭义务;③中学牛孝亲敬老还需要落到实处,应从点滴小事做起。

二、家庭教育中初中生公民品质培养问题分析

随着社会的转型,家庭生活相比以往发生了巨大的变化,在这个过程中有对初中生公民品质的养成起积极作用的一面,也有造成初中生在家庭生活中公民品质存在问题的一面。

第一,传统的家长制和封建思想的禁锢导致部分中学生主体意识、参与意识和民主意识欠缺。在传统的家长制中,家长要拥有绝对的权威,子女只有顺从和执行,不能平等地协商,也不能民主地参与家庭决策,从而也就谈不上子女的主体意识问题。在这样的家庭环境下就谈不上主体意识、参与意识和民主意识等公民品质的培养,培养的只能是臣民和顺民。而我们国家正处于转型期,传统的家长制在中国还有一定的市场,造成了一部分中学生主体意识、参与意识和民主意识欠缺。

第二,由于社会的变革、社会的转型和我国计划生育政策的实施,家庭模式变化,使得独生子女增多,有的独生子女注重享受,以自我为中心,导致他们缺乏家庭责任感,不能很好地履行在家庭生活中的义务。“四世同堂”是中国传统社会典型的家庭结构。随着社会制度的深刻变革和人们观念的改变,家庭规模呈现小型化。我们国家20世纪70年代实行计划生育政策

后，出现了第一代独生子女，三口人组成的家庭逐渐成为城市家庭的主流，三世同堂、四世同堂、五世同堂家庭逐渐消失。在现代独生子女家庭中，独生子女没有兄弟姐妹，如果两个独生子女结婚，就出现“四二一”家庭，即两个独生子女赡养四个老人和抚养一个孩子。家庭模式的变化，特别是我们国家计划生育政策的实施，使得独生子女数量不断增多，而有的独生子女比较注重享受，以自我为中心，再加上爷爷奶奶和爸爸妈妈的溺爱，使他们的自理能力比较弱，不用承担应有的家庭责任，从而导致一部分中学生不愿或不用履行家庭义务。

第三，父母重学习轻品质的错误教育观念，导致初中生在履行家庭义务和责任方面不尽如人意，导致初中生在孝亲敬老上知易行难，没有落到实处。平时只关心子女的学习成绩，限制孩子课外活动，忽视了对子女的思想教育，只要成绩好，就什么都好，使孩子学习负担很重，心理压力很大。为了孩子的学习可以把家务活都自己干了，不愿让孩子干，而对孩子道德品质教育的忽视，使得一部分初中生在家里是“小太阳”，目中无人，变成了“小皇帝”“小公主”，从而使他们很难养成规则意识、责任意识和良好的道德品质。

三、提升初中生在家庭生活中优良公民品质的措施和对策

家庭是未成年人的第一个学校，父母是未成年人的第一任老师，家庭生活是初中生养成优良公民品质的重要载体。初中生在家庭生活中公民品质的培养，对于我们培养合格社会主义公民具有重要的意义。那么如何在家庭生活中提升初中生公民品质，我们有以下几点措施。

第一，举办家长培训学校，帮助家长树立正确的教育理念。

中国有句古话：有其父必有其子。这说明家庭教育在孩子的成长道路上具有重要的影响。家长过分溺爱孩子，为孩子包办一切，就会导致初中生自理能力差，以自我为中心，缺乏相应的家庭责任感，不愿或不用做家务，缺乏应有的担当；家长如果过分的强势和严厉，就会造成初中生不敢主张自己的权利，主体意识、参与意识和民主意识差，不利于初中生公民品格的培养。那么父母应该如何教育自己的孩子呢？我们认为应该通过学校这个平台，举办家长培训学校，帮助家长树立正确的教育理念，改变其一贯的错误教育理念，这是提升初中生在家庭生活中公民品质的一种非常有效的方式。

第二，学校通过开设公民常识课，提升初中生自身在家庭生活中的公民品质。

初中生养成优良的公民品质除了接受良好的家教以外，还需要初中生自己自觉养成优良的公民品质。在调查问卷中我们看到，多数初中生都有

参与家庭决策的意识,这是他们民主的意识,也是他们公民品质的体现。但还有超过20%的初中生认为参与家庭决策或重大的事情征求他们的意见是错误的,应该听大人的话,还有一部分在这个问题上不清楚,这就说明在家庭生活中民主意识的匮乏。而要养成初中生优良的公民品质的一个重要而有效的途径就是通过在中学开设公民常识课,这一点也在调查问卷中得到了证实。开过公民常识课的中学生中有68.5%选择了要参与家庭决策,未开公民常识课的中学生中有60.2%选择要参与家庭决策,显然开设过公民常识的中学生的民主意识要更强,这也佐证了在中学开设公民常识课的必要。初中生在家庭生活中优良公民品质的养成,需要初中生树立追求优良公民品质的意识,达到具有辨别正义与非正义、认知优良公民品质的能力,明确自己在家庭中的权利和义务,树立主人翁的责任感,积极参与到与自己生活学习相关的家庭决策中问去,增强自己的主体意识、参与意识和民主意识,树立孝亲敬老的观念,将孝亲敬老落到实处。

第三,家长应该为孩子创造良好的家庭环境影响初中生,帮助他们提升自己的公民品质。

我们认为家庭是未成年人的第一个学校,父母是未成年人的第一任老帅,家庭环境对初中生公民品质的养成非常重要,包括良好的家庭关系、父母的价值观念以及父母和孩子之间的沟通等。封建家长制是培养不出初中生的优良公民品质的,父母的价值理念也会影响到孩子的价值理念。现代的中学生比较具有个性,比较以自我为中心,而且在这个年龄段有追求独立的意识,这就不可避免会与父母的期望、父母的愿望相左。在这种情况下,正确的沟通方式显得尤为重要,这也是我们在家庭中如何实现家庭成员的良胜互动、维持家庭和谐的重要内容。对于自身的准确定位是正确沟通的前提,彼此的相互理解和尊重是正确沟通的关键,在民主的基础上达成共识是解决矛盾和冲突的有效方式。

（执笔:李心记）

班级民主管理与初中生公民意识的养成

摘要:班级民主管理提倡初中生做班级的管理者,而班主任则是班级的指导者和协调者。初中生通过积极主动地参与班级民主管理,在自我管理、

自我教育、自我约束中实现自身综合素质的提高，同时也逐步培养了初中生的主体意识、公共意识、民主意识、参与意识等初中生应具备的公民意识。

关键词：班级民主管理　公民意识

初中三年是学生成长的关键时期，也是个体形成正确的世界观、价值观和人生观的关键时期。三年中，由老师、同学组成的班集体深刻地影响着学生的学习与生活。如何通过班级民主管理，让学生们真正参与班级管理，并逐步培养学生们的公民意识，是当下中学教育不容回避的问题。因此，加强班级民主管理和初中生公民意识养成问题的理论研究，不断提高中学生自身的综合素质是当前学校教育研究的重要课题。

为准确把握班级民主管理和初中生公民意识养成的关系，本调查组在信阳市平桥区开设公民常识课程的基础上，有针对性地开展了关于中小学公民教育现状调查的问卷调查，调查的对象为初中1~3年级学生。当地初中生积极参与，共回收有效调查问卷3266份。本次调查从性别、年龄、居住地、是否开设公民常识课等四个方面进行分类，涉及班级民主管理的内容有两道选择题，主要考察的是班级民主管理与初中生公民意识养成的关系。

一、班级民主管理模式分析

民主和谐的班级管理模式提倡学生做班级的管理者，而班主任则是班级的指导者和协调者。在具体的班级管理中，学生通过积极主动地参与班级管理，培养其独立性及集体主义精神，创造良好的班级人际关系，保证和促进班级教育教学工作的顺利开展。

(一)初中生是班级管理的主人

班级民主管理是指班级成员在服从班集体的正确决定和承担责任的前提下，参与班级管理的一种管理方式。实质上就是发挥每一个学生的主人翁精神，让每个学生都成为班级的主人。民主和谐的班级管理要求学生人人成为班级管理的主人，这是建立在信赖学生能够实现自我教育的指导思想下，激发和调动学生的潜能，通过学生的自主管理达到培养学生能力和实现学生自我教育的目的。现代教育观点认为，只要给予充分的条件，每一个学生都能够健康地成长。这种充分条件，实际上就是教育者对受教育者的充分信任和爱。

(二)让初中生学会自主管理

民主和谐的班级管理模式要求在班委会的负责下，由学生实行自主管理。由学生通过民主选举产生的群众信赖的班委会来负责班级的管理，实行班委

会定期议事制度。在班主任的指导下,由班委会自主处理班级事务。在班委会的主持下,实行值日班长制度,由班级每一位学生轮流担任值日班长。值日班长负责监督、检查班级当日的纪律、学习、卫生、劳动等。这样,每个学生都能参与班级管理,所有学生的潜能均得到了释放。在班级管理中,在班主任的及时指导下和同学的热情帮助下,绝大多数学生能从工作中汲取教训,纠正错误,锻炼胆识,逐渐增长才干。同时,要使每个学生认识到,管理好班级,首先要学会自我约束,要比别人表现得更优秀,也使得班级的后进学生能够通过自我管理、自我教育、自我约束来实现自我的转变和进步。

(三)发挥班主任的指导作用

传统的班级管理模式虽然也强调学生主动地参与班级管理,但由于班主任在实际工作中的大包大揽,使得班委会的管理职能得不到应有的发挥,学生的积极主动性得不到激发。民主和谐的班级管理,则要求班主任必须积极地转变观念:一是要认识到现代意义的班级管理,就是要发挥每个学生的积极性和主观能动性来实现学生的自我教育、自我管理和成长进步。只有把班级管理的主动权真正交给学生,才能从根本意义上实现现代教育的目的。二是不要怕学生在管理过程中出现失误或者可能造成班级的混乱,要敢于和积极引导学生从失败中寻找教训,寻找成功的真谛,使学生在勇于承受挫折的实践中获得成功的喜悦。三是营造融洽的师生关系。教师和学生在人格上是平等的。作为长者,教师要主动地和每一位学生交朋友,与学生交心,倾听他们的心声,了解他们的思想和学习现状,积极帮助困难学生解决问题。四是把班级管理的主动权交给学生。这并不是说班主任对班级管理就可以撒手不管了,而是班主任可以抽出更多的时间深入到班级和学生中开展调查,并不失时机地对班委会的工作加以指导,积极纠正学生中的不良行为,积极开展对学生思想、道德、法纪的教育,营造一个民主和谐的班集体。

二、班级民主管理对初中生公民意识养成的作用

党的十七大报告在关于社会主义民主政治的论述中,首次明确提出“加强公民意识教育,树立社会主义民主法治、自由平等、公平正义理念”的重要论断,将公民意识教育提到了一个前所未有的高度,而民主和谐的班级管理对于正处于成长关键阶段的初中生的公民意识养成具有积极的促进作用。

(一)班级民主管理与公民意识教育的内容相通

班集体是学生共同学习、生活和成长的团队组织,班级管理是以班集体为基础展开的,因此,建设先进的班集体是班级管理的核心工作,也是班主任工作成果的体现。班级管理主要包括班级组织建设、班级制度管理、班级

教学管理、班级活动管理等。但对于公民意识教育的内容,不同的学者持不同的观点,在公民意识教育的内涵方面也很难形成统一的认识。针对初中生这个特殊的研究对象,笔者认为初中生公民意识教育的主要内容应有主体意识教育、公共意识教育、民主意识教育、参与意识教育等几个重要方面。因而,从二者的具体内容来看,本质上存在相通性。

(二)班级民主管理是公民意识教育的重要途径

班级管理是一个动态的过程,它是教师根据一定的目的要求,采用一定的手段措施,带领全班学生,对班级中的各种资源进行计划、组织、协调、控制,以实现教育目标的组织活动过程。班级管理是一种有目的、有计划、有步骤的社会活动。这一活动的根本目的是实现教育目标,使学生得到充分的、全面的发展。班级管理的有效实施有利于开展公民意识教育,从而成为开展公民意识教育的重要途径。

(三)班级民主管理与公民意识教育价值契合

班级是学生集体活动的基础,校园生活中学生在这个层面上的交往最频繁。民主和谐的班级管理有助于实现教学目标,提高学习效率;有助于维持班级秩序,形成良好的班风;有助于锻炼学生能力,学会自治自理。而公民意识教育有利于培养学生的主体意识、公共意识、民主意识、参与意识等,因而,二者在价值方面是契合的。

三、初中生在班级民主管理中凸显的公民意识

民主和谐的班级管理的顺利实施,使初中生在自我管理、自我教育、自我约束中实现了自身综合素质的提高,在这一成长过程中也逐步显现了初中生的主体意识、公共意识、民主意识、参与意识等。

(一)主体意识

这是公民意识的基本形态。主体意识是指人在同自然界的长期实践中,对于自身的主体地位、主体能力和主体价值的自觉认识,是主体人的自主性、能动性和创造性在观念上的表现形式。现代社会生活中每一个人都具有自由的意志和独立人格的主体意识。公民的主体意识首先表现为自主意识,即公民应自觉地意识到自己作为国家和社会的主人而存在,意识到自己的权利、价值、责任和义务,积极参与国家和社会的政治生活,珍惜宪法赋予公民的各项民主权利;独立自主地参与社会经济生活、参与竞争,用自己的诚实劳动或合法经营取得相应合理的报酬,依法享受各项经济权利;敢于独立思考,积极参与社会精神生活,崇尚科学,追求真理,捍卫宪法赋予的各项文化活动自由的权利。主体意识是公民对其存在地位、价值和主观能动

性的自觉意识。

（二）公共意识

公共意识是指独立自由的个体所具有的一种整体意识或整体观念。公共精神的内核是主体自由意识关系的升华。公共意识一方面是个人主体自由的体现，另一方面又意味着是对于一个超越于个体自身以外的共同整体的体认。公共意识要求个体对个人利益持一种理性自律的态度，将自身置于社会整体中，在与他人的交往、协商、讨论、妥协与合作中确定共同的行为规则，以维护和实现共同的利益、价值和秩序。在现代社会中，"公共意识"是公民对公共事务的认识态度。在现实生活中表现为公益意识、公共责任意识、公共首先意识、公共参与意识等①。如美国学者库柏（Tearly L. Cooper）所认为的，公共意识并非"期望公民必须变得无私并在行为上完全利他，但它确实意味着，公民有责任既要发现他们自己的个人利益也要发现政治社群的利益，而对这一社群利益，他们负有契约性的自制的责任"②。正是在对公共利益与个人利益关系的正确认知基础上，个体才主动进入公共领域，追求公共目标和公共利益的实现。公共意识是衡量一个现代公民的标准，同时也是成为一个"好公民"的条件。

（三）民主意识

这是公民意识的基本精神。民主意识就是要培养人的国家主人翁责任感，明确政府的权利来自于人民，要受到人民的监督，人人都可以平等地享有宪法赋予的政治权利和自由，使公民关心国家前途和命运，增强政治参与意识，增强社会责任感和历史使命感。现代民主意识的核心是人民主权。宪法明确规定，国家的一切权力属于人民，人民是国家的主人，国家机关工作人员是人民的公仆，人民通过全国人大和地方各级人大依法行使国家主权。其实质是依法治国。"主人"和"公仆"按照法律规范和法律精神参与社会生活，遵循少数服从多数并保护少数的原则，国家还应当为保护公民民主权利提供各种条件和援助。

（四）参与意识

公民参与是培育公民意识的重要途径，公民参与意识是公民意识的重要体现。公民参与，通常又称为公共参与、公众参与，就是公民试图影响公共政策和公共生活的一切活动。公民参与虽然古已有之，然而，是否实现公

---

① 秦树理，王东虓，陈垠亭．公民意识读本［M］．郑州：郑州大学出版社，2008：171.

② TERRY. L. COOPER. An Ethic of Citizenship for Public Administration［M］. EnglenoodCliffs, NJ: Prentice Hall, 1991：138.

民的广泛公共参与依然被看作现代政治与传统政治的重要区分。公民公共参与的程度被视为衡量一个国家政治文明发展的标尺。现代化的发展,为大范围的公民参与提供了操作上的可能和理念上的必要。公民参与有三个基本要素:一是参与的主体。公民参与的主体是拥有参与需求的公民,既包括作为个体的公民,也包括由个体公民组成的各种民间组织。二是参与的领域。社会中存在一个公民可以合法参与的公共领域,这一公共领域的主要特征是公共利益和公共理性的存在。三是参与的渠道。社会上存在着各种各样的渠道,公民可以通过这些渠道去影响公共政策和公共生活。

四、健全班级民主管理制,培养初中生公民意识

著名教育家魏书生在一次关于学校管理的报告中说过,在班级的管理中,班主任要多和学生商量,多吸收学生的意见。这一具体的民主管理手段体现了深刻的班级民主管理思想。在具体的班级管理中,班主任要积极鼓励学生参与班级管理,并及时给予指导,以利于培养初中生的公民意识。

(一)参与班级民主管理是初中生的一项权利

在中小学公民教育现状调查问卷“学生有权参与和自己学习生活紧密相关的班级、学校管理工作”一题中,有 2950 人(占总人数的 90.4%)选择“正确”,从性别看,男生 1319 人,占总人数的 40.4%;女生 161 人,占总人数的 50%。从年龄看,9 岁及以下仅 1 人;10~12 岁 53 人,占总人数的 1.6%;13~15 岁 2289 人,占总人数的 70.1%;16 岁及以上 607 人,占总人数的 18.6%。从居住地看,居住城市的 345 人,占总人数的 10.6%;居住集镇的 417 人,占总人数的 12.8%;居住农村的 2188 人,占总人数的 67.0%。从是否开设过公民常识课来看,开课的 1844 人,占总人数的 56.5%;未开课的 1106 人,占总人数的 33.9%。可见,初中生具有参与班级民主管理的意识。从性别上看,女性意愿更强;从年龄上看,年龄越大意愿越强;从居住地看,越接近农村意愿越强;从是否开设过公民常识课来看,开过课的意愿更强。因此,我们要积极创设条件,实现初中生参与班级管理的基本权利。

(二)班主任要与学生建立良好的沟通机制,及时交流指导

科学发展观的核心是以人为本,学校管理中必须体现以学生为本的科学理念,在班级管理中要充分发挥学生在班级管理中的主动性和参与作用。但多年来,中学管理中一直忽视了学生在管理中的自我教育和自我管理的作用,总认为学生是被教育者,对学生教育得多,参与管理得少,约束得多,发挥作用得少。新课程条件下的学习,学生是自主学习、合作学习和探究学习的主体,也是班级管理的主体。学生在班级中具有双重性,学生虽然是班

级的管理对象，是被管理者，但学生并不是没有思想、没有感情的被动的受管理者，而是有思想、有意志、有情感的能动的独立主体。班主任作为班级的组织者和领导者是班级的灵魂，但班主任不能只做学生活动的“监护人”与严厉的“执法者”。班主任应当相信学生完全可以成为管理活动的主人，给学生充分的信任，引导学生在学习和生活中自我约束、自我教育、自我管理。班主任还应多和学生商量，尽量采用学生容易接受的管理方法，让学生实现自我管理，并有针对性地对学生加以指导。

（三）鼓励初中生踊跃、有序、有效地参与班级管理

在调查问卷中针对“班级组织郊游，同学们有的想到博物馆，有的想到动物园……大家争论不休，应如何解决”的问题时，有3024人（占总人数的92.6%）选择“由同学们协商决定”。从性别看，男生1353人，占总人数的41.5%；女生1670人，占总人数的51.1%。从年龄看，9岁及以下仅1人，占0.0%；10～12岁56人，占1.7%；13～15岁2364人，占总人数的72.4%；16岁及以上603人，占总人数的18.5%。从居住地看，居住城市的359人，占总人数11.0%；居住集镇的415人，占总人数的12.7%；居住农村的2250人，占总人数的68.9%。从是否开设过公民常识课来看，开课的1873人，占总人数的57.3%，未开课的1151人，占总人数的35.2%。可见，初中生具有踊跃参与班级民主管理的意识，而且女性意愿更强些；从年龄上看，年龄越大意愿越强；从居住地看，越接近农村意愿越强；从是否开设过公民常识课来看，开过课的意愿更强。因此，班主任老师要鼓励初中生踊跃、有序、有效地参与班级管理，尊重学生的人格和主体性，充分发挥学生的聪明才智，发扬学生在班级自我管理中的主人翁精神。建立一套能够持久地激发学生主动性、积极性的管理机制，确保学生健康成长，从而培养自身的主体意识、公共意识、民主意识、参与意识。

（执笔：李心记）

参考文献

[1]郑州大学公民教育研究中心．公民常识读本(初中版)[M]．北京：人民出版社,2011.

[2]秦树理．公民学概论[M]．郑州:郑州大学出版社,2009.

[3]王东虓,秦树理,王晓琍．公民道德状况调查[M]．北京:中国社会科学出版社,2004.

[4]王啸．全球化时代的中国公民教育[M]．福州:福建教育出版社,2006.

[5]朱晓宏．公民教育[M]．北京:教育科学出版社,2003.

[6]焦国成．公民道德论[M]．北京:人民出版社,2004.

[7]李萍．公民日常行为的道德分析[M]．北京:人民出版社,2004.

[8]檀传宝．学校道德教育原理[M]．北京:教育科学出版社,2000.

[9]中华人民共和国宪法[M]．北京:法律出版社,2000.

[10]普芬道夫．影响世界历史进程的书——人和公民的义务[M]．张淑芳,译．西安:陕西人民出版社,2009.

[11]西塞罗．论义务[M]．王焕生,译．北京:中国政法大学出版社,1999.

[12]吴文侃．中小学公民素质教育国际比较[M]．北京:人民教育出版社,2002.

[13]李晓燕．学生权利和义务问题研究[M]．武汉:华中师范大学出版社,2008.

[14]朱小蔓．中小学德育专题[M]．南京:南京师范大学出版社,2002.

[15]叶松庆．当代未成年人价值观的演变与教育[M]．合肥:安徽人民出版社,2007.

[16]王巍,牛美丽．公民参与[M]．北京:中国人民大学出版社,2010.

[17]本书编写组．构建社会主义和谐社会学习读本[M]．北京:新华出版社,2005.

[18]B. A. 苏霍姆林斯基．公民的诞生[M]．黄之瑞,译．北京:教育科学出版社,2002.

[19]托马斯．公共决策中的公民参与[M]．孙柏瑛,译．北京:中国人民大学出版社,2010.

[20]万明钢．论公民教育[J]．教育研究,2003(9).

[21]李萍,钟明华．公民教育——传统德育的历史性转型[J]．教育研究,2002(10).

[22]高峰．公民·公民教育·思想政治教育[J]．东北师范大学学报,2002(4).

[23]李艳霞．公民身份理论内涵探析[J]．人文杂志,2005(3).

[24]商红日．公民概念与公民身份理论[J]．上海师范大学学报:哲学社会科学版,2008(11).

[25]俞可平．中国公民社会:概念、分类与制度环境[J]．中国社会科学,2006(1).

[26]王颖．当代中国公民教育历史性复兴的现实反思[J]．教育理论与实践,2003(2).

[27]葛荃,韩玲梅．从政治教育到公民教育——政治文明与人的发展刍议[J]．理论与现代化,2003(1).

[28]苏百泉．培养义务意识:公民法治教育的重心[J]．铁道警官高等专科学校学报,2007(1).

[29]姜涌．论公民责任与公民义务[J]．中国海洋大学学报,2005(5).

[30]史习鸿．学校劳动教育的现状分析与对策[J]．教学与管理,2003(9).

[31]杨锦业．增强中小学生的劳动观念[J]．山东教育科研,1999(11).

[32]刘恒辰．关于学生劳动教育的调查和思考[J]．读与写杂志,2007(4).

[33]殷方敏．青少年参与家务劳动意识的培养[J]．教育评论,2006(2).

[34]陈立林．文明社会与公民义务——以托马斯·雅洛斯基著《公民与文明社会》的分析为例[J]．重庆社会科学,2007(2).

[35]关颖．论社区诸要素对家庭教育的影响与制约[J].浙江学刊,2000(4).

[36]龚孝华．自主参与型班级管理的基本理念[J]．华南师范大学学报:社会科学版,2002(5).

[37]李伟胜．从活动方式角度看三种形态的中学生社团[J]．思想理论教育,2009(20).

[38]吴威威．公民及相关概念辨析[J]．天府新论,2005(2).

[39]冯贵平,闰生．法律基础课教学初中生权利义务观的培养[J]．忻州师范学院学报,2002(6).

[40]张禹．树立正确的义务观[J]．中国发展观察,2010(10).

后 记

本书是2006年国家社会科学基金资助项目“青少年公民责任意识教育问题研究(06BZX066)的阶段性成果。

在信阳市平桥区开展的中小学公民教育课题实验研究,经实践检验,起到了普及公民常识,训练公民技能,提高公民素养,塑造合格公民的良好效果,同时也形成了自身特色,对于这一地区公民教育的调查分析和系统研究,能为公民教育在更大范围内的开展积累经验,提供借鉴,也有利于公民教育的进一步探索和推广。

本书的主要参与者是:绪论部分由陈思坤、曹天梅执笔;第一单元由许绍静、唐琼梓、熊永建、汪涛执笔;第二单元由王俊飞、闫爱红执笔;第三单元由王晶、郑慧、高银、张明俊执笔;第四单元由杨素云、云中坤、李花、杨丽执笔;第五单元由包红梅、李心记执笔。秦树理教授负责全书的统稿和定稿工作。

本书的编著和出版,得到郑州大学公民教育研究中心,河南省信阳市平桥区委、政府和郑州大学出版社等专家、学者和领导同志的大力支持和帮助,在此一并表示感谢。

公民教育实践研究项目组

2013 年 8 月